理性的勝利

The Victory of Reason

自由、科學、資本主義，以及進步的理性神學

How Christianity Led to Freedom, Capitalism, and Western Success

• 羅德尼・斯塔克 — 著　• 蔡至哲 — 譯

目次

第二部。完備

第四章 義大利資本主義的完備 175

譯者序

羅德尼．斯塔克是美國著名的宗教社會學家，他的「宗教市場理論」曾帶來一場典範轉移，打破許多人對宗教的刻板印象，深刻影響了二十世紀晚期的宗教社會學研究。

《理性的勝利》一書以歷史學的深度，讓我們看到基督神學獨有的「對進步的信仰」，如何為後來啟蒙以降現代性的重中之重，像是民主政治、資本主義、自由等關鍵元素，奠定了思想基礎。這些被上個世紀西方知識界有意無意略去的內容，導致我們錯誤地將「中世紀」理解為「黑暗時代」。雖然最新的歷史研究早已修正這些錯誤的觀念，但這些過往的論述對於一般人所造成的負面印象仍然揮之不去，尤其在我們這個對基督宗教沒那麼熟悉的華人社會更是如此。

然而，透過本書的諸多論證，可以基本相信正是因為有了基督宗教，我們現在所信仰的「普世價值」，不管是自由、個人主義、平等觀，才得以順利成熟發展。

尤其本書中那些談論基督宗教如何帶來平等思想的篇章，對於今天身處貧富差距日益增加、厭世情緒普遍存在的世代，也十分能觸動人心。書中斯塔克有言：

「古典世界確實存在一些民主典範，但這種民主完全不建立在任何預設的普遍平等原則上，而是只有上層階級才能夠談論平等。……，西方民主的思想根源及其合法性，也都源自於基督信仰的理念，而不是希臘、羅馬的產物。這一切都從《新約聖經》作為起點。」

「當初耶穌基督對世人傳達了一個非常具革命性的道德平等概念，而且他不是只是口頭上說說而已，更是實際讓道成了肉身，親身躬行實踐。耶穌一次又一次地打破了社會階級身分，進入到當時被汙名化的人群當中，包括撒馬利亞人、稅吏，以及所謂的淫婦、乞丐，還有各式各樣被社會遺棄的人。」

「當神學家想在聖經詮釋上合理化奴隸制度，再怎麼樣他們也不敢說耶穌蓄奴過。」

斯塔克這些對耶穌作為革命者、人格者的典範敘事，和耶穌在廢奴、道德平等思想上所帶來的巨大影響，都做出了十分精彩又簡明扼要的論述。這些內容即使在今天看來也依然發人深省。原來兩千年前，那個三十出頭的年輕人對生命所付出真實又偉大的愛，確實真的改變了世界，安慰、溫暖了多少歷代以來受苦受難的人們之心靈。

最後，回顧這些過去基督宗教曾有的輝煌歷史並反思當代時，不禁也讓我們發出一些疑問：這個過去這麼信仰「進步的可能性」的宗教，為何在現今社會中給人的印象，常是一種反動、保守、傾向排外、迫害異己、又不尊重基本人權的團體呢？

斯塔克在書中提到，不管是　古斯丁或阿奎那等優秀的神學家，都承認福音書不能只從字面理解。而且不像其他宗教強調復古，基督宗教朝向未來，會願意隨時代變遷而做出修正、提升層次。也就是說，比起其他宗教，基督宗教應當更有能力與時俱進、邁向新時代，而不是只會死守教條。可惜某些當代基督徒常常自以為義，喜歡動不動就論斷、批判別人是異端。這些人或可藉由本書重新檢視自己的信仰和行動，是否確實符合基督宗教過往偉大的傳統。

最後還是充滿感謝。《理性的勝利》一書原來有簡體中文譯本，但不知某些原因，前半部內容有不少漏譯，因此我建議可以重翻。沒想到，雖然我學力上仍有許多不足，八旗出版社，特別是成怡夏副總編輯，卻願意給我機會翻譯這部大作，真的太感謝她願意提拔我這樣一個還很不足的年輕學者。也特別致謝美國卡內基美隆大學汪大博士生在翻譯上給予我諸多協助，我最早知道這本書也是在大學時期他推薦我閱讀的。我尤其要特別感謝在學術和信仰上給我啟發的鄭明析先生，鄭明析牧師過去對我在基督宗教歷史及其進步神學觀的啟蒙，讓我在翻譯本書時毫無違和感，很快能進入狀況。在此也再三向他致謝。

推薦序

在現代化的十字路口上：

重訪《理性的勝利》、探索基督教與歐洲文明的關係

邱凱莉（台灣神學院助理教授）

宗教社會學界重量級的論著 *The Victory of Reason*（《理性的勝利》）繁體中文譯本獲得台灣出版界重視，於二〇二一年夏天面世，堪稱是學界、出版界、宗教界的重要大事。《理性的勝利》是一本迷人的宗教社會學論著，詳述基督教如何內蘊理性的因子，發展出進步史觀的神學與教義，並且如何為歐洲文明中重要的元素如資本主義、個人權利意識、自由主義，奠定了重要的思想基礎。儘管本書內容與論題充滿了大膽的推論，不無爭議，不過對於非基督徒占多數的台灣社會的閱聽大眾（特別是知識份子）而言，本書提供了一個新穎的角度來認識基督教以及歐洲文明，對於台灣未來何去何從，能夠刺激知識界更多的思考與討論。

《理性的勝利》是由美國宗教社會學界重要且具影響力的學者羅德尼・斯塔克（Rodney

Stark）所作。羅德尼．斯塔克是美國貝勒大學傑出教授，主持貝勒大學宗教研究中心（Co-Director, Institute for Studies of Religion）；[1]曾任宗教社會學會（The Association for the Sociology of Religion）以及宗教科學研究協會主席（Society for the Scientific Study of Religion）。出版超過四十本著作以及一百六十篇學術論文，許多著作曾經翻譯成十五種語言，影響力橫跨歐洲、美洲以及亞洲。[2]

作為漢語系讀者，看到《理性的勝利》英文原著的副標——基督教如何帶來自由、資本主義、西方的勝利（How Christianity Led to Freedom, Capitalism and Western Success）——可能會直覺地質疑：難道這是一本以宗教社會學之名來宣揚基督教的「護教」書籍嗎？如果讀者仔細檢視斯塔克的著作，可能會發現他對於基督教確實有著高度研究的熱情，因而對這本書望之卻步。不過，若讀者不被斯塔克濃厚的宗教情懷嚇壞，這是一本探索歐洲文明史與基督宗教思想之關聯的論述巨著，值得一讀。

《理性的勝利》主要的論題是歐洲現代化文明歷程中，形構歐洲現代文化幾個至關重要的元素：理性、自由、資本主義是由基督教所孕育出來的。斯塔克大膽地主張，相較於其他宗教強調直覺與神祕，只有基督教發展出以理性與邏輯為宗教真理的主要指引的基督教神學。並且基督教主要是導向未來的宗教，因為基督教教義一直可以在人類理性思辨中不斷修正成為進步的教義主張。基督宗教不但不是進步歷史的絆腳石，相反地，基督教是西方進步文明的宗教思想源頭以及重要基礎。

斯塔克在本書中論證，歐洲的崛起主因為理性的四個勝利：一、理性在基督信仰發展歷程取得勝利；二、基督教進步信仰的實踐體現在技術與組織的創新，有許多是在修道院莊園中發展出來；三、基督教信步信仰塑造了政治哲學與政治神學，為中世紀的歐洲發展出保存個人自由的政體奠定思想基礎；四、將理性應用在商業活動中，在保護自由的政體的響應之下，促成了資本主義的發展。簡言之，歐洲的文明成就乃是奠基於基督教的進步神學思想。

《理性的勝利》在西方學界引發了不同面向的討論，評價也有正反兩極。[3]一個很主要的原因是斯塔克的進步史觀可能過於單一線性，學者 Robert Royal 就認為，大型歷史潮流趨勢並不適用這樣精簡、概約化的推論。[4]例如，斯塔克認為，西方的成功完全是奠基於宗教基礎之

1 有關 Rodney Stark 的背景介紹請參閱美國貝勒大學網頁：https://www.baylorisr.org/about-baylorisr/distinguished-professors/rodney-stark/

2 Rodney Stark 更多的學術資訊以及相關著作請參閱他的個人網站：https://www.rodneystark.com/

3 在一系列以"What Hath God Wroght?"為題討論的書評系列中，學者、評論家表達了對 *The Victory of Reason* 不同的評價。

4 Robert Royal, "What Hath God Wrought?" *Claremont Review of Books* 6, Vol.4 (Fall 2006): 69.

上，而這宗教就是基督教。[5] 這樣的論述方式就連欣賞斯塔克的讀者也會感到些許疑慮。另外，斯塔克認為，希臘哲學對於希臘宗教沒有影響力；相反地，基督教與理性思考之間有著自然的親近性。這樣的論述已經是會引起大量疑問與論述根據與適切性的討論。[6]

從比較宗教學的角度，一個可能會讓非基督教多數的台灣讀者、甚或是亞洲漢語界讀者卻步的，是斯塔克對待其他宗教的態度似乎是高度基督教中心的，全書甚至帶著基督教勝利主義（Christian Triumphalism）的「宣教語調」做學術性論述。事實上，斯塔克充滿個人風格、慷慨激昂的學術語調，在學界引起不少批評。學者 Rumy Hasan 就坦言，斯塔克當然是好戰而且給人家一種在宣教的印象，因此，在學界引起尖銳的批評或者迴避這種立場是常有的事。[7] 學者 Mark C. Henrie 更指出，斯塔克的論述充斥著輝格進步史觀，然而基督徒的聖召並不是「成功」或是「榮耀」，而是「十字架的道路」。[8]

儘管本書充滿了斯塔克個人特色以及他大膽甚至有時過頭的推論，但是多數的學者、評論家都承認，這本書有著顯著的貢獻，[9] 特別是關於資本主義的發展部分相當具有洞見；[10] 即便是最嚴苛的評論者也承認會使用這本書在討論韋伯的《新教倫理與資本主義精神》的研討會中，並且它也是在宗教社會學課堂上必須要提及的一本書。[11]

就學術貢獻而言，斯塔克的《理性的勝利》是繼韋伯的《新教倫理與資本主義精神》之外，另一本探討資本主義與宗教思想的巨著。資本主義的條件存在於許多文明之中，包括中國、印度、拜占庭、伊斯蘭社會。但是，為什麼資本主義只在歐洲發展並臻於成熟？斯塔克指出，因

---

5 Rodney Stark: "Nonsense. The success of the West, including the rise of science, rested entirely on religious foundations, and the people who brought it about were devout Christians." (*Victory of Reason*, xi)

6 Robert Royal, "What Hath God Wrought?" *Claremont Review of Books* 6, Vol.4 (Fall 2006): 69.

7 Rumy Hasan: "Stark is certainly confrontational and gives the impression of being on a mission…Hence, sharp criticism or shunning of such a stance is typical in academic circles." Rumy Hasan, "Is Rodney Stark Correct on the Reasons for the West's Economic Success? A Review Essay," *Journal of Religion & Society* 18 (2016): 2.

8 Mark C. Henrie, "Church & Fate," *Commentary* 1; Vol. 122 (July/August 2006): 92.

9 Thomas E. Woods: "Although Stark is at times too disparaging of the Greek and Roman worlds, and although his rhetoric and even his claims can be extravagant-the violin, surely, was not a medieval invention-he has much of importance to say in this useful if workmanlike book, his intemperate critics to the contrary notwithstanding" Thomas E. Woods, "Book Review: The Victory of Reason," *Independent Review* 4, Vol. 11 (Spring 2007): 616.

10 Michael Novak, "What"Dark Ages?" *New Criterion* 6, Vol. 24 (February 2006): 67-70. Greg Walker and Bernard J. McNamee, "Stark Assessment," *First Things: A Monthly Journal of Religion & Public Life*166 (October 2006) :9-10.

11 Jim Wolfe, "Book Review: The Victory of Reason," *Humanity & Society* 4, Vol. 34 (November 2010), 395.

為這些社會都沒有發展出相對應的倫理觀，只有基督教發展出了理性進步的神學，為資本主義奠下了重要的思想基礎。斯塔克更進一步論證，促成資本主義興起的基督宗教思想遠遠早於新教的出現至少一千年。

閱讀《理性的勝利》一書，讀者不必然要把它看作是宣揚基督教的光明面的「護教」書籍，更好的閱讀的方式是把它定位為探究資本主義以及歐洲現代文明的宗教思想起源的書籍。想要理解歐洲文明史歷程以及促成歐洲現代化的因素的朋友，這本書是相當重要而必讀的書。可以說，不管對基督教的感受如何，想要瞭解歐洲文明就必須要瞭解基督教，就必須要仔細閱讀斯塔克的書籍並與《理性的勝利》好好對談。

斯塔克在全書的結尾用高昂的語調宣稱：

現代世界的一切都只發生在基督教社會中，那一切既不在伊斯蘭，也不在亞洲，也不從一個「世俗化」的社會中發生。所有發生在基督教世界之外的現代化，大多是殖民者與傳教士從西方輸入的。即便如此，許多傳揚現代化福音的使徒們，卻還以為在當代只要以現存的西方世界為範本，就可以在沒有基督宗教，甚至沒有政治自由與資本主義下，達成類似的發展水平，因為全球化會充分傳播科學、技術和商業知識，已經不需要再造最初產生現代化的社會與文化條

件。（蔡至哲譯，二〇二一年《理性的勝利》繁體中文譯本）

筆者認為這是全書最迷人也是最有趣的觀點，值得學界來認真思索。歐洲確實取得了霸權，這是不可否認的事實。然而，聲稱現代世界的一切都只在基督教社會中，不在伊斯蘭、也不在亞洲，這可能有些言過其實。斯塔克在書的一開始問的問題：「全球化能否創造出一個徹底非基督宗教，不資本主義，甚至是不自由的現代社會？」如果以聯合國發表的人類發展指數（Human Develop Index）作為衡量現代化的指標之一，那麼在非常高度發展的國家（HDI＞0.8）當中，阿拉伯聯合大公國、卡達、汶萊都是ＨＤＩ指數極高的國家，主要宗教是伊斯蘭教，並且不是自由國家，上述國家的清廉印象指數（Corruption Perceptions Index）都在六十分以上。在世界最快樂國家的排名中，阿拉伯聯合大公國排名二十七名，沙烏地阿拉伯則在二十一名。亞洲國家以色列的ＨＤＩ世界排名十九名，該國以猶太教為主，世界最快樂國家排名十一名，清廉印象指數也有六十分（詳細內容請參閱附表）。

斯塔克所提出的有關歐洲文明的問題是巨大的。斯塔克的論題，也許更精確的理解是：基督宗教「其中的一個支流」發展出了理性的神學內涵，在基督教成為羅馬帝國宗教之後，基督教的理性進步思想在相對應的政治社會環境中，催生了技術、組織，並影響了保護個人自由政體的產生，為資本主義孕育出良好的社會環境，間接造就了歐洲文明支配壟斷的地位。

如果，斯塔克所論述為真——歐洲現代文明的精神基礎是基督教進步神學思想，而現代文明的物質基礎，無法擺脫基督宗教單獨存在——那麼，如何理解伊斯蘭世界高度發展卻又不那麼自由的社會？亞洲社會當中，雖然許多國家的現代化是殖民所帶來的，但是也有許多社會並沒有發展出基督教進步神學的意識形態基底，卻能夠繼續維持現代社會的樣貌的。我們要追問的是，究竟，「現代性」真正的意涵是什麼？如果，「現代性」不只包含了物質的條件，也包括了精神層次的終極關懷，那麼，這些精神層次的內涵能否在其他宗教找到？其他宗教又是如何創造以及演譯出自己獨特的精神內涵，並且具體表現在與之相應的物質層面？在全球爆發Covid-19疫情大流行之後，人類現代文明又將走向何處？人類集體未來的命運何去何從？

《理性的勝利》是一本認真探究現代文明的精神層面的書籍。書中的提問是迷人又引發熱切討論的歷史大哉問，所探究的是關乎人類文明未來何去何從的重大議題。再就書籍本身內蘊的知識量、作者的研究與論述影響力、本書與韋伯的《新教倫理與資本主義精神》的關係，以及宗教社會學界的知識系譜幾個面向來說，《理性的勝利》是一本值得推薦閱讀的重量級著作。殷切期盼本書繁體中文譯本的面世，能夠獲得閱聽大眾的注意力，並且引起知識界的熱烈討論。

2020 年聯合國人類發展指數極高的國家（非基督徒多數社會）

Country	2020 HDI	Christian (2020)	WHR 2021	Freedom	CPI 2020 Rank (Score)	Major Religion
Hong Kong	4	14.9%	66	52 Partly Free	11 (77)	Christians, Buddhists, Folk Religions
Singapore	11	17.7%	*32 (2018-2020)	48 Partly Free	3 (85)	Buddhists
Japan	19	1.8%	40	96 Free	19 (74)	Buddhists
Israel	19	2.0%	11	76 Free	35 (60)	Jews
United Arab Emirates	31	12.9%	27	17 Not Free	21 (71)	Muslims
Saudi Arabia	40	4.4%	21	7 Not Free	52 (53)	Muslims
Bahrain	42	14.1%	35	12 Not Free	78 (42)	Muslims
Qatar	45	13.7%	n/a	25 Not Free	30 (63)	Muslims
Brunei	47	9.4%	n/a	28 Not Free	35 (60)	Muslims
Kazakhstan	51	23.1%	36	23 Not Free	94 (38)	Muslims
Turkey	54	<1%	78	32 Not Free	86 (40)	Muslims
Oman	60	6.4%	n/a	23 Not Free	49 (54)	Muslims
Malaysia	62	9.4%	81* (2018-2020)	51 Partly Free	57 (51)	Muslims
Kuwait	64	13.6%	n/a	37 Partly Free	78 (42)	Muslims
Mauritius	66	32.8%	44	87 Free	52 (53)	Hindus
Taiwan	n/a	5.8%	19	94 Free	28 (65)	Folk Religions

* 本表格的製作參考 Rumy Hasan 的評論 "Is Rodney Stark Correct on the Reasons for the West's Economic Success?" 筆者將 2020 年聯合國 HDI 指數高於 0.8 分的非基督徒占多數的國家依序列出，並且增加了 2021 年聯合國世界快樂報告（2020 年調查）、美國發布的 2020 年世界自由報告、國際透明組織發布的 2020 年清廉印象指數，以及美國皮尤研究中心的 2020 年世界各國宗教狀況調查，綜合製表而成。

推薦序
百年歷史大哉問「為何西方能，東方不能？」之再探

蔡源林（國立政治大學宗教研究所所長）

本書作者斯塔克（Rodney Stark）在台灣學術界以宗教市場理論的建構者而聞名，該理論以「理性選擇」來解釋個人對宗教信仰的抉擇與行為模式，並從而建構出總體社會的不同類型宗教分布之消長趨勢。雖以常識性觀點而論，理性與信仰似乎是互相矛盾的兩件事，現代人習於將人們對宗教的信仰訴諸於非理性的因素，但斯塔克卻以大量的統計資料與文獻分析來證明理性與信仰不但不矛盾，而且相輔相成。

斯塔克窮其畢生之力，企圖推翻古典社會科學最具影響力的一個假設命題，認為現代化促進科學與理性的發達，終將導致宗教信仰的沒落，謂之「世俗化」命題。一九六〇年代，社會學界開始了一波「世俗化」與「反世俗化」的大論辯，斯塔克加入了「反世俗化」陣營一方，

並立志摧毀在他看來是現代科學最大神話的「世俗化」命題，從而逐漸發展出其宗教市場理論體系，並堅持以長時期的宗教調查實證數據來檢驗其理論假設，拒斥任何沒有經驗證據的理論臆測，這大致上是台灣學界所熟悉的斯塔克，也是一九九〇年代為止斯塔克的主要學術成果。

但晚近二十年，斯塔克開始將其關注焦點從現代社會轉向前現代時期，以社會學家的視角涉入歷史課題，特別是基督宗教史，其目的不只是要將宗教市場理論擴大運用到傳統社會，甚至企圖要挑戰社會學大師韋伯的經典著作《新教倫理與資本主義精神》關於現代西方文明起源的著名論點，本書乃是斯塔克對韋伯命題全面性挑戰的學術結晶。

近百年來全球知識圈與學術界最歷久不衰、反覆提出的一道大哉問便是：「為何現代文明產生於西方世界，而不在世界其他地區？」上古時代，埃及、中國與印度都曾開創領先於其他地區的輝煌文明；中古時代，伊斯蘭文明曾經獨步全球、開創數百年盛世；當這些東方文明居於領先地位的同時，西方世界卻處於「黑暗時代」。但直到中世紀結束為止，東西方文明的優劣情勢開始翻轉，從十五世紀至十八世紀的三百年間，西方世界不只後來居上，甚且全面性地主導人類文明的走向，也徹底改變非西方世界的傳統文明，導致跟隨西方文明追求現代化成為近兩百年的全球大趨勢。

對此一百年歷史大哉問：「為何西方能，東方不能？」所提出的各種解答，大致可區分為

「唯物論」與「唯心論」兩大學術立場，前者從物質文化立論，包含以科技、經濟、政治制度、社會結構等，可以具體觀察驗證的因素來解釋西方文明的優勢所在；後者則從思想、文化、價值觀、宗教信仰等精神因素來立論。「唯物論」陣營之中，以追隨馬克思的各種馬克思主義學派最具影響力；「唯心論」陣營則百家爭鳴，其中以韋伯從宗教信仰來立論最具學術影響力。百年前所挑起的「唯物論」與「唯心論」之爭，發展了半個世紀以後，後繼的各種學術理論以整合上述兩種觀點的折衷論為主流，但隨著不同學說的學科與方法論之立足點不同，還是可清楚判別出個別學者對「心」、「物」等各種因素的體用、主從關係的偏好與差異。斯塔克雖然批判韋伯的論點不遺餘力，但其學說顯然是站在「唯心論」巨人的肩膀上來回答此一大哉問，將西方文明轉變的第一因溯源於基督宗教的精神文明，並適度納入「唯物論」所考量的政治、經濟等因素來補充。

斯塔克不同意韋伯之處，在於該歷史大轉變的時空脈絡應該從何時算起。韋伯認為從傳統邁向現代化的大轉變應溯源至十六世紀的「宗教改革」時期，場景則在英、美等基督新教國家，並將基督新教倫理作為大轉變的火車頭；但斯塔克則認為應再往前回溯數百年至中世紀後半期，起跑的歷史場景則是信仰天主教的義大利諸城邦。換言之，斯塔克認為現代文明的溯源，應該從整體基督宗教文明去找答案，而非僅限於基督新教的部分宗派。但此一歷史溯源的立論並非斯塔克的創見，其本行是專注於研究現代社會的社會學家，有關中世紀與近代基督宗教神學與歷史的觀點，本書大量採用近半個世紀西方學界各種修正主義派的學術成果。該修正派思潮翻轉了啟蒙運動以來認為中世紀歐洲處於被教會權威宰制的「黑暗時代」，現代文明從以十六世紀文藝復興為起點的傳統史觀，而認為許多現代文明的因子已見於中世紀歐洲社會，天主教會也非由食古不化的神職人員所掌控而阻礙文明的發展，反倒是教會所管轄的神學院、修道院成為新思潮的啟蒙者與實驗所，並為十六世紀以降的文藝復興、宗教改革、科學革命等奠立思想與價值的新基礎；同時，歐洲封建社會因缺乏中央極權的政治宰制，更有利於經濟自由化、政治民主化的發展，這些有利於現代化的主、客觀因素全部匯聚於中世紀後期的歐洲社會，直到十六世紀以降就開花結果而成就現代西方文明了！

斯塔克的論點在當前民族主義當道、各種反「西方中心主義」的批判思潮風起雲湧之際，或許會被認為「政治不正確」，但平心而論，雖然近二、三十年，東亞國家或其他亞洲區域強權崛起，逐漸在政治經濟層面挑戰西方世界的霸權地位，但以西歐與北美為首的西方國家，無論在科技、教育、學術、人文藝術創作等領域，仍是非西方國家引頸期盼、爭相效法的對象，這些都不是訴諸民族主義情感而可以視而不見的現實。

其實上，斯塔克所舉西方現代文明優勢之處，仍與百年前中國知識份子在面對西方殖民主義侵略而招架無力之際，痛定思痛所作的深刻反思遙相呼應；歸根結底，西方文明的優勢在於「德先生」（民主）與「賽先生」（科學）；科學，乃是以理性客觀的態度與方法去追求知識，而不受制於傳統習俗、權威人士，也不被主觀情感因素所蒙蔽；民主，則是立基於對個人權利、自由、平等之尊重與保障為前提所建立的政治制度，這也是斯塔克論證為何「西方能、東方不能」的核心主軸，內在與外在、精神與物質兩者相輔相成，缺一不可。但斯塔克又更進一步將民主與科學的核心價值皆溯源於基督宗教傳統，這是他與百年前的「五四」主流論述最大的差異所在。二十世紀初期，處在反基督教、反宗教迷信的歷史情境，中國知識份子鮮少將現代文明的發展與宗教傳統做聯結，既認為基督教會是西方殖民主義的幫凶，又認為傳統宗教是中國落後封建的精神源頭，反傳統主義的無神論遂蔚為時代風潮，從此華人知識圈與學術界將宗教與理性（或科學）視為對立命題，「世俗化」觀點成為迄今揮之不去的歷史幽靈。

若出身於東亞文明圈的讀者，仍基於民族主義情感而直接為斯塔克貼上「西方中心主義」的標籤，而不願認真思索其累積數十年學術功力所提出來的現代文明與宗教信仰深層聯結的論證，豈不是又作實了「理性」是西方文明所獨有而為東方文明所缺乏的說法！台灣過去數十年所開創的經濟奇蹟，以及近二十年的政治民主化步入常軌，皆被以西方觀點為主導的國際社會認為是亞洲的「特例」，若要以台灣或鄰近的日、韓為東亞範例來反駁斯塔克的「西方能、東方不能」的核心命題，更應該以同樣嚴謹的理性態度與科學方法進行研究，探討東亞模式的資本主義、民主政治與東亞儒、佛、道等傳統文化的深層聯結，恐怕才是翻轉強勢的西方觀點之正途，從而掙脫宗教與科學對立的「世俗化」百年魔咒之束縛，開啟「理性的勝利」之東亞新篇章。

推薦序

再思基督宗教與現代化的關係

邢福增（香港中文大學崇基學院神學院教授）

基督教與西方的成功

近代西方為何成功？

長久以來，許多學者嘗試循不同角度來回答這個問題。著名的宗教社會學者斯塔克在《理性的勝利》中，藉著疏理近代西方歷史發展，總結了基督教在其中扮演的關鍵角色。

關於基督教與近代西方興起的關係，似乎並不是一個新的答案。不過，斯塔克運用大量資料，引領讀者進入歷史境景，以基督教理性神學為主線，闡析其如何促成了科學、自由與民主，以及資本主義的興起。斯塔克的研究，儘管修正了韋伯（Max Webber）在《新教倫理與資本主義精神》一書中的錯誤，卻再次肯定宗教信仰與歐洲資本主義興起間的密切關係。

那麼，本書呈現的基督教與西方興起間的關係，僅是邏輯的必然性，還是實踐的必然性？斯塔克在結語中也問：現代化如果只以「現存的西方世界為範本」，是否仍需要「再造最初產生現代化的社會與文化條件」？質言之，在沒有基督宗教的情況下是否可能？

對此，作者一方面指出，現代化似乎可以擺脫「信仰的根基」而獨立發展，但另方面他又強調，基督宗教在非西方世界急速發展的其中一個重要原因，是因為基督教與西方文明間的密切關係。「對許多歐洲以外的人們而言，成為基督徒就是現代化……基督信仰是現代世界全球化下的必要元素。」斯塔克認同並引述了一位中國知識份子的觀點，重申基督宗教是西方文化的核心與道德基石，「讓資本主義的興起成為可能，並成功開出民主政治」。

這樣看來，斯塔克確信基督信仰與西方現代化之間，不僅是邏輯的必然性，也是實踐的必然性。質言之，非西方世界如果要成功晉升現代世界，是絕不能將基督宗教排除在外的（實踐的必然性）。

基督信仰與現代化：華人處境的再思

毋庸置疑，斯塔克特別關注到基督教在中國的發展。他在結論中指出中國基督徒人口自一九四九年以後有驚人的增長，其中不少知識份子也加入皈信者的行列。有趣的是，本書的中國大陸譯本卻將有關中國部分刪去。[1]這種源於官方對涉及宗教題材的審查，顯然是要將被視為敏感的內容過濾。

文化大革命後，中國基督教取得驚人的增長。如果將斯塔克式命題置於中國處境，可發現早於二十世紀八〇年代，隨著當時中國知識界「文化熱」的興起，基督教文化也成為若干中國知識份子傾慕的對象，致成「基督教文化熱」。所謂文化熱，即探討中國文化的出路，[2]有主張全盤西化，也有主張復興傳統儒學，或是藉自由主義傳統企圖對傳統文化進行創造性轉化。在檢視西方文化與現代化的關係時，有知識份子強調，基督教乃西方進步文明的根基，故中國文化的現代化，不能將基督教文化排除在外。[3]

1 羅德尼．斯塔克（Rodney Stark）著，管欣譯：《理性的勝利——基督教與西方文明》（上海：復旦大學出版社，2011），pp182-183。原著一整段關於中國的內容被刪，斯塔克引述一位中國學者，被改為「遠東」學者，其引述的內容也遭刪減。最後斯塔克表示同意該中國學者一句「我也是」（Neither do I）也被刪掉。

2 關於文化熱，參李怡、方蘇訪問，方蘇整理：〈思想文化危機還是現實危機——劉述先談大陸思潮、傳統文化與現實政治〉，氏著：《大陸與海外——傳統的反省與轉化》（台北：允晨文化，1989），pp5-7。

3 謝文郁：《失魂與還魂——中國文化的困惑與出路》（安省：加拿大福音證主協會，1995）。

就以諾貝爾和平獎得主劉曉波（1955-2017）為例，他早於八〇年代，便宣稱「中國人的悲劇是沒有上帝的悲劇」。後來他在獄中的反思也再次強調「基督教信仰是西方文明的心臟」，基督教是「制度轉型一個不可或缺的精神資源」。不過，即或如此，劉曉波卻不認為中國的民主及憲制必須建立在中國「基督教化」的前提之上。因為兩者之間雖具有「發生學的意義」，卻不具有「邏輯上的普遍因果性」。劉相信：「在非西方地區培育世俗化的憲政民主制度，未必一定要有神聖化的基督教倫理的支撐。」[4]

我們可進一步思考宗教倫理與現代化間的關係。馮耀明在討論韋伯式命題時曾指出，新教倫理與資本主義精神在歷史上存在的密切關係，並不能視作具傳遞性的「充分條件」與「必要條件」，即認定兩者間可找到物理必然性與規律性的因果關係。[5]對於本書所呈現基督教與西方現代化的關係，在多大程度上能應用於解釋其他國家或文化的處境？這無疑是值得進一步深思及檢視的問題。就中國的經驗，楊鳳崗便關注中國宗教復興與市場經濟間的關係，[6]曹南來更以具「中國耶路撒冷」美譽的溫州為個案，指出在這個沿海商業城市中，不少基督徒商人如何積極參與宗教與現代性及經濟發展的建構。[7]

隨著基督宗教在全球南方（Global South）的發展，[8]可以預見，關於基督教信仰與現代化的關係，在華人社會仍會成為不少人熱切探討的重點。不論對此課題持何種見解，斯塔克式命題相信都是不容忽視、無法繞過的。

4 詳參邢福增：〈劉曉波的十字架隱喻——「後天安門」異見者的思想歷程〉，氏著：《新時代中國宗教秩序與基督教》（香港：德慧文化，2019），pp363-400。

5 詳參馮耀明：〈宗教倫理與經濟行為之關係——韋伯論旨的概念分析〉，《鵝湖月刊》，卷15期3（1989年9月），pp38-52。

6 Fenggang Yang, "Market Economy and the Revival of Religion," *in Chinese Religious Life*, ed. by David A. Palmer, Glenn Shive & Philip L. Wickeri (Oxford: Oxford University Press, 2011), 209-224.

7 Nanlai Cao, *Constructing China's Jerusalem: Christians, Power, and Place in Contemporary Wenzhou* (Stanford, Calif.: Stanford University Press, 2011).

8 菲立浦・詹金斯（Philip Jenkins）著，梁永安譯：《下一個基督王國：基督教全球化的來臨》（台北：立緒文化，2006）。

導論
理性與進步

歐洲人一開始在全球探險時，最讓他們感到驚訝的不是眼前出現的西半球，而是歐洲人的科技發展居然遠遠超過自身以外的其他區域。面對歐洲的入侵者，感到無助的不只有驕傲的馬雅人、阿茲特克人、印加帝國，就連傳說中的東方文明——中國、印度甚至伊斯蘭，相較於十六世紀的歐洲都落於下風。這情況究竟是如何發生的？許多文明都曾追求煉金術，為什麼只有在歐洲發展成了「化學」？為什麼在過去數百年間只有歐洲人才擁有眼鏡、煙囪、精準可靠的鐘錶、重騎兵，以及有系統的音樂記譜法？起源於蠻族和衰亡羅馬廢墟中的歐洲諸國，如何能這般偉大地崛起，並且遠超過世界的其他地區？

幾位近代學者發現，地理環境是西方成功的祕密；但這同樣的地理環境，也曾讓歐洲文化在很長一段時間落後於亞洲。有的學者把西方的興起歸因於鋼鐵、槍砲和帆船，也有人認為是高生產力的農業。但這些答案也有待解答：**為什麼歐洲人**擅長冶金、造船和農業生產呢？針對這問題最有說服力的答案，是把西方所擁有的支配地位歸功於資本主義，因為資本主義只在歐洲興起。就連那些最激烈反對資本主義的人，都承認資本主義創造了過去無法想像的生產力和進步。

在《共產黨宣言》（Communist Manifesto）中，馬克思（Karl Marx，1818-1883）和恩格斯（Friedrich Engels，1820-1895）提出：「在資本主義興起之前人類『極端怠惰』，而資本主義首次展現出人類的行動能夠達到怎樣的成就……資本主義創造出龐大的生產力，遠超過過去人類所有世代的總和。」資本主義之所以能達成這種「奇蹟」，是因為進行規律的再投資，透過改良技術、擴充產能，並以持續增加的工資同時激勵勞資雙方。

如果真是資本主義推動了歐洲的大躍進，我們還是得解釋為什麼資本主義只在歐洲發展出來？有些人認為，資本主義根源於「宗教改革」（Reformation），還有人追溯到各種不同的政治環境。但如果我們挖掘得更深，答案就會顯而易見，那就是無論是資本主義或是西方的崛起，這當中根本的基石都是對於「**理性**」的信仰。

本書《理性的勝利》就是要探討在一連串歷史進程中，因為理性獲得勝利，而塑造出獨特型態的西方文化與制度。這些勝利當中最重要的部分都發生在基督宗教內部。在世界上其他宗教都重視「神祕」與「直覺」之際，只有基督宗教強調「理性」和「邏輯」是追求宗教真理時的首要指引。基督宗教對「理性」的信仰，當然有受到希臘哲學的影響，但其中更重要的部分是，希臘哲學對古希臘宗教的影響並不大。古希臘的信仰是典型的神祕崇拜，模糊性和邏輯上的自相矛盾，被視為是神聖起源的標記。世界其他各大主流宗教也都認為諸神在本質上不可言喻，內省才是信仰的更高智慧。但從很早的時代開始，教會的教父們就教導人們「理性」是神至上的恩賜，也是**循序漸進增加**自己對福音與啟示理解的方法。

於是當各大主要宗教堅持復古的優越性時，基督宗教卻**朝向未來**。雖然在實踐上未必一直如此，但基督教義原則上至少會以進步之名、隨時代變遷而做出修正；這就是這種理性精神的展現。在經院哲學的刺激下，結合教會在中世紀建立的大學，對理性力量的信仰注入到西方文化中，激發了人們對「科學」的探求，也激發出民主理論的演進和實踐。

資本主義的興起也是教會刺激下的理性之勝利。因為本質上來說，資本主義在商業上系統性地應用了理性，而這些首先發生在大修道院的莊園中。

上一個世紀，西方知識分子喜歡把歐洲帝國主義的源頭牽扯到基督宗教上，卻完全不願承認基督宗教對於西方能在世界稱霸的任何貢獻（除了宗教不寬容外）。相反地，他們認為西方之所以能夠處在領先地位，恰恰是因為**超克了**宗教障礙而得以進步，特別是那些宗教對科學的妨礙。這全是一派胡言。西方的成就，包括科學的興起，完全奠基於宗教信仰；取得這些成就的人全都是虔誠的基督徒。不幸的是，即便是願意認定基督宗教在西方進步歷程中扮演重要角色的歷史學家們，也把宗教帶來的助益限縮在宗教改革時代。彷彿之前一千五百年來的基督宗教歷史全都不值一提，或者只有負面影響。這類學術上的反天主教主義，是受到那本為了研究資本主義興起而寫下的大作所啟發。

二十世紀初，德國社會學家馬克斯．韋伯（Max Weber，1864-1920）出版了深具影響力的《新教倫理與資本主義精神》（*The Protestant Ethic and Spirit of Capitalism*）。[1]韋伯認為，資本主義之所以只出現於歐洲，是因為在世界各大宗教中，只有基督新教提倡一種道德觀，引導人們積極追求財富並節制物質的消費。韋伯認為，在宗教改革以前，節制消費會連結到禁欲主義，由此伴隨著對商業的譴責。相反地，追求財富則與奢侈浪費相連。這兩者都限制了資本主義的發展。根據韋伯的說法，新教倫理打破了這種傳統連結，創造出一種新文化，使節儉的企業家為了追求更大的財富，系統性地將獲利進行再投資。這正是資本主義和西方取得支配地位的關鍵所在。

也許韋伯論述的說服力過於強大，以致大家都接受了他的論點，但他的書中仍有明顯的問題。時至今日，雖然「新教倫理」仍在社會學家的心目中占有神聖地位，[2]但經濟史家已用堅實的論證，推翻了韋伯那引人入勝卻無史料根據的論述。[3]事實上，資本主義的興起早於宗教改革好幾個世紀。英國歷史學家休・特雷弗－羅珀（Hugh Trevor-Roper，1914-2003）對此解釋說：「這個大規模的工業資本主義在思想上不可能早於宗教改革的說法，已被簡單的史實給推翻了，因為資本主義在宗教改革之前早已存在了。」[4]距離韋伯的著作出版只不過短短十年後，著名的比利時歷史學家亨利・皮朗（Henri Pirenne，1862-1935）[5]就發現，有大量文獻證據顯示「從十二世紀開始，資本主義的所有基本特徵，像是個人企業、信用的發展、商業利潤、投機等等，都可以在威尼斯、熱內亞或佛羅倫斯等義大利城邦共和國中找到。」到了下個世代，同樣名滿天下的年鑑學派歷史學家布勞岱爾（Fernand Braudel，1902-1985）也抱怨說：「所有歷史學家都反對韋伯這個貧乏理論，即使他們還無法根除它，但它顯然是錯的。北歐國家確實取代過地中海地區這個舊有的資本主義中心，但他們在科技和商業管理的發展上並沒有任何發明。」[6]而且在經濟發展的關鍵期間，北方資本主義的中心都還是天主教地區，而不是新教。宗教改革的發生仍在遙遠的未來。

不同於前述角度，約翰・吉爾克理斯特（John Gilchrist，1927-1992）作為研究中世紀教會經濟活動的優秀歷史學家，點出最早的資本主義出現在天主教的大修道院莊園裡。[7]後來大家也都同意，即使在十九世紀，歐洲大陸上的新教區域與新教國家**並不比天主教地區真的超前多少**，[8]就算跟所謂「落後的」西班牙相比也是一樣。[9]

不過，即使韋伯理論有許多錯誤，但他論證宗教信仰在歐洲資本主義興起的過程中扮演了關鍵角色，這主張仍是正確的。資本主義所需的各種物質條件，都曾存在於世界其他地區的不同文明中，包括中國、伊斯蘭、印度、拜占庭，也許還有古羅馬和希臘，然而這些社會沒有一個真正發展出資本主義，也沒有形成與動態經濟系統相稱的倫理觀。相反地，西方世界以外的主要宗教都抱持禁欲主義，批判獲利。貪婪的上層階級從農民和商人手中巧取豪奪財富之後，也只用來炫富、揮霍。[10]這些狀況為什麼只在歐洲轉向了不同的結果？這是因為基督信仰的理性神學，而理性神學在宗教改革時扮演了重要角色，只不過這些在新教徒出現一千年前早已存在了。

此外，資本主義為什麼只發生在歐洲的**某些特定區域**呢？為什麼其他地區沒有出現呢？這是因為這些地方和世界大部分地區一樣，有貪婪的專制暴君妨礙了資本主義發展基本條件：**自由**。這麼一來我們又要問：**為什麼「自由」很少出現在世界其他地區，而它又是怎樣在中世紀歐洲部分的國家中孕育出來的呢**？這當然也是因為理性的勝利。在任何中世紀歐洲國家開始以民選議會治理國家之前，神學家早已建構出天生平等和個人權利的相關理論。事實上，後來十八世紀所謂「世俗」的政治理論家，像是洛克（John Locke，1632-1704）的政治思想，全都源自教會學者所推導出的平等權原則。[11]

總結來說：西方的興起是奠基在「理性的四大勝利」。第一是基督神學發展出對「進步」的信仰。第二，對進步的信仰轉化為技術、科技與組織的革新，而且這些成果很多都孕育於修道院莊園裡。第三，多虧基督神學以理性形塑了政治哲學與政治實踐，讓中世紀歐洲有了「善於回應民意的政府」，也有了很大程度的個人自由。最後一項勝利是理性被應用在商業上，使得資本主義得以在「善於回應民意的政府」之安全庇護下發展出來。這些就是西方在理性上取得的勝利。

本書結構

《理性的勝利》一書分為兩部分：第一部分聚焦在信仰的基石。探討理性在基督信仰中扮演的角色，以及它如何為政治自由，並為科學、資本主義的出現鋪平道路；第二部分敘述歐洲如何藉由好的方法落實這些信仰的基石。

第一章內容的是基督徒致力於理性神學的本質和成果，是如何成就的？為什麼這真的是一個極具革命性的概念？當人把理性運用在福音上，將會帶來**神學的進步**嗎？基督神學有一個基本的真理，就是隨著時代進程，人們會比之前更深刻、更好地理解神，因此過往的教義是可以被大幅修正的。探明了基督神學中的理性觀和進步觀之後，則會轉向範例和應用。首先，我會論證理性神學在科學興起的過程中所扮演的絕對和必要角色；也將從宗教的視角出發，說明為什麼科學只有在歐洲興起，而沒在中國、古希臘、伊斯蘭出現。

接下來，我會把注意力轉向中世紀教會在道德觀上的重要創新。舉例來說，基督教義中的自由意志和救贖觀，讓基督宗教能孕育出強而有力的**個人主義**思想。此外，中世紀的修道院制度培養出人們關於**工作**和**節儉生活**的美德，這比新教倫理早了將近一千年。這一章也描繪出初代和中世紀基督宗教在新的**人權觀念**孕育之際所扮演的角色。為了讓資本主義發展，歐洲就必須終結奴隸社會。如同羅馬和同時代的其他文明一樣，中世紀早期的歐洲也到處存在著奴隸制度。在各大主流宗教中，只有基督宗教特別發展出反對奴隸制度的道德觀，而且大約從七世紀開始，就從宗教角度嚴肅地批判了奴隸制度。經過他們的努力，到了十世紀時，奴隸制度就幾乎從西方的大部分地區消失了，最多只存在在一些邊疆地區。[12]至於幾個世紀後又出現在歐洲新大陸殖民地的奴隸制度則要分開來談。而且，在美洲也是由基督宗教推動和支持廢奴運動的。[13]

第二章檢視基督宗教在所謂的「黑暗時代」，為資本主義奠定的物質和宗教的基礎。首先要說明的是，那段羅馬帝國衰亡後的時代，也就是曾長期被人們視為愚昧落後的中世紀，其實是一段從羅馬帝國的暴政中解放，在科技與知識上都有大規模進展與突破又充滿創新的時代。基督宗教不僅致力於促進新科技的研發，也加快了新科技的應用和普及。此外，為了回應這些時代的進步，教會領袖與教會學者也在神學上做出應有的修正。如同世界其他宗教一樣，基督宗教也曾經在數百年當中高舉禁欲主義的道德觀，宣稱禁欲主義在屬靈上的優越性，也表達過對於商業和金融的敵意。但這些教義都被十二、十三世紀的天主教神學家成功地拒斥，他們堅定地為了私有財產和追求獲利辯護。這樣的轉變是怎麼發生的？因為大修道院的莊園展開了新興的商業活動，於是神學家重估這當中的道德意義後，總結說之前的商業禁令並非奠基在合宜的神學之上。

第三章先對統制經濟（command economy）做了概述，探討專制政權如何扼殺了創新和商業活動。專制政權將財富沒收、藏匿或消費掉，卻很少進行投資。如果資本主義要興起，專制政權就得被推翻。本章的其他部分也會解釋歐洲的自由，是如何在那些令人驚艷的小型民主政治實體中產生的。首先談基督信仰是西方民主理論的根源，進而論述基督教義如何演進出個人之間的道德平等、私有產權、政教分離等思想。接著呈現和解釋，相對民主的政治如何在部分義大利城邦和北歐的出現。

第四章追溯了資本主義在義大利城邦越發完備的歷程，以及維持大型理性企業運作的財務技術與管理是如何發展出來的。第五章談義大利資本家的企業如何向北歐城市擴張「殖民」，這些產業大多位於今天的比利時和荷蘭，以及當地人如何快速學會開創自己的資本企業。這個章節最後用較大篇幅，總結英國為何發展出歐洲最強大的資本主義經濟。

第六章檢視了一些重要**反例**，因為如果想合理地解釋資本主義為什麼只在歐洲部分地區發展出來，就必須說明資本主義為何沒在其他地方出現？（或者說在其他地方被摧毀了？）為什麼西班牙明明是十六世紀歐洲最有錢、最強大的國家，卻一直停滯在前資本主義的封建國家？為什麼西班牙的統治會摧毀義大利城邦和西屬尼德蘭資本主義的生命呢？而且，為什麼西班牙在其帝國崩壞後，很快就成為一個三流國家？在法國也是一樣，為什麼資本主義和自由思想也無法發展？要回答這些問題，我會再回來談專制統治對經濟發展的扼殺與殘害。

在上述背景下，第七章轉向新大陸。在經濟上顯著的發展差異，使得美國、加拿大與拉丁美洲被完全區別開來。探討這些內容也可作為本書的延伸性摘要，這當中的問題也是對歐洲經濟史本質性地再探。本書結尾將簡要地思考，過去基督宗教、自由、資本主義曾在歷史上扮演關鍵角色，這個結論在今日此時是否還可被證成？全球化能否創造出一個徹底非基督宗教、不資本主義，甚至是不自由的現代社會？

第一部：基礎

第一章

理性神學的恩賜

- 基督宗教對進步的信仰
- 神學與科學
  - 中國
  - 希臘
  - 伊斯蘭
- 道德上的創見
- 個人主義的興起
- 中世紀的廢奴行動

「神學」對大部分西方知識份子而言是充滿爭議的。這個詞表示一種落伍形式的宗教思想，既不理性又很教條。經院哲學（Scholasticism）一詞也是，在任何版本的英文韋氏大辭典（Webster）中，「經院」（scholastic）一詞都意味著「迂腐和教條」，也代表中世紀教會的學術了無生氣。十八世紀的英國哲學家洛克批評經院哲學家是一群「大印鈔家」（the great mintmaster），只搞出一堆沒用的字詞以「掩蓋他們的無知」。[1]但事實並非如此！經院哲學家都是很好的學者，他們創建了歐洲的大學，讓西方的科學得以興起。神學也是一樣，基督神學和其他宗教思想大不相同，這個既複雜又**高度理性化**的學術素養，完全只能在基督宗教中發展出來。

神學有時也被稱為信仰的科學，是**關於神的形式推理**。[2]這當中強調如何發現神的本質、意旨、命令，以及這些內涵如何定義人類和神之間的關係。多神論思想中的神明則因為太沒邏輯，以致無法產生神學體系。基督神學中神的形象，必須是一個有意識、理性且無限全能的超自然存在者，而且祂顧念人類，也賜給人類道德律法和相關責任，由此產生出嚴肅的知識論辯，像是為什麼神會允許人犯罪？舊約十誡中的第六誡是否表示要禁止戰爭？胎兒從何時開始擁有靈魂？

要能完整地鑑賞神學本質，可以從探討為什麼東方沒有神學家開始做起。以道家而言，「道」被設想成一種超自然本質，是種潛在的神祕力量，或是主宰生命的法則。而道十分高遠，沒有人格，缺乏意識，也絕非一個存在者。道是「永恆之路」，也是會生成和諧與平衡的宇宙力量。老子說：道既常無又常有，可名又不可名。道同時是聽不聞、無形又常無欲。一個人可以持續地冥想「道」之本，但這當中不太會用到理性。這種狀況對佛教和儒家而言也適用。雖然實際上這些信仰在民間流行的版本都是多神論，崇拜眾多大小神明（特別是很多人信仰的道教），然而知識菁英所尋求的，卻是一種「素樸」的信仰形式，是無神且只有一個渾沌的神聖本質，尤其佛陀也否定了有意識的神的存在。[3]東方之所以沒出現神學家，就是因為他們進行知識探求時先否定了第一前提，即一位有意識的全能神之存在。

相反地，神學家在數百年中，致力於運用理性分析那些散落在福音章節裡、神話語當中的微言大義。而且這些神學詮釋一再地呈現出顯著的變化。舉例來說，《聖經》本身並沒有譴責占星術，東方三博士根據星象引導而找到基督的故事，似乎暗示了占星術是有存在價值的。然而，到了五世紀，聖奧古斯丁（Augustine of Hippo，354-430）**藉由理性分析推論**占星術是錯誤的，因為如果相信某人的命運是被星宿預定的，就違反了神賜給人「自由意志」這件事。[4]還有類似的情況，像是許多初代的基督徒包括使徒保羅在內，都認為耶穌是有兄弟的，[5]耶穌從馬利亞而生，他的父親是約瑟。但這與其後發展出來的「聖母」神學越發產生衝突。這個問題最終在十三世紀得到解決，當聖多瑪斯・阿奎那（St. Thomas Aquinas，1225-1274）分析基督為處女所生的教義時，推論了馬利亞沒有生育其他子女：「所以我們無條件斷言，神兒子的母親是童貞女，以處女之身生子之後繼續保持處女之身。主的兄弟們並非同母所生的親兄弟，只算是有血緣關係。」[6]

這不只是對聖經的引申詮釋，每一次細緻的論證也成為了典範，產生出**新的教義**：教會從此禁止了占星術，而馬利亞永遠童貞（perpetual virginity of Mary）也成了天主教會的官方教理。如同這些例子一般，偉大的心靈經常能以頗具說服力的理性論證為基礎，帶來巨大的思想變革，甚至能翻轉教會的教理。在這點上沒人比得過奧古斯丁和阿奎那帶來的巨大影響。當然，其他無數的神學家也嘗試在教義論述上留名，有些人成功，而大多數人被遺忘，部分人士的思想還被視為異端而遭到拒斥。關鍵在於，任何一個精確的基督神學觀點，都奠基在先前的權威著作上。從過往兩千年當中眾多的次要神學家論述中挑選一些奇怪的脈絡來引用，是比較簡單又常見的做法，但這非我的風格。就算是引用次要神學家的論述，我也只引用被主流神學家認定的論述。要記得，即使是主流教會，在不同事物上的立場也經常在改變，其幅度之大有時甚至足以推翻早期的教義。

主流神學家像是奧古斯丁和阿奎那，都不會是今天所謂嚴格的字面解經者（strict constructionist）。相反地，他們透過理性增進人們對神聖旨意的理解。就像德爾圖良（或譯特土良，

Quintus Tertullian，150-230）在二世紀時指出的：「理性是屬於神的事情，對於創造一切的創造者神而言，沒有什麼不是用理性給予、創造、主宰和命令的；也沒有什麼事物，是祂不以理性處理和理解的。」以同樣精神，亞歷山大的革利免（Clement of Alexandria，150-215）在三世紀時提醒人們：「不要認為單靠信仰就會有所得，也要靠理性來確認。實際上，只歸諸信仰而缺少理性，是很危險的。因此，真正的真理不能沒有理性。」[7]

因此，當奧古斯丁說，理性對信仰來說是不可或缺的，其實只是表達了當時的主流思想：「唯願神不會憎恨那使我們異於禽獸的。唯願我們不會以一種不接受理性或不尋找理性的方式去信仰，因為當我們的靈魂失去理性時，我們甚至也無法再繼續信仰。」奧古斯丁認為「信仰必須先於理性，並且要淨化心靈，使之足以承接理性的偉大光輝」。[8]但接著奧古斯丁又說了，雖然必須說「在那些尚未被掌握的偉大時刻和重要事物上，確實是信仰優先於理性，但就那能說服我們的一小部分而言，理性卻必須優先於信仰」。[9]經院神學家們比起現代大部分的哲學家，更願意把理性擺在重要的位置上。[10]

當然，部分有影響力的教會人士反對給理性優位，而且爭論說信仰最好為了神祕主義和靈性經驗服務。[11]諷刺的是，這種立場上最有煽動力的倡議和觀點，卻是以優雅的理性神學來表達。[12]也有某些盛行的修會對理性的重要性持保留態度，特別是方濟會（Franciscans）、西多會

（Cistercians）。但是這些觀點並非主流思想的原因很簡單——因為教會的官方神學，早已扎根於許多以理性運作並蓬勃發展的大學之中。[13]

基督宗教對進步的信仰

猶太教和伊斯蘭教也擁有一位有形象的神，但他們的學者卻沒有意願探求這些事務來發展神學。相反地，傳統的猶太人[14]和穆斯林都傾向於嚴格的字面解經，把經典**當作律法來理解和應用**，而不是把經典當成探求終極意義問題的基礎。因此，當學者們說猶太教和伊斯蘭教是一種「orthoprax」的宗教時，表達的意思是「正確的（ortho）實踐（praxis）」，因此「信仰的根基在於強調社群生活的律法和規則」。相反地，當學者稱基督宗教為「orthodox」宗教，說的是「正確的（ortho）觀點（doxa）」，「更強調的是信仰、基督宗教的知識結構，以及教理問答和神學」。[15]猶太教和伊斯蘭教思想家的典型爭論是關於具體的行動或革新，像是用印刷術重印神聖經典是否合乎律法。基督宗教的典型爭論則常是有關教義的，像是「三位一體」或「馬利亞是否永遠童貞」之類的問題。

當然，也有某些重要的基督思想家關注律法，同樣也有一些猶太教和伊斯蘭教學者致力於神學議題的研究。但這三種宗教在信仰觀點上的分歧，終究導致了它們之間巨大的差異。法律解釋仰賴之前的判例，所以會關注過去。但若想更進一步、不斷地瞭解神的本質，就等於設定了**進步是可能的**。而這個對進步的假設，也許正是基督宗教和其他宗教的最大差異之所在。除了猶太教之外，各大信仰都假設歷史有一個無止境的循環週期，或是無法避免地會走向衰敗。穆罕默德曾說：「最好的時代就是我所在的這個時代，接下來會一代不如一代。」[16]相反地，猶太教和基督宗教則抱持一個線性的歷史觀，歷史將會在千禧年之際達到最高點。不過，比起基督宗教的深刻進步觀，猶太教講的只是一個「進程」而非真的「進步」。如同蘇格蘭哲學家約翰．麥摩里（John Macmurray，1891-1976）所言：「基督信仰對我們的影響程度有多深，就從我們如何思考進步這件事情上展現出來。」[17]

如果耶穌當初留下一部他親筆書寫的福音，歷史可能會走上完全不同的道路。不同於穆罕默德或摩西，他們親傳的文本被視為直接的神聖啟示，因而鼓勵了字面信仰。耶穌沒留下任何親筆作品，使得初代教會的教父們被迫要以理性去延伸解釋那些經過整理、人們回憶中的耶穌話語。新約其實是一部缺乏整體性的**選集**。[18]於是，由保羅開了神學上邏輯推論和進步觀的先例：「我們現在所知道的有限，先知所講的也有限……」[19]反之，《古蘭經》2：2卻寫著：「這部經，其中毫無可疑……」[20]（譯注：本書的古蘭經中文經文皆採馬堅譯本）

從非常早的時代開始，神學家就認定運用理性能讓人**越來越精確地體會神的旨意**。奧古斯丁指出，雖然現在仍有「一些關於救贖教理的重要內容，我們尚未掌握……但有朝一日會做到的」。[21]奧古斯丁不僅樂見神學上的進步，也一樣期待世俗上和物質上的進步。奧古斯丁在他五世紀初的著作中宣稱：「人類的天才發明創造並應用了無數的驚人技藝，有部分是生存之所需，但也有些發明表現出人類擁有無盡寶藏般的潛能，足以發明、學習和應用這些成果。這些成果如此令人驚嘆，顯示了人類工業的驚人進步，能創造出紡織、建築、農業、航海的技藝。」奧古斯丁接著又讚頌：「測量和數學取得的技巧，天體運行和彼此關係的法則，這是多麼偉大的智慧成就！」而這一切都來自於神對受造物的「無言恩賜」，也就是「理性的天賦」。[22]

奧古斯丁的樂觀主義很有代表性，進步正在對後人召喚。圖姆奈的吉爾伯特（Gilbert de Toumai，1200-1284）在十三世紀寫道：「如果我們自我滿足於已知，將無法發現真理……那些已被寫下的事物並非定律而是指引。真理向所有人開放，根本還沒被完全掌握。」[23]在佛羅倫斯的喬丹諾（Fra Giordano，1255-1311）於一三〇六年講的話也很具代表性：「很多技術還沒被發現，發現之路永無止盡。每個人每天都可能會有新發現。」[24]而同時期的中國主流觀點卻說：「學者若專心經典、遠避塵世俗務，則天下幸甚。」[25]

十三世紀晚期聖多瑪斯·阿奎那在巴黎出版的《神學大全》（*Summa Theologica*），讓基督宗教的理性進步思想的發展達到高峰。這座理性神學的里程碑，是透過對教義進行邏輯「論證」建構而成，設定了所有後代神學的準則。阿奎那說，因為人類缺乏足夠才智能直接看穿事物的本質，是故在追求真理的道路上，有必要一步一步運用理性。儘管阿奎那認定直接處理神聖啟示的神學，是為最高層次的科學，但他仍提倡使用哲學工具，特別是邏輯原理，來建構神學。[26]於是阿奎那以他的理性力量，在神的創造中尋找到了最深刻的人文主義。[27]

倘若阿奎那和他的許多天才同輩都認為耶和華只是一種無法詮釋的本質，就不會有偉大的理性神學了。他們的努力之所以具正當性，就因為他們設定神本身就是理性的絕對象徵。[28]進而，當他們致力於不斷以理性接近神的旨意之際，就需要承認福音書不能（或者至少不是一直）只從字面理解，這也是基督宗教的傳統觀點。因為就像奧古斯丁說的：「神的話語當中隱含著不同的意義，且同時都是正確的。」奧古斯丁也坦承，在神的幫助下，後代的讀經者是有可能掌握經文真意的，即便這與最初寫下經文之人的理解不同。奧古斯丁又說：「探尋吧……主神所差的卓越牧者摩西，讓讀經者藉由這些話語理解、信仰祢……藉由書卷的話語靠近祢，並尋找祢的旨意，祢已透過祢僕人所寫的字句分別賜予。」[29]此外，由於神不會有謬誤謊言，因此若聖經與知識相互矛盾，那是因為記錄神話語的「僕人」沒有完整理解神的意思。

這些看法和基督宗教的基本前提完全相符，即神諸多啟示的展現，都被限縮在當時人類的理解範圍內。在四世紀時，君士坦丁堡大主教聖金口約翰（Saint John Chrysostom，347-407）曾說，即使是熾天使（seraphim，等級最高的六翼天使）也無法看到神的本體。相反地，看到的是神搭配天使的程度、屈尊虛己的模樣。神會如何屈尊虛己呢？神展現在人面前的並非是自己真正的本體，而是用適合對方層次的方式，藉此讓人可以仰望；換言之，神用相應於軟弱者的程度來讓人看見。[30]在這種悠久的傳統下，加爾文（John Calvin，1509-1564）的神學主張神會根據人類理解的能力來調整自己的啟示，就一點也不算是異端。就像創世紀的作者一樣，他也擁有「同時教育未開化上古人民和有教養民眾這兩個使命，若不降低標準，採用這種簡單的訓誡方式教導，根本無法達成目的」。這就是神「配合我們粗鄙與軟弱的虛己顯現」。[31]

基督宗教下神的形象，是一個**相信人類會進步**的理性存在者。人們的理解能力越高，神就更能完全地顯現自己。另外，因為神是理性的存在者，而且宇宙也是祂創造的。因此宇宙必然是理性、合乎法則也具有穩定結構的，**等待人類更深刻的理解**。這正是許多知識事業的關鍵，科學也由此興起。

神學與科學

十六世紀所謂的科學革命，長期以來都被那些強調科學與宗教有根本性衝突的人給錯誤地詮釋了。他們試圖證明宗教和科學之間存在著內在矛盾。但這個時代所達成許多偉大成就，絕非世俗化思想下的產物。相反地，這些成就是因為數個世紀以來中世紀經院哲學系統性進展的高峰，也來自基督宗教自十二世紀以來的獨特發明——大學。科學和宗教不但相容，而且無法分割。讓科學得以興起的，就是信仰深刻的基督教學者。[32]

對我們而言很重要且應該知道的是，所謂科學並不僅是一種技術。一個社會不會簡單地因為能造船、煉鐵或使用瓷器餐盤，就表示擁有了科學。科學是一種**方法**，要能有**組織地**且公式化地**解釋大自然的本質**，並透過**系統性的觀察**，對科學自身進行修正。

換個角度來說，科學由兩部分組成——**理論和研究**。理論即所謂的科學解釋，是一種說明自然界現象（包括人類的社會生活）**為什麼**和**如何**連繫運作的**抽象表述**。然而，這並不是說所有的抽象表述，或者所有的解釋，都有資格說自己是科學，否則神學也是科學了。相反地，科學的抽象表述是要能從被觀察的事物中，推導出確定且可預期的因果關係，又或者推導出可證偽性的內容，這才算是科學。透過實驗驗證觀察和假設，這就是科學研究在做的事情，也因此科學論述會被限縮在自然和物質現象當中，因為這些在物理上是可觀察的東西。所以世界上仍有一大塊領域的論述不是科學可以解決的，像是神是否存在等等。

科學研究也需要有組織，而非一種隨機發現，也無法由一人獨立完成。確實有些科學家獨自作業，但不可能真的完全孤立。從很早以前開始，科學家就建立了合作網路，而且很頻繁地互通有無。

大部分的當代歷史學者和科學哲學家對於科學的定義擁有共識，人類歷史上大多數解釋和掌控物質世界的活動不都算是科學，就算有些並非超自然的方式也一樣不是。如同法國歷史學家布洛克（Marc Bloch，1886–1944）所說：[33]「過去某些技術進步，有時成果還滿豐碩的，但卻只是經驗主義式的。」換言之，這些進步只是觀察、試錯的產物，過程中並沒有出現科學的解釋和理論。如此說來，古代希臘、羅馬、伊斯蘭和中國的技術發明，更別說史前時代了，都不算是科學，而比較像是一種傳承下來的常識、技藝、智慧、手工藝、技術、工程、學問，或是簡單的知識而已。沒有望遠鏡的時代，古人就會觀察天象，然而直到將這些變成可反覆實驗的理論之前，這些觀察都只算是**現象**。達爾文曾生動地點出這個問題：「大概三十年前，很多人都說地理學家應該要觀察而不是搞理論，我記得有某個人甚至說，要到採沙地直接計算沙子的數量和顏色的這種程度才夠。但奇怪的是，竟然沒人想到所有的觀測必須是為了證成或反對某個觀點才是有用的！」[34]

在希臘或東方哲學家的知識體系中，他們的經驗主義是相當反理論的，而他們建構理論時缺乏實證。以亞里斯多德（Aristotle，BC384-BC322）而言，他雖然號稱經驗主義者，卻從未印證實證和理論之間的關係。舉例來說，他教人說，物體下墜的速度會和物體的重量成正比，因此重一倍的石頭之下墜速度應該要快上一倍。[35] 隨便是誰，只要自己去附近的山丘試一下，就會馬上知道這種說法是錯誤的。

其他有名的希臘哲人也是一樣，他們所做的事情要不完全是經驗式的，就是缺乏實證，大多只是一堆抽象論斷，根本無視也不根據觀察的結果，並不夠格被視為科學。因此，當德謨克利特（Democritus，BC460-B370）假設所有物質都是由原子組成的時候，他並不算是提出了原子論的科學假設。他的「理論」只是一種猜想，並未建立在觀察的基礎上或應用了實證。即使他僥倖猜對，那也只能算是一種語言上的巧合，不見得比同時代那位認為物質是由火、空氣、水、土組成的恩培多克勒（Empedocles，BC492-BC432）好到哪去。當然也沒比認為物質是由熱、冷、乾、濕四種性質組成的亞里斯多德高明太多。另外，即使擁有優秀的分析能力，歐幾里得（Euclid，BC325-BC265）也不能算是科學家，因為幾何學本身與其內在都缺乏物質基礎，只能用來描述現象的某些面向，卻完全無法做出任何解釋。

真正的科學只興起過一次——只有在歐洲。[36]中國、伊斯蘭、印度、古希臘和羅馬都有高度發達的煉金術，但只有歐洲把煉金術發展成化學。同樣地，許多社會都有精密又系統化的占星術，但只有在歐洲，占星術能發展出天文學。原因何在？一樣的，答案與神的形象有關。

如同偉大的中世紀神學家和科學家尼古拉・奧里斯姆（Nicolas d'Oresme，1325-1382）所言，神的創造「很像是人造了一座鐘，然後讓鐘自己持續運轉」。[37]不同於非基督宗教世界的其他主流宗教或其他哲學思想，基督徒之所以發展科學，是因為他們**相信這是可能的，也應該是如此做的**。一九二五年，懷德海（Alfred North Whitehead，1861-1947）在哈佛的勞威爾演講（Lowell Lecture）中說，科學之所以興起於歐洲，是因為「對於科學可行性的信念被廣泛傳播，這種思想源自於中世紀神學」。[38]懷德海這段發言不僅震撼了在場聽眾，也衝擊了整個西方知識界，尤其是在這個內容出版之後。這麼一位偉大的哲學家、數學家，還曾與羅素（Bertrand Russell，1872-1970）一起寫出劃時代巨著《數學原理》（*Principia Mathematica*）的大人物，怎麼會講出這種令人難以接受的內容呢？他難道不知道宗教是科學研究的天敵嗎？

懷德海是對的。他確實掌握到，就像基督神學是科學在西方興起的關鍵一樣，其他非基督宗教的思想則妨礙了科學探索。懷德海解釋說：「中世紀思想對於推進科學來說，最偉大的貢獻在於堅定的信念——這世界還存在一些奧祕，而這些奧祕是能被揭示的。而這種信念是從何時開始深植於歐洲人心中的呢？……是從中世紀人們堅信神的理性本質而來。這個理性本質是由人格神——耶和華——的全能和希臘哲人的理性共同組成的。由於此世的細節都已被主宰，也都是有秩序的，因此探索大自然只是讓人以理性去驗證信仰。」[39]

懷德海總結其他宗教神明的形象，特別是亞洲的宗教，發現對於科學發展而言，其他神明都是非人格神或者太不理性。任何特定「意外事件可能因為某位非理性的專制神明的一個動念」就發生，或是從「某個非人格的不可測根源而來。有人格的存在者才能讓人在可理解的理性之中擁有信心」。[40]

確實，幾乎所有非基督信仰的宗教都缺乏創世過程，也沒有設定世界是被創造的，而是認為宇宙是永恆但循環的，沒有起始也沒有創造的目的。這當中最重要的是，沒有創造者的存在。這讓宇宙本身被認為是一種崇高的奧祕，缺乏一致性又不可預測，而且是隨機的。以上宗教的預設是：冥想和洞察神祕是通往智慧的道路，因此沒有高舉理性的需要。

最關鍵的問題是方法論上的。就算你冥想數百年也不會生出任何經驗性的知識，但在某種程度上，當宗教啟發人們致力理解神的動工時，知識就相伴而生；而且又因為要更完整地理解，就必須要去解釋，於是科學就作為神學的「婢女」而興起。精確的說，那些創造出十六、十七世紀科學革命偉大成果的科學家是這麼看自己的——他們在追尋創造的奧祕。

像是牛頓（Sir Isaac Newton，1643-1727）、克卜勒（Kepler，1571-1630）、伽利略（Galileo Galilei，1564-1642），他們都把神創造的大自然看做一**本書**，[41]需要閱讀和理解。十六世紀的法國科學天才笛卡兒（René Descartes，1596-1650）談到自己研究「自然法則」的正當性時解釋說，這些法則必然存在，因為神是完全的，「神會以恆常穩定的方式動工，除了少數的神蹟之外。」[42]相反地，以上那些關鍵的宗教思想和宗教帶來的發展動力，在其他看似曾有發展科學潛力的社會中都是缺乏的，包括：中國、希臘、伊斯蘭。

中國

在懷德海提出基督信仰是科學探索之根基的三年前，他的合作夥伴羅素對於中國為何沒有發展出科學，感到相當困惑。從他激進的無神論觀點來看，中國應該比歐洲更早發展出科學才對。他只好解釋說：「雖然中華文明目前在科學上還很落後，但是中國人對科學沒有任何不友善，因此在中國傳播科學知識，應該不會像在歐洲那樣遇到教會的阻礙。」[43]

儘管羅素相信中國很快就能超越英美，[44]但是他並未看出就是宗教問題成為障礙，阻礙了中國的科學。千百年來，中國老百姓信奉著各式各樣的神明，但大多都是沒什麼特色的有限存在。中國的士大夫則以信仰無神式的宗教感到自豪，超自然世界被設想為由「氣」或「理」所主宰，「道」則是高遠而非人格的存在。如同小神明們根本不會創造宇宙一般，非人格的「氣」或「理」似乎也**不做什麼**。

中國的聖賢素樸地將宇宙視為從過去到現在都是恆常的，沒理由去假定宇宙是根據理性法則運行的，或者認為用物理學理解宇宙會比用神祕主義的角度更高明。這導致千百年來中國士大夫追求的是「體悟」，而不是「解釋」，這是來自牛津大學的偉大科學史家李約瑟（Joseph Needham，1900-1995）的精確判斷。李約瑟一生致力於中國科學技術史的研究而著作等身，他花了數十年時間嘗試找出一個物質性的解釋，但最後卻總結中國之所以無法發展科學，是因為他們的宗教使得中國士大夫不相信自然世界是有法則的。因為「有一位神聖超越的立法者，賜下非人為的自然律法觀念，從未被發展出來。」李約瑟繼續論道：「這不是說對中國人而言，自然中沒有秩序，而是自然秩序並非來自一位理性的人格存在者所制定，因而就不會有人相信說，在古代那位理性的人格存在者曾以低階的塵世語言，宣布那神聖法則的法典給人們。確實，道家有可能會輕視這種想法，覺得這太天真，因為他們體悟到的宇宙是如此精妙複雜。」[45]就是這樣。

在幾年前，令人尊敬的香港城市大學的人類學家梁景文（Graeme Lang）反駁了儒家和道家導致中國知識界無法發展科學的觀點，認為中國這個土地能適應各種文化，他說：「如果中國學者想進行科學研究，單看哲學思想並不是個很大的阻礙。」[46]也許吧。但是梁景文忽略了一個更根本的問題：為什麼中國學者**不想進行科學研究**？因為正如懷德海、李約瑟和其他許多學者所觀察的，對中國人而言「**科學的可行性**」命題並未出現。神學與哲學的根本設定，會左右人們是否願意進行科學研究。西方科學之所以誕生，是因為堅信人類的智慧有能力探索自然的奧祕。

希臘

在數百年當中，希臘人曾經那麼樣地靠近科學，他們善於使用適當的抽象描述和普遍原理來解釋自然世界。曾經有一群人仔細而且有系統地觀測自然，但蘇格拉底卻把天文觀測這類強調經驗的行為當作是「浪費時間」，柏拉圖也持一樣的態度，還教育他的學生「要遠離燦爛的星空」。[47]希臘人也曾建立互助的學術網路，即著名的**學園**（school）。但到最後，他們的成就都是非經驗式、甚至是反經驗的思辨哲學（speculative philosophy）以及一些未經理論化的現象集合，還有一些各自獨立的手工藝與技術，從未有什麼突破而成為真正的科學。

這當中有三個原因。第一，希臘思想中的諸神不足以成為有意識的創造者。第二，希臘人不但認為宇宙本來就是非創造的永恆存在，還必然走上進步與衰敗的無盡循環之中。第三，由於希臘人把天上繁星當成實際存在的諸神，也就把本來無生命的物體轉成了有意志、有情緒、有欲望的神明，自然就不會轉去探索物理學理論。[48]

以作為「神明」的角度看，希臘帕德嫩神廟中的諸神，即使是宙斯，也不夠格成為創造這個合乎法則的宇宙之全能者。希臘諸神像人類一般，陷在萬物的自然循環之中無可自拔。部分希臘學者包括亞里斯多德在內，認定有一位範圍無限的「神」主宰著宇宙，但這個神的存在，比較像是類似「道」的一種本質，這位神對這個循環宇宙予以靈性之光。神作為宇宙的理型，是具有抽象屬性的本質，因此過去至今並不活動。柏拉圖則設想，有一位次等神祇名叫巨匠造物主（Demiunge）創造了世界。論及世界創造者而進行創世，至高「神」顯得太遙遠且過於形上，巨匠造物主恰可用來解釋何以「現實」世界被造得那麼糟。

許多學者質疑柏拉圖對巨匠造物主的設定被字面解釋了。[49] 但不管柏拉圖真的說他是一個創造者，或只是一個比喻，柏拉圖的巨匠造物主與無中生有、全能的神都是完全不能相比的。此外，柏拉圖所說的宇宙是依據「理型」所造，而不是根據具持續性的物理原理所運作。這些理型主要是由完美的形式所組成，因此宇宙一定是球型，因為那才是對稱完美的形式。而且天體必須要在圓形軌道上運轉，這樣的運動才是完美的。[50]由於柏拉圖的理型論在很長一段時間被用來當作先驗假設，因此嚴重妨礙了發明與創新；數百年後，柏拉圖式對完美形式的堅定信念，仍然妨礙哥白尼假設行星的軌道**是橢圓形**，而非圓形。

從很多面向來看，希臘人會探索知識和科技是很奇怪的，因為希臘人拒絕進步觀，而偏愛存有是永無止盡的輪迴。柏拉圖至少還預設宇宙是被創造的，但大多數的希臘學者認為宇宙是永恆輪迴，而非被創造的。亞里斯多德批判創造論的思想，他說：「認為宇宙有一個創造起點的想法，根本是天方夜譚。」希臘人認為宇宙是永恆不變的，即使他們承認歷史和文化這種客觀現實是會變動的，但仍被框限在無盡的重複裡。亞里斯多德在《論天》（*De Caelo*）中指出：「同樣的觀念不止一次、兩次，而是一而再、再而三地浮上心頭。」[51]亞里斯多德也在《政治學》（*Politics*）中說所有的事物「都已在過去不同的年代很多次或無數次地被發明出來」。而亞里斯多德生活在一個黃金時代，那時的科技已達到最高峰，無法再進步了。和發明一樣，對每個個人來說也是一樣，同樣的個人會一次又一次地再次誕生，就像宇宙會周而復始、盲目地循環一般。

根據斯多葛學派的哲學家克律西波斯（Chrysippus，BC280~BC207）現已佚失的《論宇宙》（*On the Cosmos*），斯多葛教導人說：「先前的一群人和現存的一群人其實是同一群，兩者只有外表上、隨機上的差異。這些差異並不代表有另一個人存在，那只不過是前世的相對體。」[52] 前蘇格拉底時代的哲人巴門尼德（Parmenides，BC515-BC445）則說：「就宇宙自身而言，所有感官上的變化都只是幻象，宇宙處在穩定的完美之中，宇宙不是被創造的，但也不會被摧毀；宇宙是完整不動的，而且沒有盡頭。」[53] 其他具影響力的希獵人，像是古希臘的愛奧尼亞人（Ionian）則教導說：雖然宇宙是無窮和永恆的，但它也是一系列無盡的循環。柏拉圖所見略有不同，但他也堅信永恆循環，這些恆常法則會導致在黃金時代之後，會出現混亂和衰落。

最後，希臘人還堅持把宇宙和無生命物體都當成**有生命的活物**。柏拉圖教導人說，巨匠造物主所造的宇宙是「一個可見的生命體」。因此，世界有自己的靈魂，宇宙的靈魂雖是「孤獨的」，但是宇宙「自身和諧又優越，不需要任何陪伴或朋友，就得以自給自足」。[54]

但是，若我們把礦物質等東西視為有生命的，解釋自然現象時就會走向錯誤的方向。舉例來說，導致物體運動的原因會是動機，而不是自然引力。斯多葛學派，特別是芝諾（Zeno，BC495-BC430），可能是最早用意識作為目的來解釋宇宙運行的人，這種想法很快就被普遍接受。因此亞里斯多德認為，天體之所以沿著圓形軌道運動，是因為天體對運動的愛，各種物體會掉落地面，則「因為它們天生就有對地球中心的愛」。[55]

最終，希臘學術受困於自身的內在邏輯。幾何學在柏拉圖和亞里斯多德之後，幾乎不再進步。羅馬人控制希臘世界後，又繼受了希臘的學術，希臘學者無論在共和國時代或是在羅馬帝國時代都十分活躍。但是希臘學術的遺產並未帶給羅馬任何重大的知識進步。[56]在東方也一樣，希臘學術從未在拜占庭失傳，但也沒有任何創新。[57]羅馬的衰亡並沒有中斷人類的知識增長，希臘學術的「恢復」也沒有真正帶來幫助。希臘學術根本是科學興起的**障礙**！希臘思想沒有為希臘人和羅馬人帶來科學；在認真保留和研究希臘學術的伊斯蘭世界中，希臘思想也阻礙了知識的進步。

伊斯蘭

伊斯蘭看似也擁有神的概念，足以支援科學的興起，但事實並未如此。[58]真主阿拉所展現出來的不是一個合乎法則的創造者，而比較像是一個極端又積極的神，只要想介入世界就會介入。這影響了伊斯蘭的主要神學士去批判所有將自然法則系統化的行動，因為這褻瀆且否認了阿拉可以隨己意主宰世界。因此，伊斯蘭並不完全接受神創造這個世界時就已定下基本原理來運作的思想，反而比較設想神的意志才是宇宙的連續性基礎。古蘭經35：8的經文可以為此作證：「真主必使他所意欲者誤入迷途，必使他所意欲者遵循正道」，雖然這裡指的是神可以決定每個個人的命運，但擴大解釋就適用於天地萬物。

每當講到伊斯蘭的科學與學術主題時，大多數歷史學家都會強調，在數百年當中希臘學術在基督教歐洲幾乎都快失傳了，多虧伊斯蘭世界高度重視，希臘學術才得以保存命脈。這是事實沒錯，而且部分希臘古典文獻能夠傳回歐洲，也是經由伊斯蘭世界。然而，這些思想遺產並未促進伊斯蘭世界的知識進步，更別說影響伊斯蘭科學的興起。相反地，穆斯林的知識分子把希臘學術，特別是亞里斯多德的著作，**當成是經典而去「相信」**[59]**，而不是去「探究」**。

基於同樣的理由，希臘學術阻礙了伊斯蘭科學興起的可能性——因為基本理論的設定就是反科學的。早期伊斯蘭學者編著的偉大百科全書（*Rasa’il*），全盤接受了希臘世界觀，把世界當成一個巨大而有意識的，一個活著或有機的生命體，有智力也有靈魂。[60]十二世紀著名的伊斯蘭哲學家阿威羅伊斯（Averroes，1126–1198）和他的學生也沒什麼科學遠景，儘管他們在著作中批評了所有的伊斯蘭教義，還和那些抱持百科全書立場的人有直接衝突。不過，阿威羅伊斯和他的跟隨者是一群固執的亞里斯多德教條主義者，他們說亞里斯多德的物理學是完美又完全沒有錯誤的，因此只要有一個觀察與亞里斯多德的觀點衝突，那一定是那個觀察有誤，或者根本就只是個幻覺。

這些思想導致伊斯蘭學者雖然也有一些卓越的成就，但只在一些特定的知識領域，像是天文學和醫藥，即那些不需要建構理論通則基礎的學科。而且隨著時光流逝，這些成果後來也停滯了。

現在已經很清楚，與既定知識相反，希臘學術的「恢復」並未把歐洲帶向科學之路。根據希臘學術對希臘、羅馬、穆斯林留下的影響來判斷，我們該知道的重點是，在基督宗教學者創建他們獨立的知識架構之前，希臘學術其實沒有多大的價值。事實上，中世紀學者第一次接觸到亞里斯多德、柏拉圖等人的著作時，就有意願和能力去反駁他們！正是在與亞里斯多德等古典大家的精彩辯論中，經院哲學家一路朝向科學邁進，因為中世紀非科學領域的學者（特別是藝術領域和思辯哲學的）都是古代希臘、羅馬經典的崇拜者。十六、十七世紀許多偉大的科學家只是在口頭上服事亞里斯多德這些主子，但實際上他們的工作幾乎否定了希臘人的全部世界觀。

這不是要看低希臘學術對基督神學和歐洲知識生活的影響。奧古斯丁繼承了希臘哲學的全部遺產，阿奎那同時代的人也承認他們從希臘化學術中獲益良多。但是希臘思想的那些反科學內容，經過奧古斯丁和經院哲學家繼受之後，古老的希臘、羅馬學術就只限縮為一種古典研究，對科學家來說已不算是哲學。確實，就像牛頓在一六七五年寫給胡克（Robert Hooke，1635-1703）的信中所說的（這句話古典學者常引用）：「如果我（比你和笛卡兒）看得稍遠一些，那只是因為我站在巨人的肩上。」然而，在牛頓的著作和日常自述中卻沒有找到或表達過這種對古人的高度崇敬。相反地，牛頓和他同時代的人取得的突破，都很明顯與古希臘的「巨人們」背道而馳。參與十六和十七世紀科學革命的偉大人物，包括笛卡兒、伽利略、牛頓、克卜勒，都告白自己對造物主神的絕對信仰，祂造物動工中的理性法則正等待著人們去發現。

科學的興起不是在古典學術的基礎上出現的，而是從基督教義「自然的存在由神所造」中自然發展而成。為了愛神、歸榮耀與神，必須全心讚美神造物的驚奇。因為神是完美完全的，祂所造的一切必然根據**永恆的真理**運行。只要完善地使用神賜給我們的理性和觀察的能力，就能發現這些法則。

以上就是科學為何只興起於基督教歐洲的關鍵所在。

道德上的創見

（理性神學帶來的益處不只限於科學領域。從最早的時候開始，基督宗教也在建構人性論和倫理議題上極有創見。其中最重要的就是與自由、民主有關的基本人權主張。比這些觀念還更基本的就是：「發現」個人主義和自我。）

說個人主義是個**被發現**的觀點，在某種程度上對於現代人來說似乎有些荒謬。任何一個正常的個人，都視自己為獨立的生命，也各自擁有獨一無二的感受，必然以一個獨特的視角看世界。儘管如此，有的文化強調個體的感受，有的則強調集體、壓制個體，而且重視集體類型的文化似乎占了多數，個人的真實存在感往往是集體性的——個人的權利不是他們自己的，而是**集體**的，然後才**從集體分給個人**。在這種情況下，沒有人會認為「我是自己命運的主人」。相反地，命定論的思想才是真理，個人的命運是自己無法掌握的，是受到外在的巨大力量左右的。

即使是希臘哲學家也沒有類似我們今天的「個人」概念。[61]柏拉圖寫的《理想國》一書也聚焦在城邦、城市，而非裡面的公民。事實上，他甚至還批判私有制。與之相反，個別的公民正是基督宗教政治思想的核心關懷，近代歐洲政治哲學家如霍布斯（Thomas Hobbes，1588-1679）、洛克的觀點也由此形塑。的確，這是非常具革命性的觀點，基督宗教對個人主義的強調「在各文化中顯得非常特殊」。[62]自由的思想更是另一個幾乎大多數文化中根本沒有的概念，大多數歐洲以外的語言中甚至沒有自由這個詞。[63]

難怪這些古代的先進文化都有奴隸制度並且奉行專制統治，因為他們壓根就不懂「個人權利」一詞為何物。長此以往，他們自然就會缺少資本主義興起的關鍵：自由。因此，要解釋自由的出現和資本主義在歐洲的興起，首先就需要瞭解歐洲人從何時起，以及如何接受並開展個人主義、自由和人權的觀念。

個人主義的興起

試著把莎士比亞（Shakespeare，1564-1616）的悲劇與古希臘的悲劇做個比較。英國劇作家柯林・莫里斯（Colin Morris，1916-1996）曾指出：「伊底帕斯王的悲慘結局，根本不是因為他做了什麼。他的人格特質……與其不幸無關，一切都是命定的，和他個人的意志無關。」[64]這裡不是說伊底帕斯王都沒犯錯，但他遇到的可以說是「天要亡我、不得不亡」的困境。與之相反，莎士比亞筆下的奧賽羅、布魯特斯和馬克白，都不是茫然地被困在命運當中。就像卡希斯（Cassius）如此教育布魯特斯所言：「親愛的布魯特斯，不是命運的錯，是我們自己的錯。」[65]

個人主義起源的相關著作已經有很多了。[66]這些著作和論文當中的內容都很有學問又非常典雅，但這些著作又出奇地模糊與間接，心不甘情不願地去公開承認和表達這當中的立論基礎——西方的個人主義觀根本就是基督宗教的產物。

基督宗教從一開始就教導人們「罪」是一種個人性而非團體性的事情。每個個人的救贖，都是要由他或她自己去關心的。或許基督宗教之所以格外強調個人主義，就是因為關於自由意志的教理。如果像莎士比亞著作所寫的「是我們自己的錯」，就表示人有擇善的責任。與希臘和羅馬的神明不同，那些諸神很明顯地都缺乏道德，也不理會人類的錯誤行為（也未能幫助人類改邪歸正）；相反地，基督宗教的神則是一位賞善罰惡的審判者，這種神的概念與命定論相衝突。因為命定論等同於把人的罪歸咎到神身上：神既審判罪惡卻同時任其發生，這種觀點和整個基督思想完全衝突。如果我們根本是被命運綑綁的，那福音書裡耶穌勸誡人說：「去吧，從此不要再犯罪了！」就顯得十分荒謬。相反地，基督宗教的根本教義設定：人被賜予自主行動的能力與責任。聖奧古斯丁一再寫道，我們都「掌握自己的意念」，而且「由此出發，任何人如果自己想要活出一個榮耀、稱義的生活，是有能力做到的」。[67]這個觀點也與教義中說神預先知道人將會做出選擇之間並不矛盾。奧古斯丁在反駁希臘、羅馬哲學家時寫道：「所有事情發生的之前、之後，神都知道，然而我們所作所為都出於我們自己的自由意志，我們瞭解或感受後做的事情，也都是因為我們自己想做。因此，我們不會說萬事萬物都是被命運決定的，也不會說所有事情的發生都與命運無關。」[68]神雖然已經先知道我們將會去做的事情，但他並不會干預！因此，行善和行惡都還是我們自己決定的。

奧古斯丁的觀點引起了跨世代基督思想的回應。阿奎那更強化了奧古斯丁的看法，他教導人說人擁有自由去做出道德選擇，神也是全能的，這兩者完全沒有矛盾。他說：「一個人是可以直接管理自己的行動的。因此，理性的受造物參與在神聖的旨意中，不只是被主宰者，也在主管一切。」[69]事實上，比起笛卡兒有名的那句「我思故我在」，[70]更早之前奧古斯丁就說過：

「只要脫離那些迷惑人的表象或幻想，我就能非常確定我是存在的，我知道這點並以此為樂。就這真理而言，我並不畏懼學院懷疑主義派的質疑。他們說萬一你是被騙了呢？事實上，我被騙，我存在。因為不存在的人是無法被騙的。如果我被騙，以此也就證明了我存在……於是乎，我知道我所知道的，這不是被騙。就像我知道我存在，我也知道我知道這件事。」[71]

自由意志的觀念並非源於基督徒（西塞羅表達了與奧古斯丁類似的觀點），[72] 但這對基督徒而言並不是一個模糊的哲學命題。相反地，這是他們信仰的根本原則。（因此，當一般希臘人或羅馬的異教徒都接受命定論，一些古代哲學家也表達了有所保留的態度之際，耶穌卻教導說：每個個人都要明確地悔改自己的道德缺陷，因為這些都是來自**錯誤的選擇**。沒有比這更強而有力且如此強調自我和個體的思想了。）

中世紀的廢奴行動

個人主義的興起不但促使我們檢視自我，同時也提出有關個人自由界限的思考問題。如果我們人類是獨特的存在，會完全根據自主行為受審判，那麼基督徒對於他人的行動自由該負什麼樣的責任呢？當教會的教父們深思自由意志的真意時，特別是在羅馬帝國衰亡之後，奴隸制就讓他們越看越不順眼。

和亞洲語言不同，希臘文和拉丁文都有「自由」這個詞，而且很多希臘人、羅馬人認為自己是自由的。但是，他們的自由卻建立在其他大量奴隸的不自由之上，古典時代的自由只是一種特權，而不是權利。

柏拉圖反對奴役自己的希臘同胞，但在他的「理想國」中卻讓「野蠻人」（其實只是外國人）奴隸去做所有的生產勞動。[73] 事實上，柏拉圖制定的奴隸管理辦法特別殘酷，[74] 他不相信奴隸之所以是奴隸只是運氣不好，而是本來就有一群「天生具奴性的人」，他們在心智能力上有缺陷，所以沒有美德或文化，只夠格成為僕人。柏拉圖認為要對奴隸進行嚴格規訓，以防發生不必要的騷亂，只要不對奴隸過於殘酷即可。[75] 柏拉圖也在遺囑中提到，自己的遺產中包括五個奴隸。

亞里斯多德也是一樣，因為亞里斯多德譴責暴君政治，所以他批判那些取得高位的辯士學派（Sophist），自我合理化了依靠暴力取得權力的過程。但接下來，一談到奴隸制度的正當性，亞里斯多德居然論證說，如果沒有奴隸去勞動，有教養的人就沒時間和精力去追求美德與智慧。他還引用了柏拉圖的生物學觀點說，奴隸制度的正當性就在於這些奴隸比起說是自由的人，更像是不會講話的畜生。「打從他們出生的那一刻開始，有些人就成為了被統治者，他們應該要被人統治。」[76]當亞里斯多德過世時，他的遺產中也有十四個奴隸。

奴隸制度之所以在羅馬帝國晚期開始衰落，是羅馬帝國軍事實力弱化的結果，使得打勝仗的軍官再也無法繼續把成群的俘虜送往奴隸市場。由於羅馬奴隸的出生率非常低，加上男女比例嚴重失衡（女性人口太少），以及窮困問題，羅馬的總人口數快速下降。奴隸的缺乏很快就導致農業和工業要仰賴自由的勞動人口。

羅馬帝國衰亡之後，隨著新興日耳曼王國成功的軍事擴張，奴隸制度又再次扮演勞動生產的要角。雖然沒有人真的知道六世紀的歐洲到底有多少奴隸，但數量應該很多，而且奴隸受到的待遇也比古典時代更糟。日耳曼各部落取代了羅馬總督的統治，在他們的法律中，奴隸和其他人類並不平等，只被當成動物一般。不過即便當時景況如此，幾個世紀後奴隸制度就全面廢除了。

部分歷史學家不承認中世紀奴隸制度被廢止了，而是認為什麼改變都沒有發生，一切只是從字面上的「奴隸」（slave）變成了「農奴」（serf）[77]而已。不過，這種說法不是真正的歷史研究，只是歷史學家在玩文字遊戲而已。農奴不是別人的財產，他們有很多權利，也在很大程度上可以自行斟酌選擇。他們可以選擇跟自己想要的人結婚，他們的家庭不可以被隨意買賣或遷移。他們雖然要繳地租，但仍然可以自由分配時間和工作進度。[78]其實在一些地區，農奴每年只要為領主工作一定的天數，這種有限制的義務其實像是雇傭勞動，而不是奴役。雖然農奴必須對領主負有大量義務，但小的領主也對農奴有義務，另外也對比自己更高的領主負有義務。層層堆疊，**封建主義的本質是相對性的義務關係**。[79]

當然沒有人會說中世紀的農民已有現代意義上的自由，但他們確實也不是奴隸。把人當成奴隸的這種野蠻制度，在十世紀末基本上已從歐洲消失。雖然近來大多數的歷史學家都同意這個結論，然而在這過程中基督宗教發揮的重要作用，卻被他們否定。像是法國歷史學家羅伯特・福西耶（Robert Fossier，1927-2012）就說：「奴隸制度之所以逐漸萎縮，並非因為基督徒的努力。教會教導人們要順從，承諾會有死後的平等……當他們面對有著人類臉龐卻被當成動物的奴隸時，並未感到內疚。」[80]另一位法國歷史學家喬治斯・杜比（Georges Duby，1919-1996）也否認基督宗教在終結奴隸制度的過程中扮演了任何角色。他說：「基督宗教並未譴責奴隸制度，他們頂多只在邊緣劃過罷了。」[81]相反地，奴隸制度之所以消失，被解釋成是因為不符合效益，是一種落伍的生產模式。[82]甚至連義大利歷史學家羅伯特・羅培茲（Roberto Lopez，1910-1986）也接受了這個觀點，認為奴隸制度會被終結是因為科技的進步，像是水車的出現「讓奴隸變得沒有生產力」。[83]這種講法是說，廢奴不是一個道德決定，而是上層階級追求私利的結果。同樣的論證也適用於西半球的廢奴。這兩種說法當然符合馬克思的教條，卻和經濟史的事實格格不入。即便時至美國南北戰爭開始之際，南方的奴隸制仍是有高獲利的「生產模式」，84 中世紀早期的歐洲自然也同樣是如此。

夠了！奴隸制度之所以**只在**中世紀的歐洲被廢除，就是因為教會對所有奴隸都施行聖事，而且禁止再讓基督徒（還有猶太教徒）成為奴隸。在這種的背景下，中世紀歐洲的這些禁令有效地帶來了全面廢奴。

在一開始，教會的確承認奴隸制度的合法性，但實際上在施行時卻模棱兩可。新約中有段經文跟奴隸制度有關、最常被人引用。保羅在以弗所書6：5—8說：「你們作僕人的，要懼怕戰兢，用誠實的心聽從你們肉身的主人，好像聽從基督一般。……因為曉得各人所行的善事，不論是為奴的，還是自主的，都必按所行的得主的賞賜。」不過，那些很喜歡引用這段經文的人，卻很少繼續看下一節（9節）：「你們作主人的，待僕人也是一理，不要威嚇他們。因為知道，他們和你們同有一位主在天上；他並不偏待人。」神對待所有人都是平等的，這是基督宗教的根本精神：所有人都需要被拯救。這個精神激勵著初代教會也要傳道奴隸，並在可能的情況下為他們贖身。教宗聖嘉禮一世（St. Callistus，?-236）就曾是名奴隸。

只要羅馬帝國還沒衰亡，教會就只能繼續承認奴隸制的合法性。在三二四年舉辦的格蘭奇會議（Council of Granges），就譴責了任何煽動奴隸的人，這表示當時已有人開始反對奴隸制度。[85]然而支持奴隸制度的人，與強調在神眼中人人平等的兩造之間，關係已越發緊張，而且帝國滅亡後雙方的矛盾更深，因為教會擴大傳道了更多奴隸，只是還不讓他們擔任聖職。法國歷史學家皮埃爾・博納西（Pierre Bonnassie，1932-2005）在敘述這段歷史時說：「一個奴隸只要受洗就有了靈魂。那麼接下來，他毫無疑問就具有人的身分。」[86]

當奴隸被認定是一個完整的人和基督徒時，聖職者和神職人員開始敦促他們的主人要還給奴隸自由，並把這個行為當成一個「絕對的善功」，保證會幫助到主人自己的救贖。[87]現存史料中有很多關於奴隸解放者的紀錄。教義中強調奴隸是一個完整的人而非動物，還帶來另一個重要影響——通婚。儘管這件事抵觸了當時歐洲大部分地區的法律，仍有大量史料證明在七世紀的歐洲就存在著不同身分的通婚，通常兩方分別是身為自由人的男性與女奴。這當中最有名的是發生在六四九年，法蘭克國王克洛維二世（Clovis II，633-657）娶了他的不列顛女奴巴迪達（Bathida）為妻。克洛維二世在六五七年逝世，巴迪達還攝政直至他的長子成年。巴迪達運用自己的地位發起了一場運動，要求停止奴隸貿易並且贖回那些被奴役的人。在她辭世後，教會追封巴迪達為聖人。

八世紀末的查理曼（Charlemagne，742-814）也反對奴隸制，同時間教宗和很多有威望和影響力的神職人員，也都贊同聖巴迪達運動。到了九世紀之際，阿戈巴德主教（Agobard，779-840）更大聲疾呼：「所有人都是弟兄姐妹，都呼求同一位父神：奴隸和主人也好，窮人和富人也罷，有教養的和沒受教育的，軟弱的和剛強的都一樣……沒有誰高人一等……沒有所謂的奴隸和自由之分，萬事萬物中永遠只有一位基督。」[88]在同一時間，聖米耶勒（Saint-Mihiel）修道院院長阿博特・斯馬拉格達斯（Abbot Smaragdus，760-840）在獻給查理曼的作品中寫道：「最仁慈的國王，請禁止你王國中任何的蓄奴行為。」[89]很快地，就不再有人「質疑奴隸制本身是違反神聖律法的」，[90]事實上到了十一世紀，聖伍斯特（St. Wulfstan，1008-1095）和聖安瑟莫（St. Anselm，1033-1109）一起合作終結了基督教世界最後殘存的奴隸制度，不久後人們就開始說：「不再有任何一人，至少不再有任何一個真正的基督徒，還能再被另一個人視為自己的合法財產。」[91]當然還是有一些例外，這些例外都與伊斯蘭有關。在西班牙，基督徒與穆斯林軍隊還是會把戰場上抓到的俘虜當作奴隸；而且一直持續到十五世紀，奴隸貿易在義大利北部還是存在，也還有奴隸販子和穆斯林買家，可以說是公然對抗教會。這些奴隸貿易規模不大，奴隸會被賣到高加索的斯拉夫部落（奴隸 slave，音似斯拉夫的 Slav）。另外，有部分的奴隸則以奢侈商品的形式，被那些極度有錢的義大利人，像是美第奇家族所擁有。不過，大部分的奴隸還是都被出口到伊斯蘭，在當時白人奴隸「比與埃及貿易的黃金還要珍貴」。[92]這些殘存的奴隸貿易，在各地教會神職人員時不時譴責下逐漸萎縮，直到發現新大陸之後，才又重新出現。教會立刻做出激烈反應，在十六世紀幾位教宗的引領之下，針對新大陸的奴隸制發起了一系列激烈的批判，可惜那時的教宗已經沒有什麼世俗權力了，這些激烈的反對並未發揮什麼果效。[93]

只有基督宗教在神學上聲稱奴隸制是一種罪惡（儘管少數幾個早期猶太教派別也反對奴隸制）。[94]在這裡，我們再次看到神學的進步觀發揮了作用，讓神學家有做出新詮釋的可能，而不被當成異端審判。如前所述，其他各大主流宗教都強烈主張以古為師，也認為歷史有倒退的規律，因此一代很容易就不如一代。所以，如果你說過去古聖先賢或者聖徒的時代，對宗教真理的理解未臻完美、仍有界限，立刻會受到佛教徒、儒教徒、印度教教徒，還有穆斯林的駁斥。在奴隸問題上，基督神學家卻可以彈性地修正聖保羅對神旨意的理解。但是這種事情在其他宗教是不可能發生的（過去和現在都是），不然就會被當成異端。其次，在世界各大主流宗教中，只有基督宗教嚴肅地看待並支持人權，還有隨之而來的義務和責任。換言之，其他宗教把個人的存在最小化，強調對集體的義務。這當中的差異，就像美國人類學家露絲・潘乃德（Ruth Benedict，1887-1948）所分析的，東方是「恥」的文化（cultures of shame），不同於基督宗教的「罪」的文化（cultures of guilt）。[95]值得注意的是，在這些非基督宗教經典的語言中，根本沒有「自由」這個單字，包括希伯來經典在內。[96]

對伊斯蘭而言，要批判奴隸制度，在神學上特別有一個難以擺脫的障礙，那就是穆罕默德也有蓄奴，也買賣過奴隸，甚至抓補過奴隸。[97]先知雖然也曾教導說要善待奴隸：「讓奴隸跟你同吃穿……他們也和你們一樣是神的子民，你們對待他們要仁慈。」[98]穆罕默德自己也釋放過幾個奴隸，並認其中一位為義子，還娶了其中一位為妻。另外，古蘭經24：33教導說：「如果你們的婢女（女奴），要保守貞操，你們就不要為了今世生活的浮利而強迫她們賣淫。」古蘭經4：92又說：「誰誤殺一個信士，誰當釋放一個信道的奴隸」，以此獲得寬恕。因為有穆罕默德的教誨和典範，大概可以一定程度緩解伊斯蘭奴隸的處境，至少好過在古希臘、羅馬的悲慘世界中不曾有過從道德根本上對奴隸制度提出質疑。當神學家想在聖經詮釋上合理化奴隸制度，再怎麼樣他們也不敢說耶穌有蓄奴過。[99]反而穆罕默德蓄奴的事實，影響了穆斯林神學家在相關議題上有一個知識上永遠無法調和的困境，即使他們很想超克。

如果說西方的成就奠基於理性的勝利，那麼基督宗教的興起在這過程中也是歐洲歷史上最重要的一個事件。是教會堅定不移地見證了理性的力量和進步的可能，並以「有朝一日必能成就」的原則引導人們。於是當那日來到時，進步真的發生了。宣稱中世紀是「黑暗時代」的人，

說這是一段數百年無知與迷信的歲月。但即使有這種謬論，也沒能讓當初承諾會進步的諾言延遲兌現。當歐洲人擺脫了羅馬帝國愚民的高壓統治和古希臘那些誤導人的觀念論後，就開始在知識上與物質上快速進步。

第二章

中世紀的進步：科技、文化和宗教

- 科技的進步
  - 生產創新
  - 戰爭的創新
  - 陸運的創新
- 上層文化的進步
- 資本主義的發明
  - 資本主義的定義
  - 宗教資本主義的興起
  - 工作與節儉的美德
- 資本主義與神學進步
  - 早期基督徒對利息和利潤的反感
  - 公平價格和合法利息的神學
- 伊斯蘭與利息

基督信仰對理性和進步的貢獻並不是口說無憑，羅馬帝國衰亡之後，基督宗教很快地啟推動出一個有卓越發明和創造的時代。為了重新正視這些卓越成就，必須正視一個長期醜化我們知識史的荒謬謊言。

在過去的兩三百年內，每個受教育的人都認知，從羅馬帝國衰亡之後直至十五世紀，歐洲進入了所謂的「黑暗時代」（Dark Ages），幾世紀都處在愚昧、迷信和悲慘之中。結果突然間，文藝復興和啟蒙運動接二連三奇蹟般地拯救了歐洲。[1] 但其實歷史不是那樣發生的。相反地，正是在所謂的黑暗時代，歐洲的科技與科學開始在世界上超前。[2]

關於歐洲陷入黑暗時代的觀點，來自十八世紀那些反宗教特別是痛恨天主教的知識分子，他們堅定地宣揚自己時代的文化優越性，貶低之前數個世紀的歷史。用伏爾泰（Voltaire，1694-1778）的話來說，就是：「一個在地表充滿了野蠻、迷信與無知的時代。」[3] 這類觀點無異議地被再三重申，所以直到非常晚近，許多詞典和百科全書還收錄「黑暗時代」一說作為歷史事實。[4] 一些作家甚至暗示，生活在九世紀的人們稱自己的那個時代有多麼落後和迷信。

幸運的是，近幾年大家已經知道這些觀點完全不可靠，甚至一些詞典和百科全書開始把「黑暗時代」一說視為一種迷思。[5] 不幸的是，在我們的文化中這種迷思已深植人心，甚至大多數學者仍繼續把愛德華．吉朋（Edward Gibbon，1737-1794）說的「羅馬帝國衰亡之後是蠻族和宗教的勝利」，[6]視為理所當然。會有這種狀況是因為沒人給這段歷史一個真實且適當的總結。

本章將嘗試彌補這個缺口，呈現當羅馬帝國衰亡之際，「數百萬人從苛捐雜稅……和麻木不仁的高壓統治中解放」[7]。許多新科技開始出現，快速且廣泛地被應用，普通人民的生活水準提升，而人口總數在歷經羅馬時代數百年的下降後再次增長。勞動階層不再需要付出血淚供養奢侈的羅馬上層社會，也不用再蓋什麼帝國英雄紀念碑，更不需要負擔龐大的軍隊軍需，藉以維持諸多殖民地的統治。取而代之的是，人們把精力與智力投入在尋找更好的方法，並從事農業生產、航海、運輸貨物、建造教堂、發動戰爭、推動教育，乃至於演奏音樂上。不過，當人們看到那些典型的古希臘、羅馬的公共建築，即便歷經數世紀仍屹立不搖，成為古典時代一度輝煌的遺跡之際，許多知識分子還是不禁會為「偉大文明」的失落而感到哀傷。雖然也有許多人警覺到，這種偉大背後的代價是人類的苦難，但他們卻對奴隸制度輕描淡寫，甚至視之為「這是為了偉大成就的必要犧牲」。[8]

從很多層面來說，羅馬帝國的衰亡並非一個文明的衰落，而是一個城市的崩壞。在二世紀時，羅馬人口將近一百萬；到了八世紀時，羅馬人口卻低於五萬人。到了一三七七年，教宗從亞維儂教廷（Avignon Papacy 或 Babylonian Captivity，1309-1376）遷都回到羅馬，當時整座城市的居民竟然只有一萬五千人。不只羅馬，歐洲其他城市的人口也在下降。但是義大利大部分城市的下降幅度不大，而且很快就回穩。[9]（即使在羅馬帝國的全盛期，除了羅馬之外沒幾座大城市，僅有米蘭和卡普阿〔Capua〕的人口超過三萬人）[10]當然，真相確實是伴隨著羅馬城的衰落，整個帝國四分五裂。如果你對恣意揮霍的專制統治者、文雅的拉丁語、有錢人無聊的奢華嗜好欣賞有加，那麼我可以告訴你，羅馬的衰落的確就是一場悲劇沒錯。

講白了，過去很長的時間內，太多歷史學家就像觀光客一樣好騙，只因為看到羅馬（或雅典、伊斯坦堡）的大型紀念碑和宮殿，還有看到他們炫富消費的生活就被唬弄，然後拿「大都會」和「行省」的社區與中世紀的商業市鎮做不公平的比較。不知為何，雖然自己只有中等收入，但學者們卻總是把自己看成是上層菁英，而非鬱悶的貧苦庶民。如果他們懂得把自己想成中世紀城鎮的沉悶市民就好了。

而且，也許這些中世紀人民並不沉悶。由於擺脫了暴君的掌控，在所謂的黑暗時代，科技和文化方面都有爆炸性的卓越創新。這其中有原創的發明，也有些是從亞洲傳來的。但在黑暗時代最有代表性的，就是新科技的完整內容快速得到認可，並被廣泛傳播與應用。這是一種信仰進步的文化，會讓我們想起奧古斯丁所說的「燦爛的發明」。創新不僅限於科技，在文學、藝術、音樂等上層文化也有顯著的進步。此外，新科技刺激了新的組織與管理形式，在大修道院的土地上孕育出資本主義，這又推進了神學上對商業道德的新定義。主流神學家放棄反對利潤、投資的傳統教義，讓資本主義的關鍵元素都合法化。這所有的發展都具有重大的歷史意義，如同英國中世紀史家R．W．紹忍（R. W. Southen，1912-2001）所說的：這是一場「隱密的革命」。[11]說它「隱密」很恰當，因為我們不知道是誰發明的，又發明了什麼，很多時候我們甚至不知道大多數的創新是在何時何地完成的，我們只知道這些創新很快地就讓西方躍升到世界的頂峰。

科技的進步

羅馬帝國衰亡之後，各種發明如雨後春筍般蓬勃發展，說明了一個道理，就是專制統治是會壓抑和阻礙進步的。如果增產的收成都會被奪走，農民為什麼會想尋求或者應用更好的新農業技術呢？如果很容易就被貴族侵占結果，誰會想把獲利進行再投資來擴大產業規模呢？在保障產權不被隨便侵占的地方，像是國家政權解體或是政治權力被削弱時，發明和創新才容易發生。所以這個卓越創新的時代，出現在羅馬帝國的衰亡之後政治上四分五裂之際。羅馬帝國的衰亡，對未來的快速創新和緊隨其後的資本主義興起，提供了歷史機遇。因此，這裡有必要簡述一下中世紀早期的科技創新。這當中又可分為三大主要課題：生產力的增長、軍事應用、運輸上的進步。

生產創新

也許黑暗時代的最大成就，是在經濟發展上首次以非人力的勞動力為主。

羅馬人也懂水力，但他們找不到使用的理由，因為不缺奴隸去做那些必要的工作。為什麼一個羅馬貴族坐擁大批有時間、有力氣的奴隸，還需要花錢去建造水道和水車，只為了把穀物磨成麵粉？相反地，在九世紀進行的一次調查中發現，在巴黎附近的納河沿岸，有三分之一的土地有水磨坊（water mill），其中大部分是教會的土地。[12] 一〇八六年，征服者威廉（William I，1028-1087）編撰了現代人口普查的前驅——英格蘭土地志《最終判定書》（又稱最終稅冊，*Domesday Book*，拉丁語為 *Liber de Wintonia*，意為「溫徹斯特之書」）。根據這份報告，英國至少有五千六百二十四個水動力磨坊，平均每十五個家庭就有一個。[13] 跨過英吉利海峽，十二世紀早期，巴扎克勒公司（Société du Bazacle）於圖盧茲（Toulouse）創立，提供加隆河沿岸一系列水力磨坊的股份，而且股權是可以自由交易的。法國歷史學家吉恩・金佩爾（Jean Gimpel，1918-1996）認為，這可能是「世界上最古老的資本主義公司」。[14] 再過一個世紀，在巴黎市中心，水力磨坊已變得相當重要，塞納河沿岸一英里內就有六十八座磨坊，平均每七十英尺就有一座！[15]

大多數在塞納河、加隆河上的早期磨坊，是採用下射式水車，其動力完全來自河水流經水車水輪時推進轉動而產生。上射式水車則可產生更大的動力——當水流從水道上如瀑布流下、打在車輪頂部時，動力便藉由水速與位能而產生。因此，除了少數例外，上射式水車是需要築壩的。沒人能準確知道到底人們何時開始使用上射式水車，只知道它好幾次出現在十四世紀的史料中，但由於水壩實際出現的時間比那早上許多，因此上射式水車應該很快就伴隨出現。構築水壩一方面是用於治水、防洪，一方面則用於利用水的位能和壓力來發電。至少十二世紀早期在法國南部的圖盧茲，已建造了超過一千三百英尺寬的大型水壩。工人將成千上萬的漆木安插在河床上，前後圍成木柵，並填上泥土和石頭；[16] 水輪上則安裝許多曲柄和齒輪，藉以增加動力，同時也已有辦法將旋轉運動轉化成往復運動。水力很快就運用在鋸木、鋸石、開機床、磨刀、磨劍、縫補衣服、打鐵、牽線上，也能將布做成紙漿來造紙。[17] 關於最後一項造紙，吉恩．金佩爾指出：「在中國人發明並由阿拉伯人引進歐洲之前，人們以手工造紙造了一千年。但在十三世紀傳入中世紀歐洲後，迅速改以機械化製造……造紙術在世界各地傳播，但是沒有一個文化或文明能以機械造紙。」[18] 直到它傳到中世紀的歐洲。

黑暗時代的卓越成就，並不僅只有關於水力技術的快速傳播、改良和應用，中世紀歐洲人很快也開始運用風力。中東和亞洲的水利帝國藉由引水灌溉土地獲益；中世紀的歐洲則藉由把濕地抽乾，大量增加農業產值。那些大片土地很多在現在的比利時和荷蘭，它們在古羅馬時代本來都低於海平面。這些土地大都是在黑暗時代被無數台風車晝夜開鑿而成。

風車的激增速度比水車更快，因為歐洲各地都有風力。為了在風向轉變時也能充分利用風力，中世紀的工程師發明了單柱風車，把風槳裝在一個巨柱上，讓它們隨著風向自由轉動。十二世紀晚期，歐洲遍地都是風車，人們常為了別人的風車擋住了自己風車的風向而進行訴訟官司。[19]

這些都還不夠，中世紀的歐洲人又轉向增大規模且實際使用馬力。羅馬和其他古典文明都不懂得如何有效率地給馬安上馬具。在黑暗時代人們學習到更好的方法之前，馬和黃牛上鞍的方式是一樣的。為了不讓馬被馬具勒死，得要將牠的頭向後縮，但這導致載重少上很多。羅馬人有注意到這個問題，因此有相關法律規範。《狄奧多西法典》（*Theodosian Code*）明載，若有人讓馬匹超載五百公斤（換算為現代單位）[20]以上，將被嚴厲處罰。相反地，在黑暗時代則使用了堅固防撞的馬項圈，把重量分散在馬肩上而不是頸項上，使得馬能拉的重量和牛一樣多，而且速度更快。採用馬項圈後，歐洲的農夫很快就以馬代牛，因而增加了大量收穫。當時馬一天的工作量超過牛的兩倍以上。[21]

此外，直到羅馬帝國衰亡之後，歐洲人才發明出馬匹專用的鐵製馬蹄鐵，以免馬蹄過度磨損而導致馬匹受傷殘廢。羅馬人嘗試過許多不同種類的馬蹄鐵（尼祿還用過銀製的），可是往往在開跑後沒多久就脫落了。而後，因為有馬蹄鐵堅固地釘上，馬匹較少受傷，並因為增加了摩擦力而能更有效率地深耕。

馬匹替代牛隻所提高的效益，讓中世紀歐洲人進而發明了重型的有輪犁（wheeled plow），使他們在這些肥沃厚實的土地上得以增產。其實直到六世紀的某段時間為止，農作都還是仰賴淺耕犁（scratch plow），使用的就只是幾組排列成行的挖掘棒（digging sticks）。[22]這種淺耕犁沒辦法翻動深土，它只能拖過表層，在淺犁溝間留下還沒鬆開的土壤，因此經常需要再交叉耕犁。這對義大利那些淺薄乾燥的土地還算夠用，但對北歐大部分厚重潮濕的土地來說，就顯得很沒生產效率。在那裡，要用有重型犁刃的重型耕犁，才挖得出夠深的槽溝。後來人們又在耕犁的其他角度再加上一隻犁刀，正好可以切除先翻起來的草皮。之後再加上一個犁刀，把切掉的草皮徹底翻過。最後又在耕犁上安裝輪子，方便在不同農田間移動，也可調節犁地深度。[23]轉眼間有如神蹟般，原本羅馬人根本無法耕作的土地變得收成大好，即使原本較淺的土地，在使用改良犁耕田後，收成也多了一倍。[24]農業產量的誇張增加，減少了對農村勞力的需求，這些增產也大幅推動了市鎮和城市的形成。

除了糧食和各種作物外，早期中世紀的農夫還養魚。羅馬人的農村也曾有少量養殖漁業，但是這個產業到了八世紀爆發性成長。當時教會禁止人們在週五和其他齋戒日吃肉（紅肉），而一年大概有一百五十個齋戒日。由於魚肉不算肉類，加上在西歐建造的許多人工湖和池塘很適合養殖特定魚類，或能維持某個品種魚類的生命循環。最後甚至連護城河都用來魚類養殖了。

修道院的修士，特別是熙篤會（Cistercians）的修士，在養殖漁業上相當積極，因為依規定修士不能吃任何肉（紅肉）。部分修道院建的養魚池中所飼養的鯉魚、鱒魚多到可以出售，供應整個周邊地區。[25] 貴族在養殖漁業上也非常積極。一〇八六年，征服者威廉在約克建造了一個龐大複雜的養殖系統，用以在數百年當中供應英國王室食用。當時觀察敏銳的農夫發現魚池底部積累的魚類排泄物異常肥沃，於是他們每隔幾年就把魚池抽乾，改種其他作物。在獲得下次的豐收後，再重新灌水養殖。[26] 在十二世紀北海和波羅的海的商業性捕魚船隊建立之前，農村一直都是食用魚的主要來源。

中世紀的農業產量之所以有突破性的發展，是因為採用了所謂的「**三區輪作制**」（three-field system），把農地分成三個區塊：第一塊種冬天作物，如小麥；第二塊種春天作物，如燕麥（馬匹投入使用後，燕麥變得格外重要）、豆類（比如豌豆、蠶豆）和蔬菜；第三塊則先休耕。到了隔年，休耕過的土地用來種冬天作物，第一塊土地則種春天作物，去年種植春天作物的土地則休耕（在化學肥料出現之前，土地要常常休耕才能恢復地力）。

三區輪作制最早出現在八世紀，而且很快就被廣泛應用，使得十九世紀的許多歷史學家誤以為這個制度源自於羅馬時代。但是羅馬人其實只知道兩區輪作，因為他們不知道豆類可以幫助恢復地力，因此也不知道土地不用那麼常休耕。羅馬時代每年有一半的土地休耕，比較起來中世紀的三區輪作制只需三分之一。[27]黑暗時代的大多數歐洲人不但吃得比羅馬時代更好，而且人們還更健康、更有活力，甚至也許還更聰明。

把休耕地使用於放牧，也對中世紀和早期資本主義經濟產生了戲劇性的效果。「肥料是很稀少、昂貴的，完全不敢浪費。所有動物中最得賜福的就是羊。」[28]羊會產奶、奶油、起司和食用肉，牠們的皮可以作為羊皮紙，用以製作手抄本的書。不過最重要的還是羊毛。從中世紀開始，羊毛紡織的需求變得很大，呢絨是主要的工業原料。羊毛紡織產業在早期資本主義中占主導地位，每年在義大利和法蘭德斯（Flanders）[29]的羊毛紡織製造商，都使用了數百萬的呢絨。[30]

這當然又把我們帶向中世紀創新的另一個重要領域：成衣製造。在中世紀歐洲人發明踏板織機、水力縮絨機、紡車和金屬齒針布機之前，成衣製造是規模小、純手工、勞動力極度密集的行業。成衣製造的機械化才使得製造中心和工廠能大規模群聚，這又成為商業和金融業的發展原動力。

除了直接運用在生產上的專業科技之外，中世紀的歐洲人也從三項重要發明中得到龐大的間接助益，那就是：煙囪、眼鏡和時鐘。

羅馬人的建築物基本上沒有供熱，沒有壁爐、暖爐之類的東西，因為當時沒人能有效地解決通風排煙的問題。在簡陋的木造小屋中，羅馬農民聚集圍著火堆，燒煙則由屋頂的大洞排出，但同時也帶來了雨、雪、風和寒冷。[31] 生活在城市的羅馬人屋頂上沒開洞，他們直接在火盆上燒木頭或木炭烹煮，整個屋內燒煙彌漫。還好當時沒有玻璃窗，窗簾最多是用布或毛皮製作的，通風好到不致因此窒息。[32] 所以這群羅馬人一面因天氣寒冷而蜷縮著身軀發抖時，一面又要忍受著廚房的黑煙。然而，中世紀的歐洲人不管是農夫還是貴族，都很快學會如何讓生活過得更好。他們發明了煙囪和壁爐，即使室內燒著熊熊烈火，也不再有黑煙燻人，屋內也不必過度通風。隨著燃燒廢氣從煙囪裊裊排出，黑暗時代的人們食用著精心準備的飯菜，呼吸著清新的空氣，冬天變得更暖和了。

從生物學來說，確實有許多人的視力從幼年時期開始就有缺陷，有的人則從成年開始才視力衰退。在眼鏡發明之前，很大比例的成年勞動者，特別是從事手工藝的人，會因為視力問題在工作上遇到巨大障礙。大約在一二八四年的義大利北方，眼鏡的發明對生產效能產生了戲劇性的影響。沒有眼鏡之前，大量中世紀手工業者的工作年齡最多只到四十歲。有了眼鏡之後，這些人大多數不只可以繼續工作，還因為經驗的積累在之後的歲月中產量更高。[33]即使是視力好的人，放大鏡的使用也對工作有很大的助益；這些工作在古代原是一般工匠力不能及的，也難怪眼鏡的傳播速度如此驚人。眼鏡發明一百年後，佛羅倫斯和威尼斯都有大規模生產眼鏡的工廠，每年產量數以萬計。即使到了一四九二年哥倫布啟航之際，仍只有歐洲人擁有眼鏡。[34]

在十三世紀歐洲的某時某地，準確的機械時鐘被發明了。之後歐洲很快就成為唯一一個真正知道現在幾點的社會。如同路易斯・姆福特（Lewis Mumford，1895-1990，美國科學哲學史家）所指出的：「比起蒸汽機，時鐘才是工業時代關鍵引擎。」[35]因為時鐘，才有了精確的工作進度和協同勞作。早期的機械鐘很巨大，因此一個市鎮或一個街區才有一座鐘（在教堂裡面或是公共的鐘塔），鳴鐘系統為整個社區提供準確的時間。

和眼鏡一樣，機械鐘在數個世紀中都只有西方才擁有。其實在十二世紀初，中國也造出了幾個機械鐘，但是官方的「大人」們對機械發明充滿敵意，新玩意兒很快就被摧毀了。直到近代之前，時鐘在中國不復存在。[36]鄂圖曼帝國曾在一五六〇年拒絕了公共時鐘（其他伊斯蘭文化亦然），因為這樣做會讓時間變得世俗化。[37]其實拒絕時鐘的不只是伊斯蘭：在十二世紀之前，東正教領導階層也不允許任何機械鐘出現在教堂內。[38]西歐則很幸運，羅馬天主教會對知道正確時間不但沒有異議，而且還在無數的教堂塔樓上裝上巨大的機械鐘。

這些都只是所有發明與創新中的一部分，生活在所謂黑暗時代的歐洲人，以此預備了資本主義的生產基礎。能講的東西還很多，包括改良吊車與起重機、採礦技術的進展、冶金和金屬加工科技、農作品種的大幅改良，甚至手推車的發明等等。此外，歐洲的成功遠不止是生產方式的改進，或是生活水準的提升，歐洲人在戰爭方法上的進展也遠超過全世界其他地區。

戰爭的創新

黑暗時代之前其實並沒有重騎兵。縱馬奔馳時，騎兵無法運用馬匹和自己的重量投擲長矛，[39]原因是沒有馬蹬和合適的馬鞍。如果沒有馬蹬可以踩著，騎士在投擲長矛的同時，很容易會因不慎而跌下馬。高前鞍和高鞍尾（而後彎曲狀的鞍尾部分包覆了騎士的臀部）的發明增加了避震效果，讓騎士能應付突如其來的震動。[40]因此，重騎兵根本不是羅馬或其他戰爭帝國創造出來的；他們騎士坐的馬鞍只有一個很輕的、幾乎扁平的護墊，有的甚至連馬鞍都沒有，更別說馬蹬了。七三二年，第一次裝備重騎兵上戰場的，正是「野蠻的」法蘭克人——高背（high-backed）重裝甲騎士配備諾曼馬鞍與馬蹬後，可以安全地射出長矛。

在火砲使用之前，披甲騎兵衝鋒是戰爭的主力。最早開始使用火藥的是中國人，但他們只滿足於將火藥用來施放煙火或是當成將事物點燃的用途。當然，後來中國人也在大概是一三〇〇到一三一〇年之間發明了簡陋的火炮，[41]同時也傳入了歐洲。可是中國對火砲的研發進度緩慢、很少使用，也並未將相關科技應用到個人用的火器上；然而，歐洲卻立刻將火砲用於射擊敵人。大概在一三二四年，火砲首次在「梅斯（Metz）包圍戰」中投入戰場。[42]可以確定的是，到了一三二五年，火砲在西歐已被廣泛使用。[43]火砲在歐洲人手上為戰爭帶來革命性的變革，自此貴族們再也無法仰賴城堡的庇護。本來只要敵人不進行長期圍城，躲在城堡內就是安全的。但現在，戰場上不論多麼昂貴的盔甲都擋不住炮火。火砲之所以在歐洲迅速普及，是因為全歐各地原本就有教堂鑄鐘工業，因此有能力打造火砲。

中世紀歐洲在海權上也有重大突破。長遠來看，這些創新之下的商業價值也許比軍事益處還更大，但若沒有軍事作為後盾，商業發展也窒礙難行。以戰艦控制全世界的航道，成了歐洲人得以壟斷遠程貿易、建造海外殖民帝國的關鍵。[44]

歐洲海軍的第一項創新是尾舵。希臘人和羅馬人只會用櫓控制船，在船尾兩側各有一對。十一世紀初，歐洲人在尾舵上加裝了一個方向舵，使得船隻更容易操控。為了強化這種方向舵在大船上的運用，機械連結裝置被發展出來之後，成了最早的動力方向盤原型，這樣即使單憑舵手一人也能在驚濤駭浪中駕船。[45]第二項創新是造船上的創新。羅馬和希臘的工人用榫卯拼合船體，再插入一個承重骨架或框架。中世紀的歐洲人先打造船身結構，再把船身疊在一起釘上釘子、合縫就位，省去了複雜的榫。使用這種技術的船體雖不如之前的的船那麼堅固，但卻大大節省了技術勞動，使得同樣的成本可以造出更多船隻。[46]第三個創新是認識到火砲在海戰中的優越性。早期的海戰是步兵在兩船的甲板之間對戰，因此軍艦上佈滿了士兵，以致軍艦吃水很深甚至幾乎沉沒。當火炮被改進成高度精良的武器後，歐洲人聰明地發現，其實用遠距離火砲直接擊沉敵人艦隊更好。這種觀點帶來了一五七一年勒班陀（Lepanto）戰役中歐洲人完勝土耳其，自此也終結了伊斯蘭的海上霸權。歐洲戰艦上的火炮不只比土耳其的更多更好，戰艦前方的開火區也不再會被舊型船那種很高的撞角給遮住——因為現在用火炮就可以把土耳其戰艦「徹底摧毀」，而不用再去「撞沉」它了。歐洲戰艦火力強大的齊射開砲時，鄂圖曼前進中的艦隊便遭到殲滅。因此，土耳其人只好停止前行，改由側面運動，結果反而成了歐洲戰艦更大的標靶。[47]

中世紀海軍最大的創新也許是圓船（長船的底部相對較平）。圓船很高，有一頭一尾兩個船樓，還有多種桅杆以及複雜設計的船帆，有的是正方形，也有大三角帆（或三角形的）。最早的圓船是在十三世紀出現的「柯克船」（cog）。[48]柯克船不用槳，卻是一種貨真價實的帆船，可在高乘載下長途航行。裝備成戰艦時，圓船與其附屬船隻可以支撐大量巨炮，甚至三層甲板上全都可以配備大砲。這成果讓黑暗時代的人們掌握進入開放水域的海權，不再需要沿著海岸航行，或是只敢在類似地中海的安全水域中走動。事實上，這些大船還能在冬天探險，因為冬天出航會讓每艘船都增加獲利，這都是那些原本用槳的長船船長不想做的事。

圓船雖然不需藉由靠岸航行來確保安全，但仍需靠陸上的地標指路，所以羅盤就此出現。有人宣稱「磁羅盤」是從中國經穆斯林傳到歐洲的這個說法是錯誤的。大概在十一世紀時，中國和歐洲各自獨立發明了羅盤。中國人滿足於那種將磁針浮在液體上指示南北方向、簡易粗糙的羅盤，而羅盤主要使用在巫儀中。事實上，直到很晚近，中國人可能都還沒有像歐洲人那樣把羅盤應用在航海上。[49]相反地，中世紀的歐洲人在發現浮針式的羅盤之後，立刻加上方位刻度盤面和準星。這樣一來，水手不但知道北方在哪裡，還知道精確的航向，自此他們可以從任何方向設定準確航線。當時關於這項新發明的大量報告顯示，羅盤在幾年內就已從義大利傳到挪威水手當中。[50]當歐洲航海家有了羅盤之後，開始能造出各港口之間的羅盤航向圖。這使得他們即使遇到多雲的天空、無法透過星象定位時，仍能安全航行。[51]沒有羅盤，哥倫布就不可能遠航，其他人也無法追隨他的航線。

所有這些卓越的成就，全都源自基督宗教那份獨特的信仰：理性是神所賜予的禮物，所以人要擔負起追求進步的責任。不斷追求更新的科技與技術，這本身就是基督宗教的基本信念。因此，沒有一個主教或神學家會譴責時鐘或航海事業，而這兩者在許多非西方地區，都因為宗教理由而遭到批判。但在西方，反而有許多主要的科技創新是出於修士之手，並且被許多大型修道院莊園積極採用。諸多創新迅速在各地傳播，與所謂的黑暗時代那個相互孤立、停滯的歐洲傳說正好相反：中世紀的運輸技術很快地超越了羅馬時代。

陸運的創新

關於歐洲在黑暗時代衰弱的說法中最能誤導人的一個說法，就是原本羅馬帝國建造的「條條大路」都遭到廢棄，許多地方的鋪路石被取出後，再利用作為地方的建築建材。這個故事持續被訴說著：道路破敗，長途貿易中斷，歐洲成了一個各個社群只能向內思考的眾多孤島。但這個故事忽略的部分是，除了帶來餵飽膨脹且懶惰的羅馬都會人口的糧食之外，羅馬人的貿易主要是處理不具生產性的奢侈品；貿易在羅馬的都市經濟生活中，根本沒扮演什麼重要角色，都市上層的財富主要來自他們在鄉村的產業，[52]以及透過政治貪汙收賄和戰利品來增加收入。某種程度來說，長途貿易的衰退反映的是人們不再對眾多奢侈品有需求，因為幾個巨富確實敗亡了。但更重要的是，大部分所謂羅馬人的長途貿易，根本就不是真正的貿易，而是「層層剝削」。羅馬所謂的貿易，只是「地租和貢品的運輸」，並不像真正的貿易那樣會產生營收，只是讓「那些一貧如洗的人再被壓榨」。[53] 除了上述這些，其他沒有消失的貿易活動才對進出口者有實質的價值，這也是被忽略的事實。[54] 所以羅馬的「條條大路」之所以被廢棄，很大部分是因為這些大路根本沒用。

宣稱中世紀的歐洲缺乏眼光和方法來維持羅馬的「條條大路」系統，這種說法來自一些古典學者。他們要不從來沒實地查看過任何一條現存的羅馬古道，要不就是缺乏實際經驗，看不出顯而易見的缺陷。事實是，羅馬的「條條大路」根本狹小到大車上不去，[55] 而且許多地方陡峭到只有人才能步行通過。此外，羅馬人渡河時經常是經由淺灘涉水而過，而不是搭建陸橋，這樣對二輪車或馬車來說就非常危險，因為那些水流都太深太湍急了。[56] 之所以有這些不足，是因為羅馬大路存在的唯一目的，是為了讓軍隊迅速在帝國各地行動。當然，有公民權的平民行人、馱獸或人力負重的隊伍也會使用這些大路。但即使是軍隊，也只能盡可能沿著路邊走，平民和他們的牲畜自然也是如此。這是因為羅馬的大路是用石頭鋪墊的，因此乾燥時過於堅硬，潮濕時又太滑而難於行。這類大路太過堅硬到不適合讓馬赤蹄行走，甚至裝了馬蹄鐵也不堪用。

如前所述，這裡我們要再次強調，直至黑暗時代之前，還沒有人懂得如何上馬具，好讓馬匹負重。馬項圈的引入不只為農業帶來革命，當四輪馬車與馬項圈的關鍵創新得到整合之後，也為運輸技術上帶來革命。在這之前，羅馬人只能用動作很慢的牛隻負重。更慘的是，他們的二輪車、四輪車太過原始，因此東西如果很笨重，就根本移動不了多遠。因為羅馬的二輪車與四輪車在沒有剎車的狀況下，除非駛在完全平坦的路面上，否則是極度危險的。更糟糕的是，他們四輪車的前軸沒有樞軸，所以不能轉動，車子一到轉彎處就只能用拖的。[57]在這點上，古典學者又再次長期誤導我們，這當中也許沒有人比十九世紀早期的德國學者喬安・金茲洛特（Johann Ginzrot，1764-1831）帶來的影響更大，他的「插圖」出現在無數書籍、古典辭典和百科裡面。[58]在他一八一七年出版的傑出著作《車與底盤》（*Die Wagen and Fahrwerke*, 1817）中，細膩地畫下古希臘羅馬的四輪車和其負重，其插圖描繪了一個令人驚訝的現代轉樞，讓車前軸得以轉彎，還配上一個高級的剎車系統。不幸的是，金茲洛特的學術讀者忽略了他曾承認說這些圖片都是「想像出來的，因為我並未在古代碑文中找到適用的樣本」。[59]事實上，絕大多數的古代畫家沒有任何機械概念，他們的畫作往往錯誤百出，比如車輪沒有輪軸、車輪與車身之間沒有連結裝置、車輪大小不一，以及牛和馬拉車時並沒有配上鞍……這在古代圖片中都很明顯，因此毫無用處。透過仔細的文本分析與考古研究，我們已能瞭解古羅馬車具的真相了。

明顯的事實是，直到黑暗時代，歐洲人才發展出適於長途跨境的陸上高乘載貨運方法。不僅是統治者和市議會懂得造橋鋪路，修道院、商業行會以及無數的私人贊助者都這麼做。[60]正因為無名的中世紀發明家之設計，所以有了備有煞車的四輪車，配上可轉動的前軸。另外，他們也發明了軛具，可將馬群與大型馬車連接上。有了大型圓船，歐洲人才能在大西洋上乘風破浪，開創出從義大利城邦開往英格蘭和低地國家更經濟的新航線。

最後，是中世紀的歐洲人發明了軛具和轡繩，才編組出成對的馬隊和牛隊。在此之前，馬和牛都只能並排行進，限制了可編用的牲畜數量。舉例而言，在過去，把五十二頭牛並排套在一起是不可思議的事情，但到了十一世紀，那些「無知的」中世紀歐洲人居然把五十二頭牛編成二十六隊，用以拉動巨型的大理石，以此建設位在法國鄉村孔克（Conques）那座高聳參天的大教堂。[61]

上層文化的進步

即使我們找得出理由來諒解伏爾泰、吉朋和其他參與啟蒙運動人士對於中世紀在工程成就或農業和商業上的創新所表現出的無知，但他們刻意忽視中世紀歐洲在上層文化上的卓越成就，對此視而不見，是該被嚴肅批判的。

音樂。古代羅馬和希臘人只懂吟唱、彈奏單聲部的音樂：所有的人聲和樂器都發出同一個聲調。是中世紀的音樂家才發明了複調音樂，讓不同的聲部同時發聲成了「和聲」。儘管無法確定「和聲」何時出現，但至少在公元九〇〇年左右就已廣為人知，並且被記載在一部出版的手冊上。[62]此外，擁有和聲優勢的樂器正是在所謂黑暗時代改良完成的，像是管風琴、小鍵琴、大鍵琴、小提琴、低音提琴。到了大約十世紀時，有系統的記譜法被發明出來也得到普及之後，音樂家就能直接且精準地演出之前沒聽過的音樂。

藝術。很不幸地，十一世紀的卓越藝術時代以「羅曼」（或稱羅馬式，Romanesque）之名為人所知（其實它跟羅馬人的作品差別很大）。這個稱號是被十九世紀的教授們強加上去的，他們教導人說：「歐洲藉由回到羅馬文化，才從黑暗時代復活。」如果真是這樣，這就只是一個產出劣質羅馬仿製品的時代。但是藝術史家現在都承認「羅馬式」的建築、雕刻、繪畫極具原創性又有活力，並與古羅馬藝術沒什麼共通點。[63]到了十二世紀，緊隨著羅曼時代而來的，是一個更具原創性和震撼力的哥德（Gothic）時代。然而，令人不解的是，啟蒙時代的批評者卻以「古典希臘羅馬為標準」，輕視哥德式建築與繪畫說：「應該詛咒搞出這些東西的人。」[64]同樣錯誤的批評是，他們認為這種風格是「野蠻的」哥德人所創造的，所以稱之為「哥德式」的。然而任何人只消看一眼歐洲隨便一座偉大的哥德式教堂，就會知道這些批評者的藝術判斷力並不比他們的歷史知識好到哪裡去，更不用說他們忽視了那時代建築上的發明。比如飛扶壁（flying buttress），就是人類歷史上第一次建設了薄牆巨窗的高聳建築，同時促進了彩繪玻璃的進步。最後，十三世紀的北歐藝術家是最早以展開的帆布取代木頭或石膏而在上面畫油畫的。這「使得畫家得以從容地用精巧刷筆做出效果……這幾乎就是奇蹟」。[65]任何人如果誤以為偉大的油畫是到了義大利文藝復興才出現，可以看一下揚・范・艾克（Jan van Eyck，1390-1441）的作品。以上種種都駁斥了關於羅馬衰亡後造成歐洲千年間藝術空白（或更糟）的觀點。

文學。吉朋以英文寫作了《羅馬帝國衰亡史》，而非拉丁文。伏爾泰只用法文寫作，賽凡提斯（Miguel de Cervantes，1547-1616）用西班牙文。馬基維利（Machiavelli，1469 -1527）和達文西（Leonardo da Vinci，1452-1519）用義大利文。這些之所以可能，正因為中世紀的文壇巨擘如但丁（Dante Alighieri，1265-1321）、英國詩人喬叟（Geoffrey Chaucer，1343-1400）以及許多英雄史詩的無名作者，和從九世紀開始以法文寫作聖人生平的修士們，讓這些語言有了文學形式。[66]方言和文學就此成形並傳播開來。以上有關黑暗時代的文學和人們對這個時代的無知，就先點到為止。

教育。十二世紀早期教會創建「大學」之時，這個致力於高級學術研究的機構，可說是日光之下的一件新鮮事。與中國培養官員的翰林院，或是禪宗大師上課的寺廟和書院不同，「大學」這個基督宗教的嶄新發明，主要目的並非在傳授已有的智識；相反地，與今日的狀況類似，大學成員主要是透過創新來獲取聲譽的。結果是，中世紀的大學教授把畢生精力放在追求新知上，他們不只是重複古希臘的人智慧，反而隨時準備批判和糾正古人的觀點。[67]

最早的兩所大學出現在十二世紀中葉的巴黎和波隆納。接著牛津大學和劍橋大學在一二○○年創建，隨後各種類似的新機構在其後整個世紀中如雨後春筍般出現：法國的土魯斯（Toulouse）、奧爾良（Orléans）、格勒諾布爾（Grenoble）。義大利的拿坡里（Naples）、帕多瓦（Padua）、羅馬（Rome）、佩魯賈（Perugia）、摩德納（Modena）、佛羅倫斯（Florence）。捷克的布拉格（Prague）。西班牙的薩拉曼卡（Salamanca）、塞維利亞（Sevilla）。葡萄牙的里斯本（Lisbon）。波蘭的克拉科夫（Cracow）。奧地利的維也納（Vienna）。現今德國的海德堡（Heidelberg）、科隆（Colog）、艾爾福特（Erfurt）、萊比錫（Leipzig）和羅斯托克（Rostock）。有個流傳很廣的錯誤觀念說，這些學校都不是真正的大學，只是由三、四名教師和數十名學生所組成的學校罷了。完全相反，在十三世紀早期，巴黎、波隆納、牛津和土魯斯的學生人數大概已到達一千到一千五百人之間，巴黎每年約有五百名新生入學。如果你想問這些大學的教學品質如何，那麼可以告訴你的是，在這些最早的大學裡科學誕生了。別忘了，這些都是信仰深刻的基督宗教組織——所有教師都有神職，而且他們都是早期最有名的科學家。

科學。有好幾個世代，歷史學家宣稱科學革命是十六世紀哥白尼（Nicolaus Copernicus，1473-1543）提出天體運行論（日心說）的年代開始的。然而，當時發生的是一場漸進性的演進，而非一場革命。[68] 即便是哥白尼，也只不過是將他所處的那時代宇宙學長期積累的結果推衍到下個階段。當時科學的蓬勃發展，是之前幾個世紀耕耘累積的進步成果。簡要說明日心說的發展過程，要從古希臘人時代講起。古希臘人否定了真空的可能，設定空間中填滿了透明的物質。如此看來，天體要持續運行，還需要另一個連續施加的力去克服摩擦力。另外有些人把天體想成諸神，而用諸神在軌道上飛馳來解釋這個力。其他人則設想在每個天體背後，都有超自然的存在者在推動著。

「天體背後推動說」被巴黎大學校長讓．布里丹（Jean Buriden，1300-1358）終結了。他主張空間是真空的存在，因此當神啟動天體運行後（對每個天體施加了推動力），天體運動「並不會減慢或破壞，因為沒有阻力破壞或抑制原本的那個推動力」。這些研究都預示了牛頓第一運動定律（Newton's First laws of motion）的出現。[69] 布里丹的研究再推一步就是哥白尼模型——地球是繞著地軸運動的。但這仍有待之後的巴黎大學校長暨最傑出的經院派科學家尼克爾・奧里斯姆（Nicole d' Oresme，1325-1382）完成。他的研究屬於高深的數學，為後來的機械和天文學樹立了極高的標準。關於「地球繞太陽」而非「太陽繞地球」的想法，在數世紀當中早就出現在不少人的心中，但是通往解答的路途上一直有兩個障礙。第一，為什麼地球往東轉，卻沒有帶來固定而強大的東風？第二，為什麼直射向天的箭不會落在射手的身後（或面前）？這些狀況都沒發生，反而是箭直直下落，所以地球肯定沒在自轉吧。這兩大問題都被奧里斯姆解決了。之所以沒有東風，是因為地球的運動影響了周邊的所有物體，包括空氣在內。這同時也回答了第二個問題：箭射向空中時，不但承受了弓所給予的垂直方向施力，還承受了地球轉動所帶來的水平方向推力。

再來是庫薩的尼古拉斯主教（Nicholas of Cusa，1401-1464）論證說：「一個人不管是身在地球、太陽或是其他星球上，總會覺得自己所在是靜止不動的中心，而其他物體都在運動。」亦即，人們不用信奉自己的感知，就以為地球是靜止的，因為也許它正在運動。從以上得知，推論地球繞太陽公轉，並非是在一片漆黑之中突然出現的跳躍性思考。

哥白尼對於這所有的黑暗時代理論都很熟悉，但他卻常被說成是一個生活在遙遠波蘭鄉村一間偏僻教會的神父，其實他是那時代最有教養的人才。他先後在克拉科夫（Cracow）、波隆納（Bologna）（可能是歐洲最好的大學）、帕多瓦（Padua）和費拉拉（Ferrara）求學。

這麼多進步與發展都發生在所謂的黑暗時代。最晚不超過十三世紀，歐洲已遠遠超過希臘、羅馬，也領先了全世界。[70]歐洲為何能有如此成就？主要是因為基督宗教認為有進步才算「正常」，而且「新發明將會一直出現」，[71]這都是非常具革命性的觀念。對進步的信仰並不限於科技和上層文化上，中世紀歐洲人同樣也在探索**更好的做事方法**。

資本主義的發明

資本主義既不是在威尼斯的會計室中被發明，更不是在荷蘭的新教銀行裡被創造。資本主義是漸進性發展的結果，而且是由九世紀早期的天主教修士開始的。儘管放下了世俗事務，修士們仍需保證修道院在經濟上的安穩。更重要的是，當發展出資本主義之後，虔誠的基督徒發現有必要重構基本教義，好讓他們的信仰能夠適應經濟發展之需。不過，在敘述這些問題之前，有必要先精確定義何謂「資本主義」。

資本主義的定義

世界上已經有數以千計跟資本主義有關的著作，但很少有作者解釋他們怎麼定義「資本主義」這詞語。這並不是因為沒有定義的需要，[72]而是因為要定義何謂資本主義並不容易。這個源自十九世紀左派人士用來譴責財富與特權的用語，一開始根本不是一個經濟概念，而是一個貶義詞。因此若我們採用這個用語進行嚴格分析，就像是嘗試把「反動的豬」[73]這句話當成是一個社會經濟概念一樣。即便如此，目前應該沒有人比法國年鑑學派第二代著名歷史學家布勞岱爾（Fernand Braudel，1902-1985）更能處理資本主義概念的發展，以及其模糊不清的涵義。[74]「資本」這個概念最早在十四世紀被用來定義**會有收入回報的資金**，而非只有消費性價值。因此，在早期使用「資本主義」這個概念時，多指**用財富賺財富**（**或用錢賺錢**）。換句話說，「資本主義」這個詞指的是意圖在原本的財富價值沒有減少下，用財富賺取收入，像是放貸賺取利息。資本家所做的是種**投資**，也就是在財富的整體風險下追求利潤。這是資本家和那些只從收租、稅收、戰利品或搶劫致富的人的區別所在。但除了當一個單純投資者，比如一個放貸人以外，資本家通常在企業中扮演更積極的角色。也就是說，資本家更願意投資新創的**生產性活動**。此外，資本（或財富）並不只是「錢」而已，這是為什麼有人更偏好使用「資本財」（capital good）這個用語。

工廠、土地、貨船、礦藏和貨倉顯然都是資本財。對農民來說也是一樣，一片土地、一些工具和一頭牛，也是他們可用以創造更多財富（如糧食）的資本財。同樣地，對石器時代的獵人而言，他的棍棒或他妻子採集食物的籃子也算資本財。所以，若我們不想把資本主義等同於人類所有的經濟行為，就需要限縮定義的範圍。「資本主義」這個詞語意味一**定程度的管理和監督行為**（也就是不僅僅是隨意運作）。這些行為有**複雜的商業性、持續性和計畫性**，還有一定程度上的選擇權以及指導上的**自主性**。但即使整理了這麼多與資本主義相關的各類觀點，布勞岱爾還是選擇不給出他自己的一個明確定義。

雖然我也同意讓讀者自己去定義什麼是「資本主義」是一個好的策略，但在沒有明確定義下就展開分析，看來有些不負責任。因此本書的定義如下：**資本主義是一個經濟系統；這系統允許私人產權，有相對完善的組織，一家穩定的企業可以在相對自由（沒有管制）的市場上進行複雜的商業活動，並以長期而系統化的方式，對生產活動進行投資和再投資（不論直接或間接）；同時也會雇用勞動力，並以預期及實際回收來指引其行動方向**。

所謂「複雜的商業活動」意味對信用的使用、有某種程度的交易多元化，並降低生產者和消費者之間直接交易的依賴。而所謂的「系統化」意味著完善的會計工作。對生產活動的「間接」投資，則把定義範圍擴大到銀行家和熱情的股東們。但這個定義排除了那些短視近利的投機行為，像是有上層菁英支持的海上掠奪，或是一次性的貿易商隊；也排除掉政府直接進行的商業，或者國家授予的壟斷性許可，如古代中國的對外貿易和中世紀歐洲的包稅制（tax firm）。古羅馬那種以奴隸為基礎的產業，也就是強迫性勞動也不包括在內。這當中最重要的是，這個定義排除了幾世紀以來，世界各地商家、貿易商和商品生產者之間的買賣交易。

任何人寫到資本主義時（不論是否明確定義了這個詞語），都接受資本主義仰賴自由市場、保障私有產權及自由（非強制或脅迫下）勞動力，這些都與這定義有一致性。[75]自由市場允許企業進入前景看好的領域；封閉的市場或是被政府高度管控的市場，則會把一般企業排除在外。只有產權受到保障時，人們才願意投資並追求高額獲利，而不是把財富藏起來、儲蓄，或僅僅是拿去消費。非強制性的勞動力也是必須的，這樣企業才能吸引到**有工作意願的勞動者**，或者回應市場的狀況而解雇他們。強制性的勞動力不但會讓人缺乏工作意願，也很難招聘和解雇員工。只有資本主義有能力激勵勞動，而且會有系統地把利潤進行再投資，因為這些才讓資本主義有強大的生產力，正如韋伯和馬克思在一個世紀前共同指出的。

宗教資本主義的興起

聖經中經常譴責貪婪和財富，提摩太前書6：10：「貪財是萬惡之根。」[76]但聖經並沒有直接譴責過商業或商人。不過許多初代教父卻共享了希臘、羅馬世界的主流觀點，把商業活動當成一種低下的行為，好一點也只當作是一種有巨大道德風險的事，因為人在買賣過程是很難避免罪惡的。[77]但是，在公元三一二年君士坦丁歸信基督宗教不久後，教會就不再被禁欲主義宰制，對待商業的態度也開始變得溫和。

奧古斯丁教導說，商業活動並非天生就邪惡，而是和任何職業一樣，取決於個別的個人是否願意度過正義的生活。[78]奧古斯丁把價格視為一種機制，價格的決定不只取決於賣家的成本，還有買家對商品的需求。這麼一來，奧古斯丁不只賦予商人進行買賣的正當性，也讓教會深度參與了資本主義的誕生。[79]在大約九世紀，資本主義最早的形式出現在修道院的大莊園上。由於改用馬匹、重型犁車以及三輪作制耕作這類重大的創新，大幅提高了農業生產力，使得修道院莊園不再僅限於自給自足的農業活動，反而開始專業化生產特定作物或農產品，再藉由銷售後的獲利去購買其他他們所需的商品，這就讓他們開創了最早的現金經濟。他們也把獲利進行再投資，藉以擴大生產力。隨著收入不斷增長，許多修道院變成銀行，開始借貸給貴族。如同美國社會學家蘭德爾・柯林斯（Randall Collins，1941-）指出：「這不僅是資本主義的原型，也是資本主義制度的前提，……而且是資本主義自身發展的特徵。」[80] 柯林斯稱此為「宗教資本主義」，[81] 並說：「中世紀經濟發展的動力主要來自教會。」[82]

在整個中世紀當中，教會是歐洲最大的地主，他們的流動資產和年收入不但富可敵國，甚至還比歐洲所有貴族的總和還多。[83] 宗教團體的財富一大部分來自禮拜的奉獻和捐款；英格蘭的亨利七世（Henry VII，1457-1509）就為了自己靈魂的救贖，給了大筆奉獻來舉辦萬人彌撒。[84] 除了許多接收他人奉獻而來的土地外，大部分的宗教團體會把資金再投資於購買土地，也開墾更多土地，因而開始讓相關物業集中分布在這一大區域上，啟動整個時代成為一個經濟快速成長的時代。在十一世紀時，位於法國克呂尼（Cluny）中心地的修道院周邊就有將近一千個附屬的小修道院；許多修道院儘管相形見拙，但也有五十個或者更多的周邊村落。[85] 在十二世紀，西多會在聖伯納德（Saint Bernard of Clairvaux）的領導下，反對克呂尼的鋪張浪費，不過由於組織得宜、生活節儉，他們自己也很快就積聚了一批歐洲最大莊園。眾多西多會修道院總共耕種十萬英畝的土地，另在匈牙利一家修道院共有二十五萬英畝的土地。[86] 除了他人奉獻的土地之外，許多土地來自修會自行開墾的荒地，他們也開墾森林以及排乾沼澤地的積水，例如法國丁斯修道院（Les Dines）的修士們，就將法蘭德斯海岸線上二萬五千英畝的沼澤改造成良田。[87]

這個大擴張的時代背後推動的因素有人口的成長，[88]但更重要的是生產力的增加。在這之前莊園大多自給自足，莊園內的人們生產自己所需的食物、飲料、燃料，自己織布、製作皮革，也有自己的鐵匠鋪，甚至還有陶器作坊。但在生產力大幅提高之後，伴隨而來的是**專業化生產和貿易**。有些莊園開始只是產酒，有些莊園只生產某幾種作物，有些莊園只養牛羊，像義大利福薩諾瓦（Fossanova）的西多會就只專門飼養上等馬匹。[89]農業剩餘的大幅增長同時促進了鄉鎮和城市的建立與發展；事實上，許多修道院後來發展成城市。英國歷史學家克里斯多福・道森（Christopher Dawson，1889-1970）在描述瑞士的聖加侖（Saint Gall）修道院於公元八二〇年的狀態時，說：「這裡不再只是古老修道院規範下的素樸宗教社群，而是一個複雜綜合體，包含了教堂、工作坊、倉庫、辦公室、學校、養老院。這裡養育著全體人口，眷屬、工人、僕人都在其中，這裡就像是古代的聖殿之城。」[90]

隨著莊園發展成小城市，養活了周邊散布的許多村落，並且變得越來越專業化和商業化，他們取得了三方面的重要進步。第一，他們發展出**更複雜**、**更有遠見的管理模式**。修道院莊園的管理人才選拔是看實力的，而非傳統貴族的家傳事業發展往往會因為繼承者的領導力高低而極度不穩定。教團建立了唯才主義的人才制度，保證有才能又盡責的管理者可以正常更替與繼任，使得長期的發展計畫可以持續。就像法國歷史學家喬治・杜比（Georges Duby，1919-1996）所說，新時代的情況促使修道院的「管理者轉而關注內部經濟發展，仔細計算盈虧，並思考如何擴大生產方法和途徑」。[91]

伴隨著專業化出現了第二項進步：從以物易物到**現金經濟**。對一個釀酒莊園而言，為了交換生活所需品，得把酒搬來搬去，實在顯得複雜又笨拙。後來證明更有效率的方法是把酒賣了變現，然後從最便利和經濟的管道來購買所需。最晚遲至九世紀晚期，現金的使用已變得很流行。目前看來，應該是盧卡（Lucca，佛羅倫斯附近）的修士們最早開始進入現金經濟。之後到了一二四七年時，現金使用已擴大到整個歐洲。當時的一位聖方濟各會編年史家，描述自己修會在法國勃艮第（Burgundy）的修士們「根本不需要自己播種和收成，也不用在穀倉裡儲糧，只要把產出的酒，經由修道院右邊那條河通往巴黎，到巴黎賣個好價錢，之後在巴黎直接買回所需的吃穿就好了」。[92]相較之下，雖然希臘、羅馬時代（和世界的其他地區）的莊園也會以剩餘農產的形式交租給富裕的領主，但他們仍是或說主要是一種自給自足的經濟體。此外，他們的生產力低落，以致一個富裕之家需要擁有很多土地，才能維持基本的生活水平。然而即便還處在最初階段，資本主義就已為只擁有小規模土地和牲畜的修道院帶來大量財富。

第三項創新發展是「信用」。以物易物的經濟不會帶來信用，如果一筆生意談好在未來支付三百隻雞，很容易引發關於家禽價值的爭論：交貨時給的是老母雞、公雞還是小母雞呢？然而，欠人二盎司黃金就沒什麼好爭論的。於是不僅是各大教會莊園之間開始擴大使用信用，還隨著越來越富有而**向外放貸**（有收利息），一些個別主教也都這樣做。在十一到十二世紀，許多勃艮第（Burgundy）貴族從克呂尼那裡借了巨額款項。[93]一〇七一年，法國列日主教（Bishops of Liège）借給法蘭德斯（Flander）伯爵夫人一百磅黃金、一百七十五馬克白銀，這是個誇張的數目；後來又借給下洛林公爵（Duke of Lower Lorraine）一千三百馬克白銀、三馬克黃金。一〇四四年，德國沃姆斯（Worms）主教借給神聖羅馬帝國皇帝亨利三世（Henry III，1016-1056）二十磅黃金和大量（數字不詳）的白銀。根據現存的史料，類似的例子很多，顯然這時代的主教和修道院都是貴族的借貸來源。[94]十三世紀的修道院借貸時通常是**抵押貸款**（字面意思是「死當」）的形式，借款人用土地抵押，債權人在債務期間內擁有該土地的所有收入，而這筆收入也不會從貸款總額中扣減。結果，這讓修道院增加了更多土地，因為修士們在「止贖」（foreclose）時不會有任何猶豫。[95]

不過，有如暴發戶的修士們，並非真的都在搞土地投資或放貸。他們從葡萄園和糧倉退休後，會離開他們的土地，再從事教會的服事工作，不間斷地為了煉獄中的靈魂，或是那些想改變自己死後命運的奉獻者舉行有償彌撒。克呂尼的修士們享用豐盛又精緻的食物，他們的衣櫃每年都會換新，之前聖本篤（Saint Benedict，480-547）清規所訂下的日常勞動，簡化成只有象徵性的廚房工作，修士們過得像領主一般。[96] 其他大修會的情況也是如此。這些狀況之所以成為可能，是因為大修道院開始**使用雇傭型勞力**，他們不但比修士們更有生產力，[97] 也比提供義務勞動的佃戶更強。其實，那些佃戶也是長期以支付金錢代替實際勞役。[98] 在宗教資本主義的發展下，修士們仍然虔敬地從事聖職工作，但除了專門執行聖事的人，其餘的人開始做管理人和領班。在這樣的發展下，中世紀的修道院越來越像迅速採用最新技術又管理得當的優良現代企業一樣。[99]

工作與節儉的美德

傳統的社會價值觀頌揚消費、輕視工作，這不僅在擁有特權的上層是實際狀況，對整天工作的小老百姓來說也一樣。有關勞動尊嚴或工作屬於有德行為的理念，在古羅馬或是其他前資本主義社會，是根本無法被理解的事情。既然有錢就是為了花光，自然會想到把工作丟給其他人做，如果自己還不夠有錢到這種程度，那好歹能少做一些是一些。中國的「大人們」還故意把指甲留得很長（還另外配上銀制的指甲套以免指甲折斷）來證明他們不事勞務。相反地，資本主義卻要求並激勵出一種完全相反的工作態度，亦即從本質上視工作為一種德行，同時認為節制消費是一種美德。韋伯把這定義為新教倫理。會這麼說是因為他相信天主教文化沒有這種東西。但是韋伯錯了。

視工作和節儉生活為美德的信仰，很早就伴隨資本主義的興起而存在，這早於路德誕生之前好幾個世紀。[100]即便許多（甚至是大都分的）修士和修女都出身貴族和富貴之家，[101]但他們都在神學的語境中歌頌工作價值並且親身實踐。用蘭德爾．柯林斯的話來說，就是他們「擁有新教倫理，卻不信新教」。[102]

聖本篤在六世紀時就論述了工作的美德，而寫下他那有名的清規：「懶惰是靈魂的敵人，因此教會弟兄們應該固定進行勞動，並禱告讀經……當他們靠自己的雙手勞動而活，有如初代教父和使徒們一般，他們才能成為真正的修士。」[103]也有如英國奧斯定會的華特．希爾頓（Walter Hilton，1345-1396）在十四世紀時所說：「藉著鍛鍊身體的生活，使我們有能力完成屬靈成就。」[104]對日常勞動的投入，是基督宗教的禁欲主義和其他各大宗教文化之區別所在；後者都把宗教虔敬等同於拒絕世上俗務。舉例來說，與東正教聖人一心冥修、只倚靠別人的奉獻而活相反，中世紀天主教的修道院靠自己的勞動自食其力，藉以維持具高生產力的莊園。這不但防止了「在苦行狂熱下，自外於世上事務而失去活力」[105]，也保持了對經濟事務的健康態度。

總結以上，可以說雖然新教倫理的命題有誤，但提及資本主義和基督倫理之間的關聯，卻是一個全然具正當性的論點。

因此大約從九世紀開始，不斷發展中的修道院莊園成了「極有組織、運作穩定的企業」「在相對自由的市場上進行複雜的商業活動」「以雇用勞工投資於生產活動」，以及「以求取期望和實際回報來設定營運目標」。如果以上這些要素都還不算完整地頌讚資本主義，也絕對是很接近了。此外，這些大修會的經濟活動促使神學家重新思考關於獲利和利息的教義。當然奧古斯丁早已認可獲利一事，但這當中的道德限制何在？《聖經》是譴責高利貸的，但如果禁止放貸收利，人們又要怎麼借到所需資金、怎麼才能以信用交易呢？

資本主義和神學進步

基督神學的發展從未僵化停滯。如果神有意讓人隨著知識與經驗的增長，來更完整地掌握福音內涵，則教義和經典詮釋的內容就必然會更新。後來歷史的發展也確實如此。

早期基督徒對利息和利潤的反感

在十二世紀和十三世紀，包含阿奎納在內的天主教神學家當時就承認了獲利與收取利息在道德上的合法性，但同時他們嘴巴上還是秉承著反高利貸的悠久傳統。以此模式，天主教會和早期資本主義之間本就和平共處，這比新教徒早了好幾個世紀。

基督宗教從猶太人那裡繼承了對於放貸收利（高利貸）的厭惡。申命記23：19－20：「你借給你弟兄的，或是錢財或是糧食，無論甚麼可生利的物，都不可取利。借給外邦人可以取利，只是借給你弟兄不可取利。」

由於《聖經》說只能借錢給外邦人，這就解釋了猶太人為何在基督教社會中擔任放貸者的角色，甚至有時候是需要資金的基督徒強迫猶太人這麼做（這就造成一個歷史學家常常忽略的部分——中世紀有錢的基督徒在放貸時常假扮成猶太人）。[106]

當然，〈申命記〉關於放貸收利的禁令不必然對基督徒有效，因為他們又不是以色列人。不過耶穌在〈路加福音〉5：34－35中的話也被拿來禁收利息：「你們若借給人，指望從他收回，有什麼可酬謝的呢？就是罪人也借給罪人，要如數收回。你們倒要愛仇敵，也要善待他們，並要借給人不指望償還，你們的賞賜就必大了，你們也必作至高者的兒子；因為他恩待那忘恩的和作惡的。」

放貸收利原本被定義成「放高利貸之罪」，在理論上受到譴責，實際上卻常被忽略。事實上正如前所述，在九世紀晚期，有部分大修道院開始進行銀行投資，主教依賴借貸的程度只比貴族稍微少一點。除了從修會借錢之外，許多主教還從梵蒂岡批准成立的義大利私人銀行做安全貸款。一二二九年，利默里克主教（bishop of Limerick）曾經因為還不出一家羅馬銀行的貸款，差點被教皇「絕罰」（Excommunication，逐出教會），直到這位主教與銀行達成新協議，要在八年內支付50％的利息。[107] 當時的社會對貸款的需求已經很大，讓義大利銀行在全歐洲大陸遍開分行。一二三一年，英格蘭已經有六十九家義大利銀行分行，鄰近的愛爾蘭分行數量也差不多。不過即使有許多的主教、修會甚至羅馬教廷並不太在意對高利貸的禁令，反對放貸的聲音卻也從未消失。一直到一一三九年的第二次拉特蘭會議（Second Lateran Council），教會仍宣布說「不思悔改的高利貸者將被新約、舊約聖經譴責，他們也不配得到教會的安慰和基督徒葬禮」。[108] 即便如此，還是有史料證明「在一二一五年的教廷，有人負責放高利貸給有需要的教長」。[109]

許多大修會繼續把獲利最大化，隨著市場的承受力來調升利率、進行放貸，也因此承受一連串來自傳統教會人士的譴責，指控他們陷入貪婪之罪當中。那麼，歷史接下來將會如何發展呢？

公平價格和合法利息的神學

很明顯地，我們不能期待人類會自己輕易就放棄勞作成果。但是難道因為這樣，人們就有權利無限制地收取利息？我們又如何能確定（判定）商品的價格是不是已經高到算是有罪的程度呢？

大阿爾伯特（Albertus Magnus，約 1200-1280）在十三世紀提出所謂「公平價格」，簡而言之就是「貨物根據當時市場可賣出的價值估算」[110]，也就是在非強迫的狀況下消費者願意付的價格——這是一個連亞當斯密（Adam Smith，1723-1790）也無法找碴的定義。阿奎那引用其師所言，再加上自己的論述，藉由提問展開他對何謂「公平價格」的分析：「一個人在買賣時若訂出一個高於成本的價格，是否具有合法性？」[111] 阿奎那藉著引用奧古斯丁的話，自問自答地說：「人會想要買低賣高是自然且合法的」，如此將詐欺排除於合法交易之外。最後，他發現到所謂的真實價值並非是客觀的。「物品的公平價格並非絕對不變的」，而是取決於買賣雙方的欲望與意願的機制，只要消費者沒有被誤導或脅迫就好。價格一旦給定，對於所有潛在的消費者而言都是公平的，至於價格歧視則被禁止。阿奎那對於市場力量的尊重，最大體現於他所講述的一個商人故事。一位商人把糧食運到正在遭受飢荒的國家，而且他還知道其他商人很快就會把更多糧食運來這裡。那麼對他而言，把糧食依照當時市場的高價賣出，算是一種罪嗎？還是他應該要告知買糧的人，要不了多久就會有更多糧食運到，屆時糧食就會降價呢？阿奎那總結說，這個商人可以心安理得地保持低調，以當時的市價賣糧。

那麼，借貸時的利息又作何解呢？阿奎那對此問題出現了難得的困惑。在部分著作中，他譴責所有收利息的都像犯了放高利貸之罪一樣；但在另一些篇章中，他又接受放貸者應該得其所應得，只是對於「該得多少」和「為什麼該得」，態度又顯得模糊。[112]但在商業經濟蓬勃發展的現實推進下，許多和阿奎那同時代的人，特別是教會法學家，開始更大膽地舉出許多不把利息看做高利貸的例子。[113]舉例而言，當具有生產性的資產如土地作為借貸的抵押物時，債權人可以拿走該土地在債務期限內的所有收成，而且這些收入不會從貸款總額中扣減。[114]另外，對放貸者而言，不能投資別的商業機會，像是購買其他東西轉賣或是買新土地——這些本來可以正當獲利的機會成本被放棄了——因此補償放貸者也是正當的。[115]依此同樣精神，信用購物時也被認為該支付利息。[116]本來對於銀行來說，除了前述情況之外，是不能直接按固定利率放貸的，因為這並不存在「本金的風險」，因此會被認定是高利貸。利息的合法性概念是只有當收入預先產生不確定的「風險」時，才算是合法的。但是銀行家幾乎只用了個小技巧，藉由使用票據、匯票甚至現金進行交易，就繞開了這項禁令。雖然看似有風險，但其實是完全可預期的回報，因此究其根本就是放貸和收息。[117]也就是說，雖然「高利貸」這個詞彙在書本上、言說時仍是罪惡，但實際上已是一個空洞的用語。

最早不晚於十三世紀，主流神學家已為新興的資本主義之重要觀念展開了充分的辯論：獲利、產權、信用、借貸等等都是。就像歷史學家萊斯特・K・蕾托（Lester K. Little）總結的：「針對以上各個主題，神學家們基本上都給予肯定意見，與先前六、七個世紀到上個世代以來的主流態度針鋒相對。」[118] 資本主義最終完全擺脫了宗教信仰的束縛。[119]

這是一個重大轉折。畢竟這些神學家應該要遠離世上，他們當中大多數都發誓守貧。他們的前輩大多都輕視商人和商業活動。如果禁欲主義真的主宰著各修會，基督宗教對於商業的輕蔑和反感就不太可能軟化，更別提大規模的轉變。這場神學革命是直接經驗並應對這類世俗急務的結果。儘管真的做了些慈善，管理修道院之人也不會真把他們所有的財富都給窮人，或者只用成本價就把東西賣掉。大修道院積極參與自由市場，這導致修道院的神學家們重新思考商業的倫理性，尤其在教會高層越發公開地世俗化之下，此風更形大長。

與修會中的修士不同，占據教會高位的人反而很少有人發誓守貧，不僅如此，還有許多人公然表現出自己對奢華生活的喜好。主教和樞機主教們都是高利貸的最佳客戶；其實這沒什麼好大驚小怪的，因為教會幾乎每一個上層職位都是買來的。這在當時被當成是一種投資，買到後他們會再從教會的收入中大賺一筆。事實上，買到主教甚至樞機主教位分的人，通常根本沒擔任過教會的任何職位，也沒被授予過神職，甚至根本沒有受洗！[120] 這種水準的中世紀教會不斷產生醜聞和爭議，爆發諸多異端問題，也引發了大規模的分裂，尤以宗教改革時代最為嚴重。

但是這些教會的世俗取向，卻為資本主義的發展帶來極大的助益；教會不但不是絆腳石，反而在十二、十三世紀的商業革命中扮演積極角色，又為商業革命帶來了正當性。[121]如果這些都沒發生，西方可能就會像是那些伊斯蘭國家一樣的結局。

伊斯蘭與利息

《古蘭經》譴責所有借貸而生的利息（riba）。因交易貨物和服務而獲利是合法的，但是放款、還款的資金交易，只有在借款和還款的數額相等時才算合法。就如古蘭經2：275所言：「真主准許買賣，而禁止利息。」

與基督宗教世界相似，中世紀的穆斯林也常忽視禁止收息的命令，但是之後這些資金全都拿來消費而非投資。[122]這足以解釋放貸行為何以並未引起神學上的再詮釋，利息在官方立場上依然是種罪惡。法國馬克斯主義史家馬克西姆．羅丁森（Maxime Rodinson，1915-2004）認為，伊斯蘭之所以沒有重新反省其經濟規則，是因為上層輕視商業，也沒有歐洲那種神學改革的壓力，以致政府的干涉限制且扭曲了經濟。事實上，伊斯蘭上層根本是故意讓他們的債權人處於潛在的宗教風險當中，以便在合法的基礎上將債權打成是高利貸來處理。甚至到了今天，銀行只能很麻煩地使用迂迴的方式繞過對高利貸的絕對禁令，[123] 才能在伊斯蘭社會存在，而且利息仍然只能被定義成一種對貸款的補償。在現代伊斯蘭社會中針對利息禁令常用的一個解決方法是，讓銀行和預支商業貸款的人成為商業夥伴，這樣還款總額就不會超過原貸款，平分下的獲利回報就成了收入；還有一招是，另外收取高額貸款的服務費。這麼做的結果是，當代從石油生產帶來的巨額獲利都被西方投資者拿走了，而不是用來發展國內經濟和金融。當宗教上對利息的拒斥和專制政權的貪婪結合在一起，就徹底阻礙了資本主義在伊斯蘭的興起，直到現在也還是如此。理性仍然沒有贏得勝利。

通往現代的大道並非在文藝復興時期突然開啟，更非從宙斯額前冒出來的。西方文明是在羅馬帝國衰亡後的數個世紀中漸進性地興起：所謂的黑暗時代，其實是一個有深度的啟蒙時代，不論在物質或思想領域上都如此。那個時代融合了基督教理和平等倫理，創造出一個奠基於政治、經濟和個人自由之上，完全嶄新的世界。

第三章

暴政與自由的「重生」

- 統制經濟
- 道德平等的神學基礎
- 財產權
- 對國家和國王的限制
- 歐洲的多元性
- 商業與義大利回應性政權的建立
  - 威尼斯
  - 熱內亞
  - 佛羅倫斯
  - 米蘭
- 義大利南部阿瑪菲的專制統治
- 自由的北部

西方的成功來自於自由社會的發展，這也成為早期資本主義的避風港。在這當中，基督宗教也扮演了關鍵角色。基督宗教作為民主政治的道德根基的價值，是任何古典哲學家都無法比擬和預見的。

本章首先要檢視專制統治是如何阻礙了經濟發展，接者探討基督信仰中預設人類在道德上平等，以及暴君應受譴責的基本教義。藉由本章探討早期歐洲那些相對具獨立性的社群之出現，展現出這些教義的生命力。本章也讓我們看到這種一定程度的自由，如何在當時讓商人、商業、勞工和宗教團體取得政治上實質的話語權。

統制經濟

專制政權下必有貪婪。上有好者、下必甚焉，當統治者專注於如何最大化剝削自己掌控的人民時，他們的人民也會變得貪得無厭，把自己的勞動成果全都消費掉或是隱藏起來，不再繼續努力生產更多的產量。因為即便努力提高自己的生產效率，到最後也只是肥了統治者。這當然就導致實際的生活水準會遠低於原本社會應有的生產力。

十世紀晚期，冶鐵工業開始在中國北方的部分地區發展。[1]有人估計到了一〇一八年，工廠的煉鐵量一年已超過三萬五千噸以上，在當時來說，這是一項不可思議的成就；再過六十年後，產量甚至已超過十萬噸。不過，這並非政府經營的結果，而是在當時對鐵的需求量大、礦石和煤炭開採便利加上供應又充足下，民間私人企業抓住了這個機會。由於鍛造鐵的熔爐與鑄造場就坐落在可航行的運河水系旁，因此生產出來的鐵要運往遙遠的市場去就十分容易。中國的鐵礦老闆很快就從中獲得巨額利潤，於是繼續投資在擴張熔爐與鑄造場上，鐵的生產量也因此繼續大幅成長。鐵的大量生產，在農業上帶動了鐵製農具的使用，連帶影響了糧食產量的提升。一時間看來，中國已經開始發展資本主義，下一步就要進行工業革命了。但是突然間一切都被停掉，彷彿來得有多快、去得也多快一般。到了十一世紀末，鐵的產量不但變得少的可憐，甚至在不久之後，原本冶鐵用的熔爐與鑄造所都淪為廢墟。這到底是怎麼了？

原來是朝廷大人們警覺到這些小老百姓正在透過製造業致富，還敢用高工資雇用農民工。他們認為這些行為對儒家價值觀和社會的穩定構成威脅。小老百姓應該要知道自己是誰，只有上層菁英可以是有錢人。因此他們就以國家之名壟斷了煉鐵工業，掌控一切之後，事情就這樣結束了。英國歷史學家溫伍德・里德（Winwood Reade，1838-1875）總結說，中國在數百年中發生了經濟上和社會上的停滯狀況，原因很簡單：「**因為財產權沒有保障**。其實整部亞洲歷史也可以用這句話來總結。」[2]

一五七一年，在歐洲重創鄂圖曼土耳其帝國的勒班陀海戰（battle of Lepanto）中，歐洲海軍劫掠鄂圖曼戰艦時，也有一個同樣令人震驚的例子。[3]獲勝的基督教海軍洗劫了還漂浮在海上或已擱淺的土耳其船隻時，在由艦隊司令阿里帕夏（Ali Pasha，1740-1822）所指揮的旗艦蘇丹娜號（Sultana）上，居然繳獲了大量寶藏和金幣。另幾位穆斯林海軍將領的戰艦上也找到了數目同樣可觀的財富。軍事史家維克多．戴維斯．漢森（Victor Davis Hanson，1953-）對此解釋說：「因為伊斯蘭世界沒有銀行體系，阿里帕夏將軍擔心一旦觸怒蘇丹，就會被抄家。同時也為了避稅，所以一直小心翼翼地私藏自己的個人財產，在這次戰役中全都帶到了勒班陀。」[4]不過，阿里帕夏將軍並不是那種在豐收後就想盡快將餘糧偷藏起來的農民暴發戶。他是伊斯蘭上層社會的一員，還娶了蘇丹的姐妹為妻。如果連他這樣一個有地位的人，都不敢把錢留在家中，也找不到適當又安全的投資管道，那麼其他小老百姓還能期待什麼？

這也難怪在專制政權統治下，社會都呈現進步緩慢又貧富不均的狀況。不只像阿里帕夏那樣，為了不被國家徵收，隨身帶著財產到處走，甚至任何有價值的東西，好比土地、作物、牲畜、建築物，還有你的子女，都有可能被任意強搶。正如中國那些大煉鐵家所遇到的狀況一樣，這都是見怪不怪的生活日常。更慘的是，專制政權很少把剝削得來的財富再投資在增進生產上，只會用在各種炫富消費上，像是埃及的金字塔、法國的杜樂麗宮（Tuileries Palace）、印度的泰姬瑪哈陵（Taj Mahal），都是專制統治下建造的。這種紀念建築雖然美麗，但絲毫沒有任何生產價值，而且背後還付出了悲慘與貧窮的代價。這也是為什麼專制政權的經濟制度被稱作「統制經濟」（command economy），[5]不論是市場還是勞動力，這兩者都處於受支配和強制的狀態，根本不被允許自由運作。也因此，該如何剝削人民，再把財富消費殆盡，成為專制政權的主要目標。

最早的統制經濟，與國家一起誕生在這個世界，至今也還存在於現代世界的許多角落。事實上，統制經濟還有許多熱情的支持者。[6]但是統制經濟忽略了一個最基本的經濟生活事實：**所有的財富都來自於生產**。財富的出現一定來自於生產活動，如種植、挖掘、切割、捕獵、放牧、製作或是其他創作。一個社會所擁有的財富數量，不是靠這個社會有多少人口總數，而是取決於人們在參與生產時的勞動意願，以及他們生產技術的效率高低。如果社會的財富全都會被徵收，或是隨時都處在被沒收的威脅中，對人們來說，該如何保住自己的財產就比提高生產效率重要多了。這個原則不但適用於有錢人，更適用於沒有錢的窮人，所以統制經濟總是會導致生產效率低落。面對只會肥到少數人的各種苛捐雜稅，即使是那些沒被奴役的自由農民，也只會想著該如何把收成的作物偷藏起來，而不是思考如何擴大產量。更何況那群被迫勞動的人，不管是奴隸，還是每年約定要義務勞動的自由農民，為了多得一點好處，唯一想到的方法就是盡量偷懶、少做一點。有錢有勢的人則輕視、冷眼旁觀、瞧不起那些身處在風險和障礙當中，勉強維持經濟、載浮載沉的人們。

八二九年，拜占庭皇帝狄奧斐盧斯（Theophilos，812-842）看到一艘雄偉華麗的商船駛進君士坦丁堡的港口，在問出擁有那艘商船的主人居然是自己的妻子時，立刻火冒三丈地向她怒吼：「神讓我當皇帝，你卻讓我變成船長！」立刻下令叫人把那艘船給燒了。在好幾個世紀當中，拜占庭的歷史學家都歌頌他的這個事蹟，[7]有可能那些古典哲學家對此也表認同。

亞里斯多德譴責商業貿易是一種不自然、不必要，並且與「人類德行」[8]相衝突的行為。因此他認為，古希臘的公共廣場只能是聚會的場所，不可被當成是市場，此處不但「一定要乾淨到沒有任何商品，商家、工匠、農夫等等類似的社會階層也一樣，非得希臘行政長官的允許，不得進入此地」。[9]亞里斯多德還說，物品之間的交換只能在已有過社會關係的人之間進行，最後結果還必須是互惠的價值。根據物品的重量和色澤，價值應該固定不變。

亞里斯多德的意見並不是曠野裡的聲音，而是希臘人的傳統觀念。勞動是奴隸的事，商業也不是希臘公民該做的事。根據經濟學者摩西．以色列．芬利爵士（M. I. Finley，1912-1986）的說法，希臘公民即使投資土地，背後真正的動力「是提高身分地位，而不是追求獲利的最大化」。芬利爵士指出，在希臘原始文獻中完全沒有提到任何投資（包括放貸）、土地改良或製造業相關的內容，反而有「為了奢侈消費和政治協議的大額借款之相關證據」。[10]

儘管羅馬的上層經常參與商業活動，也會對外放貸收利，[11]但他們的態度根本上類似於亞里斯多德。君士坦提烏斯（Constantius，317-361，君士坦丁大帝之子）頒布的法令中說：「只要你是以下那些身分——最低賤的商人、換匯商、低級職員，或是卑微的服務業代理人，都別肖想享有社會地位或階級，因為這些人從事的都是沒用的工作，賺得都是無恥的利潤。」[12]在羅馬時代的希臘作家普魯塔克（Plutarch，46-125）[13]看來，不只商業是不道德的，而且所有為了實際需求與現實事務相關的活動，都是「無知和庸俗的」。西塞羅（Cicero，BC106-BC7）也藐視地寫著：「作坊內沒有任何高貴可言。」[14]

也因此，羅馬帝國的衰亡不是一場悲劇性的挫折，要是偉大的帝國還繼續主宰世界，現在哪會有所謂的「西方文明」呢？如果羅馬還繼續統治世界，歐洲將陷入在統制經濟的野蠻泥沼中，也不太會有發明和創造。連帶影響下，世界的其他地區恐怕也會停留在十五、十六世紀的狀態，也就是歐洲人初見時的模樣。羅馬帝國根本是進步的敵人！

海耶克（F. A. Haye，1899-1992）對此解釋說：「沒有比這更大的誤導……傳統的歷史學家把一個強大國家的成就，等同於文化發展的頂峰；其實那常常是文化發展的終結。」海耶克特別指出：「資本主義和歐洲文明之所以得以擴張，這當中的起源和存在的理由（raison d'etre）就在政治上沒被一統天下。」[15]沒有什麼帝國體制能主宰歐洲，諸多小型政治實體的出現更具有回應內部利益團體的能力，這當中包括商人、製造商和工人的行會。地理當然也在歐洲的多元性上扮演了關鍵角色，但是對於政治理論的演進以及民主政府的建立而言，卻沒有直接的影響，反倒是與中世紀歷史的許多面向一樣，基督神學才是政治自由實踐的思想基礎。

道德平等的神學基礎

今天我們可以看到大量探討平等的相關著作，但幾乎沒有例外，這些著作全都聚焦在收入（經濟）的平等，像是人有積極的自由嗎？稅務政策是否應當遵循某種分配正義？長期以來也有許多著作在探討，是否有什麼基礎可以說人類在一些面向上**是平等的，或者應該是平等的**？[16]「當然這個命題的絕大部分不證自明，這當中只需主觀證據，不用太多實質論證。」[17]然而在人類歷史的大部分時間中，在世界的許多角落，甚至時至今日，都無法保證人們之間是平等的。相反地，在大多數的時間和地區，若有誰表達了任何關於平等的信念，反而會遭來嘲笑。即使是在西方社會，沒有一個有概念的人敢說，所有人在能力、勤勞或者特質上是平等的，只會說人們先天上存在著一種道德的平等。正是道德平等的信念，讓西方在政治和司法實踐上保障了法律之前人人平等，也確立了其他各種形式的平等權。

在一定的程度上，那些參與探討收人平等相關爭議的人士，若想追溯道德平等這個預設的起源，他們大都從十八世紀啟蒙運動以後，或者更晚近的「世俗」政治理論家入手，而滿足於將這成果歸功於「自由主義」。[18]也有很多人歌頌十七世紀時洛克的著作，將他的思想當作現代民主理論的主要源頭，卻似乎完全沒有意識到，洛克顯然將基督宗教道德平等的教義，當作他的理論基礎。[19]現在大部分的教科書在書寫美國革命的歷史時，也幾乎刻意忽略了這當中的宗教關懷，好像當初是由一群懷疑論者，寫出獨立宣言中的經典名句：「我們認為以下這些真理是不證自明的，人皆生而平等，享有造物主賦予給他們的不可剝奪的權利，包括生命、自由和追求幸福的權利。」

同樣地，如果把民主在中世紀部分歐洲國家的「重生」，歸功於當時重新恢復的希臘哲學之影響，這也是錯的。古典世界確實存在一些民主典範，但這種民主完全不建立在任何預設的普遍平等原則上，而是只有上層階級才能夠談論平等。即使是由被選舉的政體統治，但希臘各個城邦和羅馬共和國都還是藉由大批奴隸來維持社會運作。正如是基督宗教廢除了古希臘、羅馬遺留下來的奴隸制度一樣，西方民主的思想根源及其合法性，也都源自於基督信仰的理念，而不是希臘、羅馬的產物。這一切都從《新約聖經》作為起點。

當初耶穌基督對世人傳達了一個非常具革命性的道德平等概念，而且他不只是口頭上說說，而是實際讓道成了肉身，親身躬行實踐。耶穌一次又一次地打破了社會階級身分，進入到當時被社會汙名化的人群當中，包括撒馬利亞人、稅吏、以及所謂的淫婦、乞丐，還有各式各樣被社會遺棄的人。耶穌帶給人們一個從精神上對所有人一視同仁的神聖命令，這也是使徒保羅教導人們的明確精神——加拉太書3：28：「並不分猶太人、希臘人，自主的、為奴的，或男或女，因為你們在基督耶穌裡都成為一了。」[20]但這要如何做到呢？對保羅來說，他不是真的在說已經沒有任何基督徒還擁有奴隸身分，或者說女性已擁有和男性一樣的權利。他的意思是說，儘管此世存在著諸多不平等，但重點是，在神眼中和未來屬靈的生命裡，是沒有任何不平等的。實際上，保羅也因此告誡了奴隸的主人要善待奴隸。以弗所書6：9：「你們作主人的，待僕人也是一理，不要威嚇他們。因為知道，他們和你們同有一位主在天上；他並不偏待人。」[21]除了上述內容外，保羅在新約多處經文中都清楚提到，在神的眼中沒有不平等，這也表示人們彼此也應平等相待，就像耶穌所示範給我們的一樣。

平等的典範由此被建立。在極端看重身分的羅馬世界中，初代基督徒就已致力於擁護普遍人性。這個概念被三世紀的基督神學家拉克坦提烏斯（L. Caecilius Firmianus Lactantius，250-325）在他的名著《神學要義》（*Divine Institutes*）中完整地闡明了：

正義的第二個要素是平等，我指的是……要平等地對待他人……因為給予人類存在與生命的神，希望我們人人平等……但是有人會說：「難道在你的生活圈當中沒有窮人和富人、奴隸和主人嗎？」「人與人之間難道沒有差別嗎？」就是沒有！這就是我們稱呼彼此為「弟兄姐妹」的根本原因。因為我們相信大家都是平等的。人的價值是用精神而不是用肉體來看待的。我們不看大家各有不同的屬肉條件：對我們來說，奴隸並不是奴隸，我們對待彼此時從屬靈上來看就都是「弟兄姐妹」，奴隸也一樣可以獻身給神。財富問題也是一樣，擁有財產的多寡，也不會產生人與人之間的地位差異，只是提供了我們某些行善的條件。為富之人重點不是**擁有財富**，而是如何為義而**使用財富**……再來，雖然基於重視人性尊嚴，我們彼此平等對待，不論我們是自由人和奴隸，還是富人和窮人。但其實神也創造了一種區別，那就是德行上的差別：義人地位更高。人若想要稱義，就要平等地對待人。就算自己地位比別人高也還是平等的。此外，如果一個人不僅能平等對待下屬，甚至還能服事比自己地位低下的人，那他在神的眼中將得到更高的位置……如果我們的魂與靈的生命都是由同一個神賜下的，我們就是弟兄姐妹。實際上，作為靈魂上的弟兄姐妹比血緣關係還更親，不是嗎？[22]

講到這裡，距離基本人權的概念幾乎就只差一小步了。也就是每個個人都有平等的權利，在缺乏正當理由下，這種權利是不可以被侵犯的：這是一種法律之前人人平等的基督教義，而且這當中也包括了家庭和財產權會受到保障。當然，專制者很厭惡這種教義。

財產權

從《聖經》的角度來看，私有產權是理所當然的事，《聖經》中經常譴責偷竊、詐騙等等侵害行為。即使如此，一些初代教會的教父，包括聖安博（Saint Ambrose，340-397）還是有點勉強才接受私有產權。他們主張神的本意是凡物公用，私有財產是人類從神的恩典當中墮落之後才出現的罪的產物。不過，奧古斯丁把私有財產看為一種自然狀態。在接下來的幾個世紀中，奧古斯丁的思想成為主流觀點。到了十一世紀晚期，被稱為諾曼無名氏（Norman Anonymous）的作者，在他寫的三十四則非常有影響力的小冊子中指出私有財產是一項**人權**：「神從同一塊泥土中創造了窮人和富人。窮人和富人都生活在同一片土地上。我們說我的土地、我的房屋、我的僕人。因為這是一種人權。」[23] 一個世紀之後，中世紀哲學家，羅馬的吉爾斯（Giles of Rome，1247-316）要求統治者應當肩負起保衛私有財產的責任：「世俗權力機構的職責，就是站在正義的角度保護以下權利——沒有人可以傷害他人的人身或財產安全，每一個公民和有信仰的人都可安享己物。」[24]和吉爾斯同時代的法國神學家巴黎的約翰（John of Paris，1255-1306）也論證說，私有財產權對於維護文明秩序是必要的：「如果無條件凡物公用，人與人之間就不容易保持和平。這就是要設立私有財產權制度的理由。」[25]

大約在同一時期，大阿爾伯特也曾說，私有財產的存在是為了「人們的方便和效用」。[26]阿奎那在此基礎上更增加了私有財產的權威性，他判斷「私有制同時是合法且必要的」。阿奎那藉由指出私有財產有益於公共利益，而給予私有制正當性。「首先，每個人都更關心自己的所有物而非公有物，人只想為自己的東西負責。第二，人類事務將會因為每個人都有自己個別該盡到的義務，而更有效率地組織起來。第三，當每個人都對自己所擁有的東西感到滿足時，人與人之間保持和平的機率會更高。」[27]最後阿奎那指出，雖然私有財產沒有直接寫在神聖法上，卻符合自然法。也就是說，私有產權是人的自然本性中就有的，是從理性而來。

當然，因為有些修會依然歌頌守貧，即使是阿奎那也不能讓支持這世上不該有私有財產的那些思想完全消失。一三二三年，因為方濟會宣稱耶穌主張凡物公有，只有守貧才能讓人真正效法基督，教宗若望二十二世（Pope John XXII，1244-1334）終將方濟會的觀點判為異端，至此天主教表達了明確的官方立場。[28]共產思想的極端教義從未真正滅絕，至今仍存在於世俗和宗教兩者之中。

基督宗教的神學家並不滿足於只是將私有財產合法化。為了探尋私有財產權在邏輯上的意義，奧卡姆的威廉（William of Ockham，1285-1347）等神學家總結說：由於私有產權這一項權利**優先於主權者所頒布法律**，統治者不可侵占或任意巧取豪奪被統治者的財產。主權者只有在「發現公共利益優於個人利益」的情況下，才能做出侵權行為，但也「絕不能隨心所欲、任性而為」。[29]

緊隨奧卡姆之後來的，是一二一五年在英國貴族和教會官方的聯盟下，包括所有主教和聖殿騎士團的領主們，迫使英格蘭國王約翰（John, King of England，1166-1216）簽署的《大憲章》（Magna Charta）。《大憲章》第一條明文記載：「確認以下……英國教會的自由將永遠受到保障，教會的權利將不受干擾，其自由將不可受到損害。」接下來其他幾條內容詳盡地列出一份很長的產權清單，並禁止王權以任何形式侵奪。像是第十三條保證「倫教城將保留自古以來所有的自由和習慣……其他城市、自治市鎮、市鎮和港口，將保留所有自由和自由的習慣」。這裡的「習慣」不是指社會習俗，而是意味著關稅等稅收。第四十條則確認「所有商人都要能安全地進出英格蘭，也能安全地在英國全境逗留和旅行……除了戰爭期間，不需要通行費」。在第六十一條中，國王同意男爵們「得任意從全國推選二十五位男爵；他們要盡力遵守、維護並同時讓他人共同遵守本憲章所賜予的和平與自由」。這就是英國上議院的起源。最後國王在第六十二條中寬恕所有參與這次強迫他讓步的「神職人員和臣民」。就這樣，十字架和騎士之劍的結合，讓這個國家屈服，也給英國人帶來了個人自由和財產權的保障。這遠超過當時歐洲大陸的一切東西。

對國家和國王的限制

穆罕默德不只是個先知，還是一國元首。結果導致伊斯蘭總是把政教合一過度理想化，蘇丹同時也有哈里發的頭銜。如同美國歷史學家柏納・路易斯（Bernard Lewis，1916-2018）所說：「在歷史上，他們（穆罕默德及其繼承人）從沒創立與基督教世界的教會一樣或是稍微相似的組織。」[30] 換言之，一個政教分離的伊斯蘭。路易斯也發現，政教分離的概念「顯然是基督宗教獨有的」。[31] 其他大多數文明都是政教合一的，統治者也常被當作神明，比如說許多羅馬皇帝自稱為神，埃及法老如果沒有每天祈禱，人們會認為太陽將不會升起。

教會與國家的分離是從耶穌開始劃下界線的：「這樣，凱撒的物當歸給凱撒；神的物當歸給神。」[32] 如果基督宗教一開始就是羅馬元老階層的信仰，可能就會有不同的結果；但作為一個經歷數百年迫害的非主流團體，教會不可能真正擁抱國家。當然有些初代教父很享受國家壓迫其他宗教競爭者所帶來的壟斷地位，他們眾口一詞地宣稱教會對國家有著至高無上的權威，通常滿足於把政治權力留給世俗統治者，只是有時候城市就建在主教居住的宮殿旁，他就會變成采邑主教（或稱親王主教，prince-bishop）。

儘管保羅說過基督徒要順服世俗掌權者，不管他可能有多邪惡，除非統治者命令他們違反神的誡命。然而，一旦宗教迫害不復存在，神學家就會越來越常站上道德制高點批判國家。奧古斯丁在《神之城》就表明，國家雖然對於維護社會秩序來說是必要的，卻缺乏最根本的合法性：

世俗王國除了是個大強盜之外，還剩下什麼呢？強盜不就自成一個小王國嗎？強盜組織也是由多人組成，由某個首領統治，根據盟約彼此綁定在一起，也根據眾人協議分割戰利品。如果這組織不斷吸收無恥之徒，邪惡自然也與日俱增，占有了地盤，有了固定房子，甚至也擁有了城市，征服了民眾。這樣不就完全是一個名符其實的王國嗎？只是因為現實情況轉變，讓它得到授權，不再受到懲處，而不是它主動遠離了貪婪。這個事實透過一個故事很容易瞭解。有個海盜被亞歷山大帝（Alexander the Great，356BC-323BC）抓住後，亞歷山大大帝問他為什麼敢占據海洋與大帝為敵？那個海盜大膽又驕傲地跟大帝說：「都是想征服全世界，只是因為我用了一艘小船進行，所以被稱作海盜，你用一個偉大艦隊進行，就成了大帝。」[33]

這種「驚世駭俗的現實主義」風格[34]經常嚇到奧古斯丁的讀者，甚至讓他們很憂慮。但由於奧古斯丁巨人般的權威地位，這種觀點形塑了日後基督宗教的政治思想。後代基督宗教思想家因此不會去譴責要求政治改革、甚至廢除王權的那些主張。更極端的一項重大進步，就是他們直接拒絕「君權神授」的概念，這跟愚笨的教科書上所寫的根本相反。雖然有些君主時不時會宣傳類似的思想，但這些政治宣傳從未真正得到過教會的背書。[35]此外，當神學家確認了王權的世俗性（不是神聖的）後，教會就能檢視世俗權力的基礎，還可探討各種權利和統治權力之間的相互影響。十四世紀晚期英國院主義哲學家約翰·威克里夫（John Wycliffe，1320–1384）指出，如果君主真是神所挑選的，並且使用神聖的權力進行統治，那麼神就會變成助紂為虐的共犯，還會為暴君的罪惡背書，這樣根本是「褻瀆神的結局」！[36]因此推翻暴君並不是罪。

大約一個世紀後，阿奎那雖然有點勉強卻還是贊同了這個觀點。阿奎那在《論王政》（*On Kinship*）中，事前警告了推翻暴君的諸多風險，像是可能走了一個暴君，常常換來一個更壞的結果。接著他又寫道：「如果推舉出一個國王是人民的權利，那麼當君主對推舉他的群眾濫用王權，推翻暴君下台或是限制君權，就不算是不義。」然而，阿奎那還是建議：「政治變革需要很小心，以免走了個國王，又落入另一個暴君之手。」[37]而這些正是眾多歐洲小國開始做的事情：策劃如何避免暴政。在抵抗暴君上，除了有神學的正當性支持以外，歐洲的多元性傳統也同樣發揮作用。

歐洲的多元性

羅馬本質上是一個地中海周邊的濱海帝國。沒錯，凱撒曾跨過英吉利海峽殖民不列顛。但即使如此，哈德良（Hadrian，76-138）還是得建造一座長城隔絕北方凶狠的部落。同樣的狀況也發生在歐陸；羅馬人很少跨越萊茵河，也不敢冒險跨過多瑙河太遠。如果羅馬軍團想要完全只從陸地入侵和維持統治，很難說西班牙黎凡特（Levant）是否還能被納入帝國的版圖。換言之，其實西歐的大部分地區並沒有被羅馬統治過，地理和文化的障礙限制了帝國的疆域。

已經有太多關於歐洲的政治多元性著作，但很少有人把地理問題當成重點，儘管人們已能輕鬆坐下來看一份歐洲地形圖，也能畫出那些自我感覺良好的「民族主義」邊界。但實際上，中世紀歐洲「國」與「國」之間的地圖，看起來很像是五千年前狩獵採集社會時的狀態。[38]這當中的一個原因是因為歐洲和中國、印度的情況不同。舉例來說，歐洲不是一個大平原，而是無數由群山、森林圍繞的肥沃山谷，每個地區都成了一個獨立國家的核心區域。[39]地理障礙限制了彼此的連結，也由此發展出多元文化。歐洲的文化多元性隨著好幾波的「蠻族」大移民而大幅增加。在這層意義上，歐洲的多元性既有文化層面的意義，也有自然層面的意義。

歐洲的多元性創造出很多**小的政治實體**，說是「獨立小國」（statlets）也許更適合。只有少數幾個大平原，像是巴黎和倫敦周邊的土地，才孕育出比較大的政治實體，其他大部分則都是「沒有最小只有更小」。在十四世紀歐洲大概有一千個獨立小國，[40]這樣一種列國擴散分立的局面產生了幾個重要影響。第一，造成弱勢的統治者。第二，提供了具創造性的競爭環境。第三，這提供人們機會離開本鄉去尋找有更多自由和機會的環境。[41]結果部分小國發展成為對民意有高度回應性的政府。要討論這段歷史，需從大約九世紀的義大利北方開始談起。

商業與義大利回應性政權的建立

羅馬共和國時代並沒有出現什麼暴君。所以當回應性政府重新在歐洲出現時，先出現在義大利。儘管基督神學成了創建回應性政府的道德基礎，但這些理想只在基督教世界的部分地區得到實現。為什麼這些政治理想首先在中世紀的義大利城邦實現呢？有兩方面的重要原因。第一，他們有能力操弄皇帝、教宗和拜占庭之間互鬥的野心，藉此建立與保持自己的獨立。第二，他們領導快速擴張的國際貿易，以致利益集團**分享了政治權力**：不只是貴族、軍隊與神職人員，還有商人、銀行家、製造商和工人行會。若要檢視這段發展，最吸引人和最有趣的方法，是針對義大利北部最大的四個城邦進行分析：威尼斯、熱內亞、佛羅倫斯和米蘭（見地圖3-1）。[42] 在這個區域內還有許多更小的城邦也經歷了類似的發展歷程。

接下來要講的並非是資本主義在義大利的興起，而是這些城邦過去是如何建立起相對民主的政權，這乃是資本主義發展的必要前提條件。當然也會講到工業和商業方面的發展，因為這對達成政治自由的進步十分關鍵。

威尼斯

威尼斯原是一個船員居住的海邊村落，坐落在由迷宮般無數島嶼所組成的一片海上沼澤上。這裡也是一個易守難攻的地方。五六八年，因為倫巴底人侵略義大利，導致很快地有一批移民從陸上搬家到威尼斯，「有錢人帶著自己的食客和盡可能多的財產，搬到潟湖之上。」[43]

在那裡因為有自然天塹的保護，也有可以直接連通的海路，使得這個成長中的城市有抵擋倫巴底人入侵的能力。實際上，也因為緊鄰大海，威尼斯地區被劃歸為東羅馬帝國，或者說是拜占庭的一個行省。這帶給威尼斯人許多商業利益，因為他們在拜占庭帝國東部進行貿易時，可以免除行稅和關稅。然而，因為實際的距離遙遠，威尼斯的海上力量又與日俱增，使得拜占庭最多只是名義上對威尼斯擁有主權。八一〇年，法蘭克人取代了倫巴底人，成為義大利大部分地區的統治者，他們也曾經想要征服包括威尼斯在內的沿海地區，但沼澤和潟湖一樣成為了障礙。此外，還加上拜占庭皇帝也派了一支艦隊，支援自己的行省威尼斯。這讓威尼斯開始變成拜占庭面向西方的最主要出口，威尼斯的重要性對帝國而言越發關鍵。尤其又因為穆斯林在這些區域發展了貿易網路，包括西班牙、西西里，還有義大利半島的足部南端，以及北非。不過即便如此，拜占庭對於威尼斯的統治只是一種便宜行事，很快就無法維持下去。

在這座新興城市中，定居了不少擁有合法貴族稱號的家庭，只是他們不再擁有鄉村的土地，因此也沒了地租的收入。他們抓住了參與商業的機會，致使威尼斯成為了也許是歷史上第一個仰賴貿易維生的社會。[44]在一開始只有素樸簡單的貿易，因為威尼斯並不生產任何主要貨物和商品，而是轉運像是鹽、糧食、羊毛衣和金屬等貨物。貨物從其他地區集散到威尼斯之後，運到北非和近東，並帶回絲綢、香料，再把大部分商品出口到其他義大利城市和北歐。後來威尼斯的貿易商在思考自己的商業機會時，很快就發現如果想賺更多，就不能只當中間商，應該直接成為那些出口貨物的實際生產者。舉例來說，為什麼只賣北歐生產的羊毛紡織品呢？為什麼不乾脆進口羊毛抓絨自己生產呢？而且為什麼只做羊毛呢？在驚人的速度下，威尼斯人集結成一個大規模、高獲利的紡織工業，自己生產羊毛、棉和絲綢紡織品。一旦開始上軌道，威尼斯很快就成為主要製造商的所在地，生產眼鏡、染料、玻璃窗、吹製玻璃、水晶、盤子、鐵、黃銅、珠寶、鞋子、武器、麻繩，還有皮革製品。工業化帶來深刻的政治影響，社群內獨立的權力中心大為擴張，等同已享有了實質民主。

從查理曼的時代開始，威尼斯就是一個公爵國，由被稱為總督（doge，也就是公爵本身）的公爵統治。但威尼斯在很多層面上和其他公爵國不同。一來總督並不仰賴稅收和地租，而是靠積極參與商業活動致富。中世紀最早的一次知名貨幣投資，就是在查士丁尼帕提西帕奇奥（Giustiniano Partecipazio，827-829）總督的遺囑中發現的。當他在八二九年去世時，他的財產若都能從海上平安歸來，總數包括高達一千兩百鎊「蘇勒德斯」（solidi，一種錢幣）的資產。[45] 第二，與其他公爵國不同的是，總督的職位並不能父死子繼（雖然有時有子承父業的狀況）。據說根據威尼斯人的傳統，最早的總督居然是「人民」選出來的；換言之，威尼斯人從最古老的時代開始，就享有了實質的政治自由。先不管這類古代傳說是否真實，但根據可靠的史料記載，確實顯示出總督是經由選舉產生的。而且即便有選舉權的選民並不包括威尼斯的所有居民，也已有一定程度的人口數量；這些人都比較富裕，有服兵役的義務，或是威尼斯的商家，或是威尼斯神職人員的一員。隨者時光流逝，選舉權開始擴大到其他人群，包括手工業、商業行會的代表。他們的勢力隨著城市工業的快速增長而與日俱增。同時間總督的權力反而逐漸弱化，選舉產生出來的議會越來越取而代之成為權威，這就促成由擁有投票權的公民集合組成的「公社」（commune）之出現，再由他們當中產生行政官員和立法者。

威尼斯不是第一個發展出公社的義大利城邦，「義大利第一」的稱號應該屬於比薩。[46] 但到了十二世紀中期，威尼斯公社和分為五個層級的政府營運進入了全盛期；[47] 在這個金字塔組織的頂端是總督，總督是民選的行政首腦，總督雖然是終身職，但並沒有什麼類似國王的稱號，他的權力從就職的宣誓詞中就被刻意限制了。總督之下是公爵會議（Ducal Coucil），由六名成員組成，每個成員分別代表六個不同的威尼斯地理區域。公爵會議的議員是由選舉產生的，任期一年，離職兩年後才可以再次參選。議員們持續和總督進行深入的協商，因為總督被要求在做出主要和重大決定之前必須得到他們的背書。而公爵會議之下是四十人的委員會（Forty）和元老院（Senate）。四十人委員會有點類似後來的上訴法院；元老院則由六十人組成，特別聚焦在商業和外交政策上。四十人委員會和元老院都是從大會議（Great Council）中選舉出來的（有時是選舉的，有時則是通過抽籤），也會從中選出海軍艦隊的指揮官。大會議成員的總人數大約超過一千人，又是從公民會議（Great Assembly）當中選出來的。公民會議又是由所有具投票權的威尼斯人所組成，會議不定期召開。在基本法的基礎上，議員們會被找來選舉並批准新任總督的就職。一〇七一年，某個總督去世後，「數不清的船隻載著眾多威尼斯人，從瀉湖各處聚集在此」[48]，一位新任總督的同意權，就這樣被一群沒上陸地、只待在船上的議員們行使而通過。

在早期，能直接參與威尼斯政治的只有上層人士，但隨著歷史發展，特別是當威尼斯成了主要的製造業中心和重要的貿易港口，公民權的限制就越來越放寬。這當中的實現機制，主要是**被組織起來的行會**，他們是一群從事某種技術或貿易從業人員的結合。行會出現在中世紀歐洲，可說是遍布各地。行會通常會負責定下該支付的報酬或薪資標準，也負責掌握各個專門行業的入行門檻；其中有律師行會、醫師行會，甚至性工作者有時也有自己的行會。與西歐許多地區的狀況一樣，在威尼斯有許多由高技術工人所組成的行會，比如吹製玻璃工、藥劑師、寶石匠、裁縫、毛皮衣製作工、管風琴樂匠等等。不只是高技術的產業，比較一般性的行業也有自己的行會，包括屠夫、麵包師、理髮師、修帆工等等。行會也把各種的商家結合起來。行會有完善的組織和財政資源，成為重要的政治力量，在各種議會中都擁有代表席次，由此讓社會大眾獲得在政府中的發言權。除此之外，宗教互助團體的影響力也增加了，這些成員的特色在

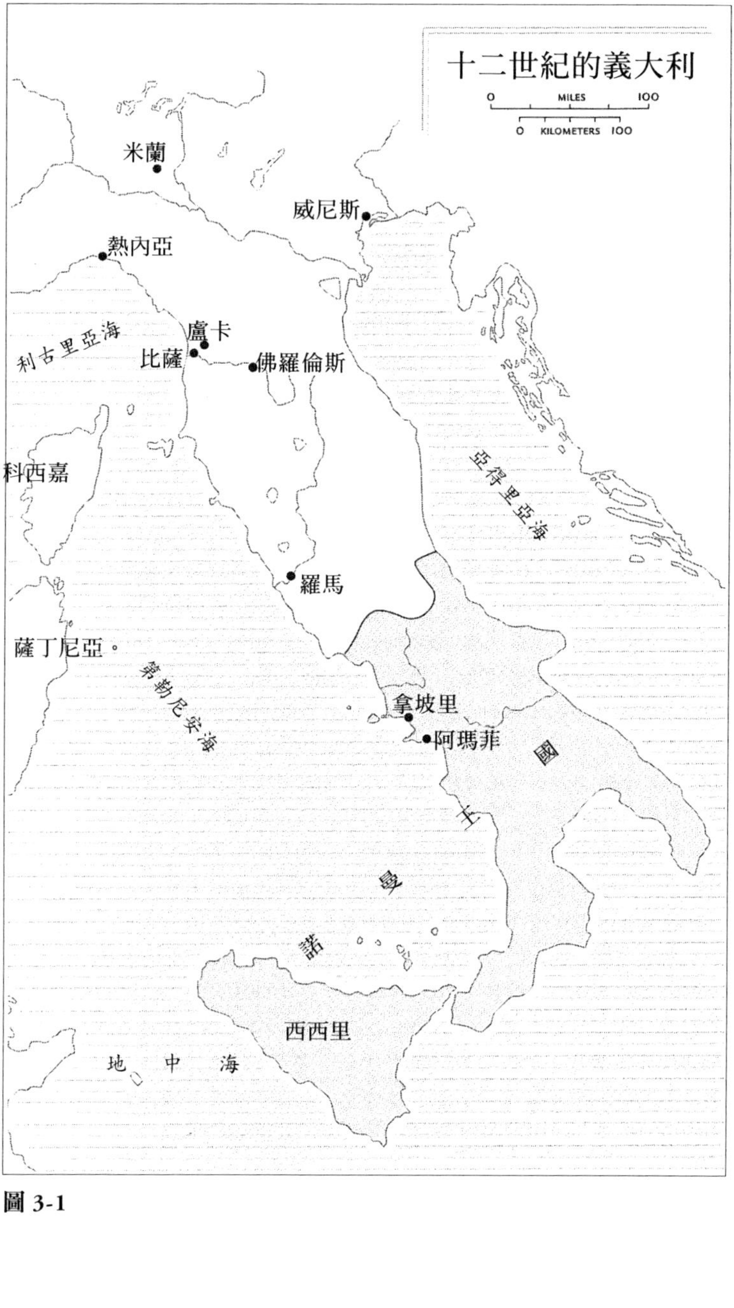
十二世紀的義大利
0 MILES 100
0 KILOMETERS 100
米蘭
威尼斯
熱內亞
盧卡
比薩
佛羅倫斯
利古里亞海
科西嘉
亞得里亞海
羅馬
薩丁尼亞
第勒尼安海
拿坡里
阿瑪菲
諾曼王國
西西里
地 中 海

圖 3-1

於擁有共同的宗教信仰，也互相提供幫助，就像現代的兄弟會一樣。部分宗教互助團體會限制參與者的職業，有些團體則向所有具有良好職業的人士開放，不管是富人還是窮人，全都可以參加。行會和宗教互助團體有效動員了大部分的城市居民，身處在民主國家之下，他們發揮了巨大的政治影響力。

以現代標準來看，威尼斯和其他中世紀義大利重要城邦，只能算是中等規模的城鎮。公元一〇〇〇年時，威尼斯人口大概三萬人，四大城邦的其他三個規模更小，[49]小到大家都是彼此認識的，彼此之間對公共事務的觀點也容易取得共識。除了以上狀況，再加上相對開放的政治體制，讓威尼斯擁有高度的自由以及回應性的政府管理。這當中能夠如此成功的祕密，是因為經濟的快速發展不但造就出幾個鉅富，也創造出大批富可敵國的家族，他們都有錢到以前作夢都不敢想的程度，幾乎是人人都有機會發大財。

熱內亞

熱內亞位於義大利西部、利古里亞海（Ligurian Sea）的最上方。熱內亞這座城市是有能力挑戰威尼斯歐洲海上霸主地位的。和威尼斯一樣，熱內亞也並非一個歷史悠久的古羅馬城市，這座城市之所以能發展起來，是因為有一個優良的海港，港口坐落在非常狹窄的海岸線上，被北方和東方的群山所阻隔，但可以藉由西方、南部的陸路以及海上通路輕鬆地進出。結果，這樣的地理條件與位置使得威尼斯在建城之初，形勢就就非常獨立；而熱內亞卻被倫巴底人所統治，到了九三四至九三五年又遭到穆斯林的洗劫。[50]當時如果想從羅馬到法國再去西班牙，最佳的陸上交通路線，就是要通過這片狹窄的海岸線。而熱內亞居於這路線的中心位置，扮演非常關鍵的角色，也造就熱內亞成為地中海西部最重要的港口（詳見地圖3-1）。熱內亞成功崛起的另一個重要原因，則是因為熱內亞的潛在競爭對手城市為法國和西班牙海岸上的都市。這些城市都被當地的專制統治壓榨，「可能被一位封建領主或是一位國王徵收沉重的賦稅，整個地區又捲入自己造成的國際紛爭當中」。[51]不久之後，類似的情況也在義大利南部和西西里的港口出現。熱內亞和威尼斯則沒有這樣的狀況，這兩個城市都由自己的公社所統治。但熱內亞又跟威尼斯不一樣，熱內亞並沒有得到拜占庭帝國的任何直接援助。因此，為了不被神聖羅馬帝國的日耳曼人統治，熱內亞人不得不多次奮起抗戰。這也導致熱內亞經常和羅馬結盟，有效地引發皇帝和教宗間的鬥爭。最後在與比薩進行了超過一個世紀以上的爭鬥與競爭後，熱內亞在一次重要的海戰中大敗比薩，成為地中海西部無人可挑戰的霸主。

起初熱內亞也有類似羅馬元老院的傳統，由貴族議會治理城邦。後來也發生類似羅馬時代的狀況，政權被專制政府奪走。這導致一一六四至一一六九年、一一八九至一一九四年間的兩場內戰。兩場戰爭都沒有贏家，因為雙方都占領了難以攻克的堅固城堡。但戰爭帶來的巨大損失，尤其破壞了貿易，導致他們海外殖民地的喪失，讓大家很快就認知到，需要找到一個雙贏而且能延續持久的政治解決方案。[52]於是熱內亞後採行了一個看似有點奇怪的政治體制，完全符合現代人所說的賽局理論（game theory），確實可行！

這套制度被稱為 polesteria，可用城市經理人的概念來理解。每年城邦都會聘用一位非熱內亞裔的執政官（Podestà），擔任軍隊指揮官、首席法官及行政長官。[53]雖然是由貴族議會負責挑選執政官、制定政策與施政目標，但執政官在任期之內擁有最高權威，還帶來一批自己的軍隊和法官。在統治熱內亞期間，不論是執政官以及其軍隊、法官，都不得和熱內亞人通婚，不得購買當地產權，不可參與任何商業交易，並且在年終時就必須離開熱內亞，而且幾年內不得返回。之所以有這個體制，是因為執政官坐擁私人軍隊，他只要和熱內亞的任一方組成聯盟，就能打倒另一方。這種均衡的態勢避免了專政獨裁的可能，因為執政官的軍隊並未強大到足以單憑自家力量就一統天下。這種體制在當時運作得很好，也被其他義大利城邦所採用。[54]

有了誠實的政府，又不受地方利益集團制肘，熱內亞進入了黃金時代。從一一九一到一二一四年，熱內亞的貿易以每年6%的速度增長。到了世紀末，熱內亞已成為義大利北部最富庶的城邦，其次才是米蘭和威尼斯。[55]到了一二九三年，熱內亞單單海上貿易就創造了接近四百萬鎊的收人。這個數字是法國王室年收入的十倍以上！[56]

熱內亞的政府體制在一二五七年進行了改革與調整。經歷行會和宗教團體的叛亂後，熱內亞變得更加民主。議員人數擴大到了三十二名，每個行政區可以選出四個席次，由貴族和「人民」平均分配。而後改以議會選舉產生「首長」（captain），取代之前外來的執政官，任期也由一年變為十年，由此熱內亞當局變成一個對民意更有回應的政府，也讓平民有了更大的政治影響力。第一個當選為首長的人是古列爾莫・博卡內格拉（Guglielmo Boccanegra，1257-1262），他是個有錢的平民，他的當選說明了平民政治影響力大增的事實，也表現出熱內亞蓬勃發展的商業經濟成為創建民主政權的基礎。在十二世紀初，還僅僅是一個只有大約一萬人的小鎮，到了十三世紀五〇年代，熱內亞已經有五萬人口，變成了歐洲最大的城市之一。[57]而且和威尼斯一樣，熱內亞並不只靠商業貿易來創造財富和成長，熱內亞也完成工業化，能生產出大部分的出口商品和貨物。[58]

佛羅倫斯

關於阿諛奉承佛羅倫斯的各種胡說內容，人們已經寫得太多。他們往往說這個偉大城市誕生了達文西和米開朗基羅，還有其他許多人。但這種說法已不能持續滿足人們。還有很多人說，佛羅倫斯帶領歐洲走出黑暗時代。著名歷史學家布克哈特（Jacob Burckhardt，1818-1897）的名著長期以來被大家讚賞，正是因為傳播了這種說法。在《義大利文藝復興時代的文化》一書中，布克哈特誇張地歌頌佛羅倫斯孕育出「最高尚的政治思想」，以及號稱世界上「第一個現代國家」型態的政府。[59]布克哈特當然可以引用大名鼎鼎的思想家像是但丁、馬基雅利、佩脫拉克和薄珈丘等人的名字，讓他們為自己的論點背書。但就像他錯把藝術當作「文明」一樣，在「作為一種藝術品的國家」一章中，布克哈特竟然說「政治哲學比政治現實更真實」，但他明明該知道殘酷血腥的政治混亂才是政治的現實。不過不論如何，佛羅倫斯還是因為其生產力，成為資本主義的里程碑——羊毛和絲綢製造的中心地。到了十三世紀，佛羅倫斯銀行的分行已開遍整個西歐。

佛羅倫斯原則上是一個共和國，其公社奠基於大約由一千人組成的**議會**（*parlamento*）。他們每年開會制定政策並徵稅，還會行使隔年**執政官**（*Podestà*）的任命權。然而這當中的政治進程，常常因為兩股政治勢力拉扯，受到干擾而中斷，一邊是圭爾夫派（Guelfs，教宗的支援者，又稱教宗派），一邊則是吉伯林派（Ghibellines，神聖羅馬帝國皇帝的支持者，又稱皇帝派）。到了一二八二年，多虧佛羅倫斯大主教的配合，一部新憲法通過了，這讓佛羅倫斯的議會席次增加了相當數量的行會代表。[60]八年後，平民權力更加擴張的同時，佛羅倫斯通過了保護公民不受貴族侵害的法律，剝奪了幾百名貴族和親肯擔任官職的權利。此外，為了貫徹這些法律，創設了一個新職位，又配有一千人的軍隊。[61]後來發生暴亂，執政官的住處竟被洗劫，起草這些法律條例的作者被判處死刑後逃到法國。這類內部紛爭才是佛羅倫斯政治的現實。不但有貴族中的圭爾夫派和吉伯林派之爭，也有這兩派與平民之間的鬥爭。馬基維利在他的名著《佛羅倫斯史》（*Florentine Histories*）中指出：「貴族和平民群眾間存在天然且嚴重的敵意，因為貴族想宰制平民，而平民不願接受，這便是造成各城邦內戰的根源。」[62]也難怪馬基維利有能力寫出那些政治學名著，因為他就住在佛羅倫斯這樣一個持續混亂、充滿政治算計的城市裡。

不過，不管哪個派系勢力取得政治上的主導權，都不敢忽視行會在政府裡伸張自己權利的聲音。實際上到了十四世紀末，行會掌握了政治的主導權，並創立了一個九人**執政團**（*Signoria*），其中六人來自大行會，兩人來自小行會，還由一個被稱作**正義旗手**（*gonfaloniere*）、類似市長的人擔任主席。執政團成員是由一批叫作「首席」（Priori）的公民選出的，後者則由抽籤決定。

藉由這個機制，即使是極端對立的派系也可達成共識，因為他們領悟到：不要殺了會生金蛋的母鵝。商業發展也得到了鼓勵，政府只徵收極輕微的稅賦，而沒有什麼限制，還可以從外地招募需要的勞工。

其實十五世紀佛羅倫斯真正的統治者是美第奇（Medici）家族。他們在政治上刻意保持低調，也盡量遵守所有的民主形式。[63]但即使如此，他們還是遭遇好幾次叛亂和暗殺陰謀而險遭不測。特別是美第奇家族沒什麼地產，而是藉由經商發財，因而創立了中世紀歐洲最重要的銀行，妥善經營下又在義大利和國外開設了諸多分行。[64]作為佛羅倫斯的統治者，他們極保護私有產權，也支持工商業發展的自由，對於平民利益的保障也有同情的理解。可惜後來的發展好景不常，到了十六世紀美第奇家族成了暴君，同樣也見證了佛羅倫斯經濟的衰退。

米蘭

米蘭位在義大利北邊的大平原之中央，坐落在群山之間。這座都市跟地中海有段距離。米蘭從古羅馬時代開始就是聯外中心，阿爾卑斯山旁的主要通道都會經過這裡。如此重要的地理位置，就是米蘭成為羅馬帝國的第二大城市的主要原因。但是這座城市之所以在中世紀能夠崛起、變得偉大，卻不是因為地理位置上的得天獨厚。羅馬時代的米蘭城在四五二年就被匈奴王阿提拉（Attila the Hun，406-453）摧毀。一個世紀後，米蘭城又受到歌德人的攻擊。到了八世紀，米蘭位處查理曼大帝的控制範圍內，這也導致數百年來作為加洛林王朝（Carlovingians）的繼承人的神聖羅馬帝國，一再宣稱日耳曼對米蘭的主權。

即使如此，米蘭這座城市仍然充滿彈性與活力，也有很強的基督宗教屬性。米蘭城內有非常多的教堂，城市的市集區「就位在大教堂區內、大教堂門口前」。[65]在禮拜天商業活動是被禁止的，但在其他時間和其他方面，教會對於商業活動十分友善。此外到了十世紀末，米蘭的政治力量在米蘭大主教的領導下更加得到強化。米蘭大主教的地位僅次於教宗，是整個義大利最有權力的教會神職人員。到後來，米蘭也出現皇帝派與教宗派之爭，也就是圭爾夫派和吉伯林派之間的黨爭。這場鬥爭摧毀了義大利北方許多城邦的政治生活，米蘭也因此變得佛羅倫斯一樣，長期經歷內部紛爭的腥風血雨。

大主教的政權基礎倚賴於「首長」，「這些人守著主教領地上的城堡，替主教當管家」。[66]但在一〇四五年的爭鬥中，一位首長帶領人民支持民主統治，於是米蘭也組織了公社，並且很快就發展成為共和國。到了一一八六年，米蘭開始由執政官（Podestà）治理，雖然米蘭大主教還保持他的權威地位，但也常支持各種民主提案。一二二五年，較小規模的商人和大行會開始分享原本被壟斷的權力。[67] 另外，為了城邦的存續，米蘭也好幾次反抗帝國的壓迫。除了外部的威脅之外，米蘭同時也面臨內部貴族不同派系的鬥爭（這些貴族都擁有大批土地，不從事商業活動），這導致米蘭政權很容易就被獨裁者攫取，尤其是斯福爾扎家族（Sforza）的成員們。這個家族是做雇傭兵起家的（在義大利文 Sforza 是「力量」的意思）。幸運的是，斯福爾扎家族是懂得金融發展的現實主義者，這對於米蘭的經濟來說是件好事。在他們統治的期間內，他們鼓勵人們投資在製造業上，對於商業利息也極為友善寬容。

講到這裡很需要強調一下，在義大利北部，教會經常扮演了積極宣傳和保衛民主的關鍵角色。教會不僅在強調道德平等的立場上態度堅定，也時常進入政治領域，致力於擴大政治權利。而且如前所述，在行動目標上，米蘭大主教和佛羅倫斯樞機主教與行會是一致的，他們都不是特殊的自由派立場，他們的宗教立場和政治觀點都具有代表性。

總結來說：現代的自由主義者不論高呼心靈自由的口號，或是對市場自由的要求，在義大利城邦當中都曾經實現過。商業革命之所以在這些城邦中出現，需要先有對自由的重視，而其

政治革命則仰賴先有商業的蓬勃發展。另外，義大利南部的反例更支持了以上的結論。

義大利南部阿瑪菲的專制統治

義大利南部沒有蓬勃發展的商業中心的理由只有一個：專制的政治。和北部四大城邦以及其衛城不同，南部城市沒有能力保持自身的獨立性，常常只能屈服在外來專制者的統治下，這些專制政權又總是會剝削他們。阿瑪菲就是一個能反映並點出問題所在的案例。

公元一〇〇〇年，阿瑪菲可說是義大利最大的城市，城市人口大概三萬五千人。[68]阿瑪菲的地理位置也在地中海沿岸、羅馬的南方，是一座海上貿易的中心城市。這座都市大約建城於八世紀中葉，從那時起這座城市就將航海和貿易結合，與穆斯林的北非地區、拜占庭一起構成商業上的鐵三角。阿瑪菲首先聚集自己當地的貨物，像是糧食、酒、水果和木材等等，[69]將貨物運往突尼斯（Tunisian）港，用來貿易各種商品和黃金，接著在埃及交易香料和黃金。之後到拜占庭用黃金購買東方奢侈品，特別是宗教儀式用品如祭服、祭壇布、薰香等等。[70]回到阿瑪菲後，貿易商再賣掉這些貨物以購買更多當地產品，然後再開始一段新旅程。在這個商業貿易系統內，沒有什麼是偶然事件，打從一開始這就是一個「有組織、有規律的貿易，背後有政治和外交上的支持。」[71]

在此一定要提的問題是：為什麼不是那不勒斯呢？那不勒斯的位置在阿瑪菲北面，擁有更優良的海港和強大的海軍。這個著名的古羅馬城市為什麼在跟這個南部後起的新城市相比時顯得相形見絀呢？畢竟，西塞羅和維吉爾（Virgil，BC70–BC19）都曾旅經此地駐足，暴君尼祿（Nero，37–68）還在此首次登台演出。而且即使到了九世紀，那不勒斯的城市規模仍比阿瑪菲更大。那麼，到底為何不是那不勒斯？答案很簡單——那不勒斯在一片巨大良田之上，這當中有很多是貴族的莊園，這導致那不勒斯成為一個等級森嚴的階級社會，而使得它極度缺乏自由和商業冒險的機會。[72]相比之下，阿瑪菲沒有腹地，也沒有會找麻煩的貴族。從最早開始，這座城市就是一個一切由商業主宰的共和國。最晚直到十二世紀初期，阿瑪菲的商人都還是義大利對外貿易的最主要力量，但後來城市的發展就嘎然而止了。

所有中世紀歐洲史的研究都很關注維京海盜，但除了附帶講到征服者威廉是個諾曼人以外，他們很少關注維京人南行之後定居，對歐洲社會帶來什麼影響。他們當中的羅傑一世（Roger Guiscard，1031–1101），在一〇六〇年他和一小批諾曼人入侵西西里，打垮了抵抗的穆斯林，得到西西里的統治權。其後他在義大利南端創建一個立足點，離墨西拿海峽只約五十五英里的距離。羅傑的兒子自稱羅傑二世以及西西里諾曼王國的國王。他和爸爸一樣精明幹練又令人生畏。一一三一年，他在跨越海峽兩岸建立自己的軍隊，策動了一場對義大利南部的侵略。諾曼人很快就占據從義大利半島之靴尖到根部，也就是從半島之北到那不勒斯北部的地區（參看地圖3-1）。

羅傑二世在當時看似是個受過啟蒙的君主。他鼓勵商業發展，甚至也在西西里建立了絲綢工業。然而他的兒子卻得到「壞人威廉」（William the Bad）的名號；威廉追求極度奢靡的生活模式，為了償還他的巨額消費，他使用了暴君慣用的伎倆——沒收和徵稅，這也終結了阿瑪菲原有的商業優勢地位

有些現代歷史學家為諾曼王國在義大利南部的專制統治進行辯護，認為國王為互相鬥爭的社群帶來了和平：「如果王國出現分裂，隨之而來的不是自由社群的黃金時代，而是無窮無盡的地方爭鬥。」[73]不過，即便義大利北部的獨立城邦之間長期衝突不斷，也沒有阻擋商業上黃金時代的來到。實際上，商業精神在自由獨立的北方社群中得到了高度發展，不久後他們還以雇傭兵團維持防務，其他人則一如往常進行生意。

自由的北部

雖然資本主義首先在義大利城邦開花結果，並且很快就傳播到北部，但只限於擁有充分自由的地方。除了英國之外，這些地方連小國都算不上，充其量只是些小城市。他們努力避開了當地領主的宰制，建立對民意高回應的政府。由於這些城市最終取代義大利城邦，成為歐洲資本主義發展的中心，所以觀察他們如何獲得自由十分重要。

在封建制度中，並沒有對城市明確的管理條例。封建制度是一整套彼此之間相互的義務，從鄉村生活起始，整體組織成一個金字塔結構，包括個別騎士的小領地，到公爵、國王和皇帝的大片田土。在中世紀最早期，大多數的都市（鄉村、市鎮和正在創建中的城市）土地或是屬於當地領主，或是屬於主教（社群圍繞其宮殿發展），或是屬於修會，民眾社群必須支付地租才能住在該處，而當地建物產權常有模糊不清的狀況。此外，城市土地的所有權一般是由當地領主與遠方的王侯或國王共享，人民則居住在他們的領土之上。這樣的雙重性格就為城市邁向獨立打開了通路。[74]

由於貿易是種都市活動，隨著市鎮發展，總是會出現富裕商人的社群。結果，那些由外人指揮又徵稅的狀況不免遭來怨恨，因為這些人從未為了社群的福祉做過什麼，或是做的太少。

對此，當地人組織了強大的商人行會，用來抵制地方統治者。此外，許多商人並非平民出身，他們來自低階貴族家庭，由於很快抓住機會，在商業的興起中扮演了領導角色。[75]這些商人並不僅只是平民的事實，有助於我們理解城鎮何以能夠採取靈活的策略——他們越過當地的統治階層，直接找上級領主提出要求，提供更上層極具吸引力的條件，如此換取了實質上的獨立。

第一個好處跟地租有關。有些城市與當地領主談判後達成此目標。在許多城市中，都市土地都被有錢的公民買走。還有的狀況是，城鎮實際上建立了軍隊或使用雇傭軍，支援遠距的領主討伐其對手，特別是那些附屬於他們的地方領主，他們當中許多人同時兼任君主和主教。由於許多城市是在圍繞主教所在的公署（通常建立在古羅馬軍團的遺址上）周邊發展起來的，世俗治理權因此落入主教手中。早期的日耳曼國王建立了許多主教區作為王侯領地，希望藉此更完全地控制都市中的挑戰者。不過，君主和主教這兩種身分之間的矛盾，讓教會和君主不和，反倒讓更遙遠的君主和都市領袖站在同一陣線。[76]舉例來說，一〇七三年一些在萊茵河沿岸的主教，直接向神聖羅馬帝國的皇帝亨利四世宣戰，結果沃姆斯（Worms）的公民選擇支持亨利，轉向把主教趕出了城。亨利四世為了表達對他們的感謝，給予市議會地方自治權，沃姆斯就成為第一個也是唯一一個「自由皇家城市」。類似這樣與皇帝之間簽訂的協議，在北部都市中越來越多，最終有八十五個城市與皇帝達成協定。[77]由於這些城市被授予將公共事務掌握在自己手中的權力，「城市的空氣使人自由」成為一句**法律格言**，而不只是一句流行口號。[78]

這些北部城市藉由民選議會和公民權的逐步擴張，讓自由具體落實了。而這一切確實是宗教賦予的正當性。對於那時代的都市居民來說，社群的概念是有神聖性的。在十五世紀早期，巴西流（Basil）市議會曾做出解釋：「每個城市建立政府的主要目的，是為了要彰顯神的榮耀，並要禁止所有的不義行為。」[79]在這種精神下，鎮議會並不只是把注意力限制在世俗事務上，像是學校、街道建設等等工作。反而常常積極參與宗教事務，包括革新當地修道院或幫忙建立擺放聖物的神龕。

市鎮和城市的治理權應該要透過選舉產生的議會來行使，這種觀念是從義大利輸入的，就連「**議會**」（*concilium*）這個字也是從義大利輸入的一樣。然而，北部城市的民主從未真正出現義大利那種精密的結構。首先，民主從上層階層就產生，從他們當中會選出一個小組來組成政府。不久後，其他重要的社會團體很快也獲得代表權，於是一個真正的大眾政府建立了。對於一個城市來說，要獲得獨立另外還有很重要的一點是，外地的領主不能對城市居民宣稱擁有主權。後來這變成一個成文法：任何農奴來到城鎮超過一年零一天，他或她就無需再向他的領主承擔任何封建責任。因此，封建主義在北方自由的商業市鎮和城市中，實質上已不復存在。此外，這不僅表示商業城市擺脫了地方統治者的控制，當中許多城市還是由貿易商人創建的自由社群；這些商人從比當地主教更位高權重的遠距君主和王侯手中獲得了特許狀。

對於這些市鎮來說，效忠一個遠方君王，對雙方其實都有好處。市鎮對君主而言是有利的聯盟，能用來對抗地方領主；而君主提供給市鎮不受地方領主侵害的保障。地方領主不能向這些城鎮收稅、剝奪其財富，也不能在長途貿易中設立關稅障礙（如前述《大憲章》中的內容）。得到自治後，市鎮為了回報君主，需向君主支付一筆適當的固定費用，而君主也不得干涉市鎮的稅務系統。當地的稅收主要都花在安全與防衛（舉例來說，防衛建築和維護城牆）上，並且用來促進貿易和商業，藉由提供公共市場，改善道路和港口，有的地方還每年舉行大型的貿易商會。

自由得以在歐洲部分地區「重生」，來自三個必要元素：基督教的理念、小型政治實體，還有具多元性且善於合作的利益團體出現。世界的其他地區都沒有出現過這樣的社會。

現在隨著最後一個必要條件的出現，是時候觀察資本主義的興起和西方的勝利了。

第二部：完備

第四章
義大利資本主義的完備

- 理性的企業
  - 人事
  - 管理與財務實踐
- 義大利超級企業之首的興衰
- 義大利資本主義，「清教主義」和節儉
  - 義大利的清教徒
  - 節儉
- 黑死病

西方文明最重要的特色就是對理性的信仰。在這個看似簡單的論述中，卻藏有理解中世紀商業實踐如何轉化成所謂資本主義的關鍵。

這一切都從大修道院的莊園展開。當修士們放下自給自足的經濟生活，改以專業化且高效能的生產模式，搭配快速擴張的貿易網絡，就讓資本主義由此誕生。即使如此，早期在修道院裡發展出的宗教資本主義，主要還是奠基在農業生產和放貸行為之上，修士們並沒有創建完全進行貿易、純粹的金融企業，也沒有發展出純製造業；他們只提供了一種商業模型，由此促成了私有資本企業的興起，而在這基礎上持續追求進一步的發展。這些發展都發生在相對自由、地理位置良好的義大利北部城邦。義大利的企業很快就壟斷西歐所有的貿易、銀行，一定程度上也壟斷了所有製造業。在十三世紀晚期到十四世紀，義大利人的商業勢力到達顛峰狀態，其範圍「最遠擴張到英國、俄羅斯南部、撒哈拉沙漠的綠洲、印度和中國。這是當時代為止全世界有史以來最偉大的經濟帝國」。[1]由此，本章要探討的就是當時的義大利人如何使資本主義的發展日趨完備，另外他們又如何創建出這個巨大的金融和產業帝國。

雖然在第二章已謹慎地給出資本主義的定義，但這裡還是有必要針對「資本主義為何能改革國家的財政」多說一些。很顯然地，如果所有財富都從生產而來，讓人民更有生產力，社會自然就會更富裕。資本主義式的經濟會藉由以下幾種模式將生產力最大化：當私有產權受到保護，勞動本身不受強制，人們就可以藉由自身努力生產來直接獲利，這就激勵他們更有動力提高產量。雇主或投資人也會因為產量增加而獲利，接著就會為了更擴大未來的產量，限制自己的消費，而將回報的獲利進行再投資，改進生產技術，或是投資在更激勵員工和更合格的勞動力上，以此擴大產能。不同雇主之間的競爭將導致薪資上漲和員工福利的提升，這樣有工作動力的工人們也能提升消費力。這自然又擴大了市場，因為現在那些生產汽車、電視等產品的人，自己也成為消費者購買這些產品。一個相對沒有管制的市場，新的商機將會吸引更多生產商加入，讓企業之間變得更競爭，結果就是商品品質提升而價錢卻降低了。這裡要說的是，資本主義的「奇蹟」其實很簡單，那就是：「**隨著時間流逝而擁有的更多**。」

關於義大利資本主義興起，最有解釋力的理由就是他們擁有遠離貪婪統治者的自由。那些貪婪的統治者，壓制和消耗了世界大部分地區經濟的成長，這當中也包括歐洲的大部分地區。雖然他們的政治生活常處於動亂之中，但這些城邦卻是真正的共和國，也擁有資本主義所需的自由。其次，幾個世紀以來的科技進步，成為資本主義興起的必要根基，特別是農業生產上的剩餘足以供給城市所需，也使得生產活動日趨專業化。此外，基督神學讓人們對未來抱持樂觀態度，也讓人們勇於制訂長期的投資策略。而且那時代的神學也為資本主義的根基——商業實踐——提供了道德的正當性。但是，若要讓偉大的「中世紀商業革命」[2]真正實現，還需要一種新的企業形式和新的商業方式出現，才能變得完備。

理性的企業

貿易不是中世紀歐洲的發明，早在石器時代或者甚至更早的時候就已經有貿易商了。歐洲人發明的是一種特殊的貿易方式，讓商業變得「不再是一種冒險」，而是一種重複且具規律性的日常，並且盡其所能地把風險降至最低。[3]能有這樣的成就，是因為有一種特殊的組織，被稱作「**理性的企業**」，即一種根據可計算的規則來創建並管理的組織。[4]這些企業規則的形成和應用，為企業帶來固定、規律且有著明確定位的工作，這些工作也能持續被監督管理，並以可被計算的績效為根據，調整未來的決策。所有的重要工作都要保留文書紀錄，也要有完整的會計帳目留存。需要先清楚定位工作的職權範圍，才有辦法計算績效，並且進行工作的監督與協調。[5]職位較高的人需接受大量的專業化訓練，像是會計等等，他們的績效表現也會被定期評估。經理人將以他們的優勢能力為基礎，決定是否會被錄用和升遷。他們不可帶著兼職的心態，而是要完全投入在專職工作上，並對工作成果負完全責任，甚至連私生活也是評估的一部分。在這種理性企業的背景下，完備的資本主義可說是針對人事、管理以及財務實踐一套「客觀」的方法。

人事

為了掌握私人資本主義興起的實際狀況，就要從瞭解人的部分開始。資本主義企業是如何在義大利北部進行訓練、篩選、升遷，並監督他們的人事任用情況呢？這裡有個統計數據相當能解釋狀況的：一三三八年，佛羅倫斯有接近一半的學齡人口就學，[6]然而在同時間，大部分歐洲的其他地區根本連學校都沒有，甚至有許多國王自己就是文盲。類似這樣水平的學校教育也出現在威尼斯、熱內亞、米蘭，以及其他義大利北部的商業城市中。教育的亮眼成果不僅呈現在「整個商人階層……全都識字，也有數學計算能力」上，還包括大部分的工匠也一樣具有這樣的能力。[7]當時學校教育令人驚艷的成果，就表現在當時代的會計賬簿、日記、通信往來以及其他重要文件中；而且他們高度相似的文書寫作形式，證明了標準化工作指南普及的成果。

即便如此，商業企業並不以此為滿足。在大多數的情況下，企業雇用的青年男孩還被要求進入「算術學校」持續接受教育，以增進他們的計算能力；並藉由練習使用算盤，學習計算複利，來熟練基本的會計原理。這些學校最早出現在十三世紀，其出現是受到一部由義大利數學家斐波那契（Leonardo Fibonacci，1170-1240）所寫、之後廣為流傳且公開出版的教科書的刺激與影響。斐波那契又名「比薩的李奧那多」（Leonardo of Pisa），是數學史上最偉大的數論學家。不過比起數學，他對早期資本主義造成的影響更大。一二〇二年，他的《算盤之書》（*Liber Abaci*，或稱 *Book of the Abacus*）一出版就立刻洛陽紙貴，紅遍義大利北部。這本書首次把阿拉伯數字和「零」的概念向職業數學家以外的人士介紹，同時提供了嶄新且更有效進行乘法、除法的工具。過去使用羅馬數字的計算過程相當繁瑣，即使只是加減，對古羅馬人來說也都是令人生畏的難事。斐波那契的天才真正展現在他不是純粹進行抽象形式的演算，而是仔細將這些演算與商務產生關連、能被人看懂，還把基本的演算技巧應用在重要的商務上，像是計算獲利和利率、轉換度量衡，或者計算合夥人之間的分紅和分攤成本等工作上。[8]這些都成為極有有效的工作指南。偉大的經濟史家阿曼多・薩波里（Armando Sapori，1892-1976）不辭辛勞地驗算了現存許多中世紀會計文書的所有計算，連一個簡單的錯誤都沒找到。此外，與現代同樣從事會計的人不同，中世紀的會計人員「即使在寫幾千萬鎊上下的重大交易時，也不會把尾數捨去」。[9]舉例來說，佛羅倫斯的巴第（Bardi）企業的紀錄上，有次寫著當期結餘是一百二十六萬六千七百七十五鎊十一先令。[10]

一間間算術學校在義大利北部快速地建立起來。很快地，大約有一半的男孩在文法學校畢業後，就進入算術學校註冊。到了一三四〇年代，光是在佛羅倫斯就至少已經有六間算術學校，而且類似的算術學校在義大利所有資本主義的中心城市都蓬勃發展。另外值得注意的是，這些學校不只是訓練企業員工和會計人員而已，[11]他們的畢業生也占據了高階管理人的大部分位置，即使成績普通的人也有望取得高額薪水。一三三五年，佛羅倫斯的佩魯齊（Peruzzi）企業所雇用的員工一半以上的「年薪至少有七十個金弗羅林（Florins，貨幣單位），這個收入相當不錯」。[12]到了約一四〇〇年，一位典型的美第奇銀行的員工年薪是一百個金弗羅林，這份薪水足夠讓人住進一個很好的房子裡，還可以在家中雇用一個管家。[13]各企業都十分看重算術學校的價值，他們不只會雇用他們訓練出來的畢業生，還會把新員工送去栽培。根據比薩和佛羅倫斯的兩間算術學校的紀錄來看，那裡的學生都是十一歲到十四歲之間的少年，學生一週有六天上課，每天早上、下午都要上課，一屆課程需兩年時間。[14]一個義大利商人在回憶二十二歲就去世的兒子時，寫下他對成為一個商人的觀察：

> 他有聰明的頭腦和卓越的天才，因此很快就學會了閱讀和書寫。他的天賦驚艷了每個人。而後他成長得很快，在非常短的時間內就完成了語法課程的學習。接著他開始學習算術，也是一樣

很快就變得很有計算能力（大概是他十四歲時）。因此我讓他離開學校、進入羊毛產業……在他升職為會計後，他把會計帳目做得又好又老練，跟四十歲的人一樣厲害……這樣下去，他本來一定可以成為這個城市最成功、最有錢的商人。[15]

最晚至少到了十五世紀，有位德國商人詢問一位著名的數學教授，該送他的兒子去哪裡學習時，被告知若只是學加減法留在德國就可以了，但若要學習乘除法，就該去義大利。之後不久，算術學校在低地國家和德意志南部所有發展中的資本主義中心城市都興起了，不過大家還是喜歡稱它們「義大利學校」，德國的紐倫堡（Nuremberg）也很快就有了四十八間這類學校。[16]

這種算術學校畢業生所擁有的機會，清楚表明了義大利北部的企業規模很大，各個職位上滿滿都是員工，而非親戚。這些員工「是從最優秀、最聰明的人當中選拔出來……令人驚豔的是，他們當中很少來自股東家族」。舉例來說，一三〇〇年代中葉，在佩魯齊企業的一百三十三個代理商（分公司員工）當中「只有二十三個人跟企業股東有關係……雖然是個家族企業，但員工很少是自己人，而是一直保持新血，沒有裙帶關係。商業發展太過重要，所以不能交給那些沒有競爭力的人去做，不管他跟你的關係有多親近」。[17]此外，許多早期的理性企業都擁有大批的分支機構。最晚不遲於一二五〇年，義大利盧卡的里卡迪（Ricciardi of Lucca）銀行就有十一家分行，最遠開到了都柏林。五十年後，佛羅倫斯的佩魯齊企業有十五個分行，包括一家在倫敦、一家在突尼斯。

特別值得注意的是，當時所謂的「銀行」不僅僅是一個金融機構。除了金融之外，也有極大的商業和製造業的經營面向。從現代的角度來類比，可以想成美國銀行（Bank of America）和通用汽車（Gerneral Motors）兩者併購之後，其功能和影響力上恰足以與卡爾迪銀行相比。

很多銀行的分行最初源自香檳（Champagne）北部舉辦、著名的貿易博覽會。博覽會共包括了六場貿易會（一次博覽會大概進行六週）。最初北歐和義大利的商人會在博覽會中聚集，買賣各種貨物，特別是羊毛製品。香檳貿易博覽會在十三世紀的大部分時間當中主宰了南北歐貿易，而後逐漸衰落。當中的貿易量越發巨大，使得義大利人決定比起派貿易代表到各個博覽會場趕場，不如在那區域直接創建永久性分行還更有效率，因為這樣可以直接向北歐生產者定期採購。[18]企業成功地在法蘭德斯開設分部，還有羅馬也是一樣。羅馬分部主要經營的是教會相關業務。各大企業都擴大在各地開設分部。

雖然許多企業都有「合夥」關係，但事實上更像是股份公司，而不是現代意義上的「合夥」關係。一個典型的中世紀「合夥」企業，是指倘若企業破產了，所有股東們就要承擔所有債務。大多數的企業以及所有的大型企業，都奠基於「每個股東共享所有權，各有特定比例的出資，共享獲利或虧損」，這全都根據他或她（女人通常也有一份）的投資比例而定。這些企業全都「擁有企業章程、公司用印和一套賬本」。[19]

此外，在所有權和管理權之間有清楚的界定。特別是到了第二代以後，許多企業的董事只是一個被動的股東，而企業是由一個被認定為最適任的人來管理。通常這人和董事沒有親戚關係，他有可能是從內部一步步升遷上來，也可能與典型的現代模式相仿，是從其他企業挖角過來的。[20]中世紀的經理人大多不用組織圖，也都能輕易地建立好企業架構。當時的企業已有科層化組織，彼此的權責界線都相當明確。

最後，中世紀的資本家通常很關心員工的道德水準，特別是高階經理人。老科西莫（Cosimo de' Medici，1389-1464）在開設美第奇銀行的布魯日分行時，合夥協議書上特別註明，公司的次要合夥人塔尼（Angelo Tani）不准在辦公室內接待女人，不准賭博，或者接受任何等價於一鎊或超過一磅的禮物。[21]

管理與財務實踐

作為一種基本的管理工具，會計帳本被早期的義大利企業極為謹慎又詳盡地保管著。到了十三世紀末，複式簿記（又稱複式記帳法，double-entry bookkeeping）被發明出來，並且很快就廣為採用。這促使更多記帳人員投入行業，並提供了一個簡單穩定取得企業最新財務狀況的方法，還能針對特定業務做出精確評估。企業的單式簿記文件也依然存在，而且持守著那些強調要把所有東西都記錄下來的格言，像是：

永遠別讓筆墨閒著。
懶惰之人怠惰於記錄下自己的行為，必將使人生不得免於損失和錯誤。[22]

當然所謂的資本主義遠遠不僅只是要留下紀錄而已，另有許多重要的金融創新也很重要。當貿易的進行不再奠基於以物易物，如何償付的問題就出現了。特別這在長距離貿易中是一個明確存在的問題，這當中牽涉的並不在於錢本身，而在於實際上中世紀所有的流通貨幣都是貴金屬，而且大多都鑄成了硬幣。隨著貿易額的增加，時常發生硬幣短缺的現象。另一個問題則是硬幣持續「貶值」，因為鑄造硬幣者降低硬幣的成色，「讓銅和鉛的黑色遮蔽了銀幣的亮光」。[23]而且，即便佛羅倫斯和熱內亞鑄造了重三點五克的二十四克拉（karat）的純金幣（很快就被叫做弗洛林），希望能取代已貶值的銀硬幣，但問題還是沒能解決，因為要長距離地把硬幣從買家運送到賣家，這件事本身就存在著先天上的困難。一來硬幣非常重，只要轉送的量一多就會出問題。此外，硬幣上面並沒有任何所有權歸屬的證明，所以誰取走這些硬幣，硬幣就是誰的，這也導致現金運輸具有極大風險。比如說以下這個例子：一三二八年夏天，教宗約翰二十二世（Pope John XXII，1244-1334）需支付他在倫巴底的雇傭軍軍餉，因此他一共打包了六萬個金弗洛林並由牲畜載送，也派了一百五十名騎兵護送，從亞維儂出發翻越阿爾卑斯山到義大利去。結果教宗的護衛隊居然在靠近帕維亞（Pavia）的時候被強盜伏擊，他們搶走了一半以上的金幣，還帶走許多騎兵當俘虜。教宗除了丟失大量財富之外，還被迫出錢贖回俘虜，另外還欠了軍隊大半軍餉。[24]由於警覺到使用現金上會遇到的弱點，商人在面臨長距離運送時，發明出一種將現金轉換為一張紙的做法，而讓這種轉換成為可能的企業就是所謂的銀行。銀行首先出現在義大利，在幾個世紀當中，無數的義大利銀行和其分行，不管是在國內也好，在國外也罷，形塑了資本主義的核心。英國歷史學家波斯坦（M. M. Postan）的《劍橋歐洲經濟史》（*The Cambridge Economic History of Europe*）一書中，羅列了一百七十三家在十四世紀經營的重要義大利銀行，這數字根本還沒把它們的分行數量納入。佛羅倫斯三十八家、比薩三十四家、熱內亞二十七家、盧卡二十一家、威尼斯十八家、米蘭有十家……而這些都只是小規模的城市。

中世紀的銀行最早是兌換錢幣的地方，銀行（bank）這個單字最初指的就是換匯商的桌子。

數個世紀以來，在計算債務到底等於多少資金時，要能辨別硬幣的不同種類和不同的磨損程度，是需要專業知識的。作為提供這種金融服務的中介人，換匯商有權決定硬幣當下的相對價值：「請問用二十個先令換一個金弗洛林，還是用二十三個先令換一個才算公平？」換匯商提供這類金融服務時也會收費，導致他們在很長一段時間當中被人們罵是放高利貸的人，但其實他們的服務是不可或缺的。最終，換匯商開始幫客戶開設存款帳戶，在經營換匯的同時也開始向外放貸，後來這就成為了存款銀行。到了這種程度上，銀行幾乎只差一小步，就可以在兩個客戶間設定精確的信用帳戶，並從另一名客戶（借款方）的帳戶中正確扣款。

接下來，當地的銀行家開始在兩個存款帳戶之間進行信用借貸，就像現代社會的帳目核定一般。藉由這種模式，即使是巨額金流的往來也可以不用硬幣了。如果是長距離交易，就要使用「**匯票**」這種被公證過的授權書，來對特定個人或企業償付。舉例來說，要結算從布魯日送往熱內亞的一批羊毛衣，熱內亞的銀行會向布魯日的銀行寄出一張匯票，然後布魯日的銀行把那筆錢登記在羊毛紡織企業的帳上，也進入我方銀行帳上記為對熱內亞銀行的信用貸款。不過這張匯票只對布魯日的銀行具有意義，否則就只是一張紙而已。匯票可以快捷安全地轉換金流。上了一課之後，教會記取了教訓，為了不重蹈教宗約翰二十二世的覆轍，主教們開始購買匯票向羅馬匯款。一四一〇年，由於對每年向梵蒂岡流出的財富長期感到不滿，英國下議院禁止倫敦的義大利銀行向神職人員出售匯票。到了一四四九年，下議院向外國銀行課以重稅。[25]

持續的金流讓銀行可以平衡存款與放款，但當布魯日和熱內亞兩地的兩家銀行變成同間銀行的兩家分行時，金流過程便開始大幅簡化並且加速。這就是為什麼義大利銀行在有義大利商人做生意的地方都開了分行。以類似方式，銀行對外放貸時也可以只用紙本，在存放款雙方帳戶進行交易。事實上，所謂匯票本來就是銀行先借錢給付款人的意思。很難確定到底匯票是什麼時候被發明的，但並不是像有些人所說的是從伊斯蘭世界照抄來的。現存最早的匯票文本是由十二世紀的熱內亞所發出，[26]不過看起來他們更早之前就開始運用匯票了。而存款銀行的出現似乎也比這更早。[27]

中世紀的長距離貿易有許多風險，特別是發生船難沉船時和遇上海盜搶劫時。早期的資本家很快就掌握到貨物損失的近似比例，並根據這種預期結果來分散風險，把損失降到最小。[28]舉例而言，一名商人把他的貨物分散到不同的商船上，這當中的原理是：一兩次迷航的損失，會被多數安全抵達的獲利給抵銷、彌補。就像是莎士比亞（Shakespeare，1564-1616）的《威尼斯商人》（*Merchant of Vence*）中的大商人安東尼奧（Antonio）所說：「我感謝我的好運模式，乃因我的旅程不單只相信同一個籃子。」[29]後來有人找到了更好的方案：與其把貨物分散到不同的船上，不如由一群投資人支付一定的費用，來確保貨物的價值，這樣每個人的風險都會被分散在小額付款上，於是「**保險**」就這樣被發明了。同樣地，也沒人知道保險是何時被發明的，看來十四世紀初佛羅倫斯和威尼斯的賬本中就已經有支付保險費的紀錄了。在十四世紀結束之前，已經有很多成立「保險商」財團的紀錄。[30]好比在一三九六年，有十四名投資人共同承擔等價於一千兩百五十弗洛林的風險，擔保一批從馬略卡島（Majorca）運往威尼斯的呢絨能安全抵達目的地。由於參與保險商財團的人很少接受超過兩百弗洛林的風險責任，所以每位個別保險商分別承擔介於五十到兩百弗洛林的風險。[31]此外，一些大型保險商並未將風險分散在聯合組織中，因為他們有足夠的資源，可根據平均率，同時在多次運送中分散風險。因此早在一三一九年，巴第企業在香檳貿易博覽會買了一批衣服後，就支付了安全運抵比薩的8.75％保險費，再將衣服送往佛羅倫斯的一家企業寄售。[32]

明確來說，中世紀資本主義的最主要機構不是只有一般銀行，還包括**跨國銀行**。有三點原因讓跨國銀行的存在成為必要。第一，中世紀的貿易實際上是跨國性的。羊毛貿易是個有戰略意義的例子；起初羊毛是由英國出產，再轉運到法蘭德斯織成衣物，接著在香檳貿易博覽會賣給義大利貿易商，之後輸出到義大利，再從那裡轉銷到地中海市場，特別是中東和北非沿岸。第二，實際情況是，教會是那時代最大的金融企業，也是一個跨國組織，經常有轉移鉅額資金的需求。第三，歐洲的地緣政治也具有跨國性質。當各個王國越發壯大，戰爭帶來龐大的開銷，王侯們常需要大筆貸款，也願意提供商業特權和壟斷權給擁有金融資源、能提供他們資金的貸款人。

這樣的時勢讓大型銀行占有優勢，他們有足夠資源為王國提供金流和金融服務，透過在各個政治、經濟中心地建立分行，能在自己的分行間進行金流，得以將風險最小化，因此各大銀行都成為了跨國銀行。在這方面，義大利的銀行擁有絕對的優勢，因為他們似乎是最早能提供完整服務的銀行。同時也因為義大利人主宰了國際貿易，以致他們的銀行很早就創立許多分行，接著又運用他們已確立的市場地位，排斥非義大利的其他競爭者。此外，由於教宗大部分時間都住在義大利，這也帶給義大利人不少好處。更大規模的義大利銀行建立起跨國的銀行分行網路，而且不同的義大利銀行彼此之間也有互信基礎（股東之間有複雜的家族和財務關係），都讓義大利銀行之間有能力進行國際金融業務。之前我們提過，匯票讓特定商家和買家之間可以信用往來，這是中世紀商業的命脈，也是義大利銀行壟斷的基礎。雖然不同地區的在地勢力有時可以擔任義大利銀行分行的小股東，但是非義大利裔的人絕不會被正式雇用，最多只能做僕人的工作。即使是最偏遠的分行，也只編制在義大利雇用過和訓練過的員工，所有的商務也都使用義大利語。結果就目前所知，直到十五世紀為止，在西歐即使是非常小的銀行也都是義大利銀行，根本不存在任何非義大利的國際銀行。即使到了現代，所有在英格蘭和愛爾蘭的銀行，也還都是義大利銀行的分行，在法蘭德斯的分行也是。中世紀法國和西班牙的銀行也都是義大利銀行。[33]

但隨著義大利銀行越來越國際化，它們也面臨了很多風險，而且這些風險在大部分時間和大多數地區中妨礙了資本主義的興起。在義大利家鄉相對民主的城邦內，當然較能豁免於被暴君剝削的危險，但是在開設分行的其他地區中，實際情況就不是這樣了。結果義大利的跨國銀行往往面對了極危險的兩難困境：一方面，如果他們膽敢拒絕貸款，當地統治者有能力對義大利銀行造成難以回復的傷害；如果他們選擇合作，就可以得到大筆獲利作為回報。但另一方面，大家也都知道統治者和銀行家之間的實力懸殊，這遠比貸款的風險更高。布魯日一家義大利銀行的經理在寫給巴塞隆納分行同事的信中說：「跟這些貴族王侯搞在一起，自己終會大失血。」[34]有時候銀行會因為貴族王侯賴賬而遭受很大的損失。最有名的失敗案例，是一三四三年佩魯齊銀行和一三四六年巴第銀行事件；他們是那時代最大的兩家銀行，在百年戰爭初期曾借給英格蘭國王愛德華三世（Edward III，1312-1377）一大筆軍費。佩魯齊銀行和巴第銀行分別借給國王六十萬和九十萬弗洛林，但後來愛德華拒絕承認這筆鉅額債款，使得這兩家銀行雖然繼續勉強維持了幾年，但最後還是倒閉了。美第奇銀行的破產緊隨在後，則說明了在戰亂的年代不巧借錢給戰敗王侯的危險。但其實只要你往來的客戶是國王，彼此牽扯太深，即使他是勝利者，而且為人誠實、重榮譽，最後下場還是很慘，正如里卡迪銀行的經理所體會的一樣。這家銀行簡單來說，是義大利三大「超級企業」（supercompany）[35]之首，創建於十三世紀。它的興衰有助於人們瞭解中世紀銀行業已多麼現代化，又有多麼複雜

義大利超級企業之首的興衰

里卡迪銀行創立於十三世紀三〇年代的盧卡，是一個靠近佛羅倫斯又十分繁榮的商業城市，且一直被佛羅倫斯這個比自己強大的鄰居垂涎著。我們對里卡迪銀行的早期歷史所知甚少，不過大概到十三世紀中葉，里卡迪銀行已在羅馬、尼姆（Nimes）、波爾多（Bordeaux）、巴黎、法蘭德斯、倫教、約克（York）、都柏林，並且在舉行大型貿易博覽會的香檳地區四城鎮建立了分行。美國當代中世紀史家理查·克依帕（Richard Kaeuper）在完善重建了企業過往歷史後指出：「這些事一點也不容易，既要協調各種理性商業活動，並跨越數千英里不好走的道路、急流、群山間的狹道，還要面對各種政治角力。」不過，里卡迪銀行都做到了！藉由「持續不間斷的信件往返」與自家信使傳信，「我們看到史蒂芬（Stephan）、魯畢諾（Rubino）和波寇（Bocco）帶信件而至……想像一下那鮮活的畫面，這些信使背著沉重的文件袋，裡面裝著會計賬簿、往來

文書、致重要客戶的文書複本，以及企業本身的信函。」[36]

在這些信件當中，有一封從盧卡總部來的報告，裡面說香檳分行借了「大筆鉅款」給錫耶納的邦西尼奧里銀行（Bonsignori Bank of Siena）之巴黎分行，那銀行原本承諾會把錢還給倫敦或都柏林的分行，結果卻在邦西尼奧里銀行的代表被要求還錢時，「找了各種藉口說自己不知道錢是否已經還給倫敦分行或愛爾蘭分行了，也不知道還了多少」。然後這封信又繼續寫道：「因此，我們希望倫敦的各位讓我們知道，他們何時還了款，以及還了多少款項這兩部分的資訊；還有愛爾蘭分行的部分也是。」盧卡、香檳、巴黎、錫耶納、倫敦，甚至還有都柏林！銀行業竟已國際化到這種程度？

里卡迪銀行的規模之大，不只呈現在地理範圍上，也呈現在金融的意義上。在一封早期信件中，盧卡總部評估他們銀行在香檳貿易會上貸款的最高額度，竟已達到驚人的三十二萬弗洛林，這金錢交易的規模與他們其他業務相當具有一致性。接下來我們就來觀察一下這部分。

一二七二年，倫敦分行成交了一筆大生意——該分行成為愛德華一世（Edward I，1239-1307）的皇家銀行。針對國家長期的財政問題，他們為國王提供了一個非常複雜的解決方案。和大多數政府相似，愛德華國王的收入來自固定的租金、稅收和關稅等等。但是，除了政府和王室正常的開銷之外，他常常會面臨突然且龐大的財政需求，這些大部分是軍費，像是跟威爾斯

（Wales）、蘇格蘭作戰，或是為了防衛他在法國的領地。里卡迪銀行同意提供貸款，以解決這些突如其來的資金缺口，同時他們也把國王的財政進行了理性運用，並從中收取固定收入。舉例來說，銀行取得了波爾多（Bordeaux）和馬爾芒德（Marmande）所有的關稅徵收權，最終還取得從英格蘭和愛爾蘭出口的所有羊毛與皮革的關稅，以及所有與「動產」相關的稅收。這些收入被里卡迪銀行用以償付國王的當期債務，也拿來儲蓄以備未來不時之需。

里卡迪銀行作為英國國王皇家銀行的期間（1272-1294），平均每年借給愛德華一世十一萬二千弗洛林。對於里卡迪銀行來說，從這個協議中到底直接獲利了多少，或者到底用什麼方式獲利？目前還不清楚。但有些歷史學家估計，銀行除了每年從國王的債務中收取大概17%的利息，也從國王當前的收入中直接抽成；另外有一件事情十分清楚，那就是藉由與國王之間的關係，銀行得到的間接獲利相當豐厚，因為政府會盡全力幫忙銀行向國王的臣民討回呆帳。一二七七年，愛德華一世指定財政部的男爵「召集里卡迪銀行所有的債務人，給予它們幫助和諮詢，好讓他們能在期限之前還清所有債務」。[37] 後來國王又委派郡長們為里卡迪銀行討債。作為一家為王室提供服務的銀行，里卡迪銀行在愛德華的領土上擁有很高的信用，也因此成為主要的貸款人，敲定了不少商業協議，比如由英國的羊毛生產者直接供貨的長期合約。

除了成為國王的皇家銀行外，里卡迪銀行也跟教宗有一層特殊關係，常常要為教宗收款送往羅馬。這讓銀行與教宗雙方在徵收特別稅、藉以支援十字軍上，有了三方的重要連結。這筆錢是要給國王們以及一些重要領主們，可以專款專用在領導十字軍上。事實上，愛德華一世也在一二七〇年參加了第九次的十字軍東征，一二七四年在他父親駕崩之後才回國登基的。因為諸多理由，教宗始終不承認愛德華一世有得到那筆十字軍特別稅的資格，這導致多年以來國王和教宗為此事爭執不下。而在這段期間內，這筆資金就存放在里卡迪銀行中，最終積累到了五十萬多個弗洛林。

一二九一年，法國國王逮捕境內的義大利人，里卡迪銀行也被迫支付了一大筆罰金。同時間教宗也改變想法，特准愛德華一世得到這筆十字軍特別稅。作為優秀的商人，里卡迪銀行當然不會原封不動地把教宗的這筆錢一直存放在保險庫裡，而是把資金全拿去做了各種投資。教宗突如其來改變想法的意外，讓措手不及的里卡迪銀行只能趕快想辦法湊足現金，但這讓他們因此陷入極為脆弱的困境。接著到了一二九四年，愛德華一世與法國國王美男子腓力四世（Philip the Fair of France）為了爭奪加斯科涅（Goscony）而兵戎相見。這是一場「後代將進行的百年戰爭之預演」。[38]這場戰爭又讓里卡迪銀行感到十分頭痛，光是要籌措給愛德華國王的那筆教宗資金，就已經超出他們的能力範圍，更別說再提供愛德華跨海遠征所需的巨額貸款了。這惹得國王大怒，下令逮捕里卡迪銀行在倫敦的所有成員，沒收他們全部的財產和銀行的所有資產，接著把他們驅逐出境。換作是其他的國王，他們甚至可能通通被砍頭。

另外，還有來自法國國王的麻煩。法國國王也逮捕了里卡迪銀行的常駐人員，這一次的罪名是指控里卡迪為外國勢力的代理人，是愛德華一世的私人銀行。這導致了巴黎和波爾多分行出現擠兌。最後里卡迪銀行在一三〇一年關閉，對所有相關人事物而言，這都是一個長期性的財政災難。

在總結義大利資本主義企業的相關討論之際，如果沒提到這些企業對慈善事業的貢獻，就顯得極不適當。「每當他們規劃或修正預算的時，總會有一份救濟窮人的基金，會從整個企業的資本中劃分出來。這些基金會以『我們仁慈的神』之名入帳，代表在這種意義下，窮人也是企業的合夥人。發股利時也會有適當比例的份量會分給窮人。」[39] 事實上，企業在清算資產時，也會根據窮人在整體資本的占比被算在創辦人之列。大多數企業都有一個迷你現金盒，讓實習生用來施捨給任何請求捐獻的乞討者。與此同步的是，這些企業的分類帳或是賬本上都可以看到感謝神的箴言金句。[40] 當然並不是所有內容都在講慈善：「我們祈求神和聖母在不久的將來，能讓我們處在一個能幫助他人的位置，就像別人幫助我們一樣。但現在我們應該先恪守本分。」[41] 這是里卡迪銀行倫敦分行的一名會計在一二九一年左右寫下的話。

義大利資本主義，「清教主義」和節儉

很明顯地，資本主義不是源自於新教倫理，而是早在宗教改革數世紀之前，就已經在義大利城邦繁榮發展了。事實上，許多經濟史學者也抱持著相反看法，認為新教倫理才是源自於資本主義的產物。[42]不幸的是，這些歷史學者將注意力集中在十六世紀，他們嘗試解釋宗教改革的出現，是因為商業階層（布爾喬亞，the bourgeoisie，或稱資產階級）地位的快速提升，他們更偏愛多一些個人主義、少一點制度規範下的宗教選擇——這也就是基督宗教之所以讓資本主義成為可能的原因；但於此同時，資本主義又反過來形塑了宗教偏好和宗教情感。不過，如果資本主義隱含有宗教深意，那麼更好的觀察選項也許不是亂成一團的十六世紀，而應該是第一個資本主義社會。那麼，那些與清教主義和新教倫理相似的產物，是否曾出現在義大利的北部城邦呢？是的。當義大利北部的工業資本主義興起時，一種強烈的禁欲思想，即清教運動的原型「謙卑者派」（Humiliati，拉丁語意思是「謙卑之人」）也同時傳開來了。此外，節儉的生活準則也風行在這些城邦之中，一再地被轉頒為法律。

義大利的清教徒

雖然「謙卑者派」隸屬於虔誠的羅馬天主教徒，而且並不是另一個獨立修會，但就像之後的清教徒一樣，他們推動的主要是一場世俗運動，組成的信徒追求苦行的宗教標準，但仍維持正常的世俗生活。[43]「謙卑者派」信徒發展出三種信仰層次。第一個層次由神職人員所組成，維持著典型的修道院社群生活。第二個層次中的善男信女選擇組成共同生活的團體，保持修會生活般的戒律，但不正式發誓。這兩個層次的組成來源則是第三個層次的一般信徒，他們不僅是「謙卑者派」運動的起源，也是整個運動中最有規模和和最有影響力的平信徒。他們當中大部分人都已婚，踐行著「有限的守貧」。[44]義大利北部的「謙卑者派」信徒多達數千人，甚至可能數萬人。

就像他們的名字所表達的，「謙卑者派」成員致力於一種謙卑的生活，他們發誓一天不吃超過兩餐，穿著樸素，全身心致力於「苦行、祈禱、團契及體力勞動，同時也和家人生活在一起」。[45]為了實踐體力勞動的誓言，許多「謙卑者派」信徒都成為紡織工人，也有人從事手工藝，還有人似乎繼續經商。但是他們所有人都發誓要把所有「多餘的收入」捐給窮人。[46]

「謙卑者派」在十二世紀的某個時刻出現於米蘭及其周邊地帶，然後從那裡開始傳播到包括熱內亞在內的北部資本主義城市，然而倫巴底仍然是運動的中心。這些城市無與倫比的富庶，對於這場運動的興起十分關鍵，因為「謙卑者派」訴求的對象是特權階級而非窮人。幾個世代的馬克思學者都弄反了，一直定義「謙卑者派」的興起是無產階級對資產階級剝削的反抗。[47]之後比較沒那麼教條主義的學者，承認資本主義確實對於「謙卑者派」的興起扮演了關鍵角色，只是他們的運動是一種富人對抗物質主義的回應。史料紀錄表明，「謙卑者派」運動的參與者都是「有錢的市民、貴族、神職人員，反而沒有無產階級參與的痕跡」。[48]

「謙卑者派」不是被迫苦行，而是「**選擇苦行**」。他們大多數都「識字……包括許多貴族……他們刻意讓自己成為窮人，也和窮人一起生活，實踐這些準則對他們來說再真實不過了，即便對那些他們想成為的人（窮人們）來說十分荒謬」。這些是典型的中世紀苦行。其實真正沒錢吃飯的人不會進行齋戒，苦行的信仰吸引的主要都是那些沒辦法在財富（通常是繼承來的）和物質主義中找到滿足的人。[49]比起躲進修道院的避難所中，「謙卑者派」反而嘗試為了全體基督徒樹立一種新的生活方式，就像數百年後的清教徒一樣。

當然，絕大多數的義大利資本家和他們繼承人並沒有參與在「謙卑者派」當中。儘管如此，「謙卑者派」的典範卻創建了義大利資本主義城市中嶄新的日常生活規範標準，而這些預示了素樸的清教主義和新教倫理的出現。

節儉

思考一下這句格言：「當金錢用於虛榮，就會失去生命。」[50] 其實這不僅是一句流行的格言，而是威尼斯的一部法律——禁奢法（sumptuary laws）——的前言，用來禁止各種奢侈消費的法律。禁奢法起源於防止平民像上層人士一樣穿著打扮；在許多場合中，只有上層貴族才能穿深紅色衣服、袖口貂皮鑲邊以及摺邊。這些法令意圖限制有錢的平民對社會階級秩序帶來的威脅。但在資本主義的義大利，禁奢法的主張是節儉，而不是等級制度。

大約從一三〇〇年開始，許多禁止高消費和奢侈生活的禁奢法律，在義大利北部城邦中被頒布。在一二九九年到一四九九年之間，四十二條不同的禁奢法律在威尼斯頒布。一二八一年到一四九七年之間有六十一條在佛羅倫斯頒布。一一五七年到一四八四年有十九條法令在熱內亞頒布。一三四三年到一四九八年米蘭頒布了五條相關法律。這些法律序言清楚透露了立法的意圖：[51]

取消城市裡無用又過度的浪費，像是那些對所有人都無用的衣服和其他眾多男女飾品。（1334）

> 防止公民們進行那些持續性的無用開銷。（1342）
>
> 為了抑制婦女們無用的虛榮心，禁止她們在服裝上使用毫無用處的昂貴飾物，我們頒布了這部神聖的法律。（1333）

最後一句引文清楚地表明，頒布這些法律的一個主要原因，是富人想把賺來的錢用來再次投資，而不是給他們的妻子拿來揮霍。一旦穿著奢華衣服違法，節儉的丈夫就不會再被妻子控訴小氣、沒情趣了。隨著法律規範的範圍擴大到家庭的室內裝飾，丈夫們就能省下更多錢去再投資。此外，法律不但反映也同時也塑造了人們的觀念。在這種情況下，節儉會讓人得到公眾的尊重。英國歷史學家克里斯多夫・希伯特（Christopher Hibbert，1924-2008）在描寫佛羅倫斯有錢人家時寫道：「即使是最富有的家庭，也只有簡單的木桌及普通的床。牆是一般性的白色粉刷……地面是裸石，只鋪上蘆葦。百葉窗一般來說是用浸過油的棉花所製，」而不是玻璃。[52]

隨著時間流逝，禁奢法引起的性別衝突越演越烈。盧卡於一三八〇年頒布的法律在序言中指出，立法的原意是體察到結婚率越來越低，因為年輕男子不能或不想花大錢提供妻子「大量毛皮、飾物、珍珠、花環、腰帶等等傳統風俗下的必需品」。兩個世紀以後，帕多瓦的市議員在發言中更不加掩飾：「女人的本性和先天條件盡是懶惰和虛榮……對於新時尚和浮華裝飾的追求全都是浪費，會帶來傷害，讓帕多瓦這個貧窮的都市走向嚴重的災難。」他們接著譴責，「這些驕奢淫逸行為，無論是神或世人都不喜悅，也是一個壞榜樣。」

然而事實擺在眼前，這些義大利城邦一而再、再而三地通過禁奢法，就說明這些法律並不完全成功，幹嘛要一直宣布少數人的行為是非法的呢？顯然有一大群人，特別是在威尼斯和佛羅倫斯，持續度過沒有最奢侈只有更奢侈的生活，甚至可能即使在公眾場合也完全不收斂。當然，美第奇家族的女性不可能穿著破舊、單調又寬鬆的衣服，因此禁奢法在義大利城邦內相對無效，也沒什麼好奇怪的。從歷史上看到，人們比起嚮往清教的道德標準，自然更多的是不遵從那些戒律。接著會看到，即使是清教徒領導下的城市，大部分的阿姆斯特丹人根本不穿素樸的黑色衣服，除了林布蘭（Rembrandt，1606-1669）油畫中的人物和清教徒領導人之外。同樣地，在清教徒治下的波士頓，一七四〇年懷特腓德（George Whitefield，1714-1770）在日記中指出，即使在承認自己是清教徒的人當中，「寶石、美人貼布、鮮艷服裝也是女性的日常穿著。」

禁奢法的接連頒布反映出當時的大眾文化。法律的執行不佳也反映出很多人喜歡別人節儉度日但自己不在此限——這就是道德倫理的實況。美國人主張安全駕駛，還要求高中就要有駕駛課，但是大部分開車的人卻還是會違反交通法規。同樣地，富蘭克林雖然強調儲蓄和節儉，但他除了對自己的太太以外，可不是一個守財奴。

不論如何，若假定節儉文化導致了或間接導致了資本主義在義大利城邦興起，這是錯誤的推論。要證明這種說法，就表示文化要先於商業出現，但這不是事實。資本主義的出現先於「謙卑者派」，而且當時還沒頒布任何一部禁奢法。如果說這些現象是有關聯的，也只能說是早期資本主義刺激下的一種清教主義和節儉倫理形式。但更重要的是，即便這些是對資本主義的回應，那也不是有意義的回應，而是一種對資本家財富的排斥。我們接著會看到，即使當阿姆斯特丹成為歐陸資本主義的中心，清教牧師還是咒罵貪婪和物質主義。由此得知，資本主義的興起並非藉由清教徒或新教的教義。基督宗教對於資本主義興起的真正貢獻，就在於對商業的直接支持，以及間接激勵了個人主義和自由。

接下來，該是思考十四世紀一場人類浩劫對於歐洲的巨大衝擊，以及對資本主義興起的影響。

黑死病

一三四七年，從近東返航回義大利主要港口城市的帆船，將鼠疫帶進了歐洲。當熱內亞警覺到危險後，將第一批被傳染的船「用火箭和各種武器驅離了港口」，[53] 但為時已晚。黑死病在一年內沿著貿易路線傳遍了整個歐洲。[54] 當疫情在一三五〇年結束時，有三分之一的人口，大約三千萬人染疫死亡。這是一場恐怖的人類悲劇，不過諷刺的是，黑死病的經濟和政治影響卻是正面的，活下來的人和他們的子孫因此過上更好的生活。[55]

黑死病的立即結果是勞動力的短缺，因此隨之而來的可預期結果是工資飆漲，這導致國王和議會對工資天花板的限制變得無效。於是，英國國會在一三四九年通過了《勞工法》（Statute of Laborers），把工資固定在一三四六年的水平。但地主們依然在搶奪工人，而且透過增加非現金的誘因簡單就鑽了法律漏洞。在這當中，比高薪更重要的是自由和選擇，大量農奴已成為自由的佃戶。也許是因為佃戶有更強的生產動機，農業產量的下降幅度遠小於糧食需求的減少（由於人口減少），這段時間當中大量的生產剩餘導致糧食價格下降，而這又推動了都市化。到十四世紀末，西歐都市化程度已遠超過黑死病爆發之前，儘管城市中黑死病的死亡率遠高於農村。這樣的結果對早期資本主義來說意義重大，因為歐洲人的平均購買力大幅提高；雖然人口減少，卻有了更好的商品市場。英國羊毛紡織的統計數據為這個重要事實提供了佐證：在黑死病快結束的一三四九和一三五〇年之間，英國出口到歐洲大陸的成衣量下降了近三分之二，直到一三五三年仍維持這個水平；但到了一三五四年，又恢復到黑死病爆發之前的出口量，「在接下來的四年中（羊毛紡織品出口業）變得比疫情爆發前更高，十年內就增加了一倍。」[56] 所以在疫情結束後不久，歐洲所有的工廠變得比以前更忙，交通系統全都以最大運能運作，銀行帳上呈現鉅額收入。在許多地方，就連一般人的生活標準都遠超過父母那代所能夢想的最大程度。資本主義正在成長和傳播。

——

義大利資本主義產生的經濟奇蹟十分明顯，令人無法忽視。北歐觀光客從義大利帶回令人驚艷的財富傳奇，以及高生產力的傳說。很快地，法蘭德斯、英國及萊茵河沿岸的城市也親歷了這些奇蹟，因為義大利的「殖民」企業已接管並重新組織當地的產業與商業，創立了非常賺錢和高效能的眾多企業。而不久後，當地人也創建了自己的資本主義企業，大量金流不再僅限於義大利或義大利人在北歐的飛地（enclaves）。而後數百年間，資本主義一直是西方最有價值的祕密。

第五章
資本主義一路向北

- 法蘭德斯的羊毛紡織城市
- 法蘭德斯北部的資本主義
  - 布魯日
  - 根特
  - 安特衛普
- 阿姆斯特丹
- 英國資本主義
  - 從羊毛到羊毛紡織業
  - 十三世紀的工業革命
  - 煤能產業

資本主義首先是因為羊毛紡織被帶到了北歐。從古羅馬時代開始，法蘭德斯的市鎮就是世界上出產最好、最知名羊毛紡織的地方。到了十世紀，羊毛紡織產業為法蘭德斯帶來的收入，有可能超過歐洲其他任何一種商品。來自法蘭德斯製的紡織品是香檳地區大型貿易博覽會中的最熱銷商品，這個展覽會從十一世紀就開始舉辦，最主要買家都是在會場上尋找適合商品賣到地中海周邊的義大利商人。後來，義大利人在法蘭德斯創建了義大利銀行的北部分行，不再仰賴香檳的貿易博覽會尋找商機，而是直接從當地生產商那裡找到能穩定供貨的長期合作對象。在銀行家對當地的事務熟悉之後，很快就認識到法蘭德斯羊毛紡織「工業」當中的重大商機。這個「工業」當時是由較缺乏組織的小型紡織商家以及論件計酬的家庭代工所組成，後來義大利人盡可能提高了他們的生產力和生產效率，將數百家以上的小生產商，整合成少數幾家大企業的分包商，進行有效的管理，還將有效的生產規劃和行銷策略引入該地。

義大利人把資本主義帶到法蘭德斯之後，資本主義很快又一路向北到了荷蘭，經營範圍也從羊毛紡織製造業擴大到其他產業和其他產品。同時，義大利銀行也在同樣以羊毛紡織工業起家的英格蘭，施展他們的資本家魔術。資本主義在英格蘭的快速傳播，啟動了接下來幾個世紀該地區卓越的工業成長。其中打下的經濟和軍事基礎，讓英國未來成為全球性的世界帝國。當然，要不是這些地區享有一定程度的自由，這些成就是不可能出現的。

法蘭德斯的羊毛紡織城市

中世紀的法蘭德斯（這名字意指「洪水氾濫的土地」）是低地國西南部地區的一個強大的公國，大概就位在現今比利時跟荷蘭南部的部分地區（參考圖5-1）。在義大利銀行沒來此地之前，紡織「企業」主要都是小商家，通常由一位只有三、四台織布機的織布師傅所經營。[1]他們沒有股東，獲利大多被消費掉而沒有進行再投資，所以企業規模不大。即使合夥，也只會以某些特定的短期投資形式進行。這些企業也不參與貿易，除了自己的紡織產品之外，不賣其他商品，而且通常會在離自家最近的市鎮廳中進行交易，買家再把商品轉售到區域的貿易博覽會去。某個程度上，紡織企業的眾多活動，都是由當地的紡織行會進行協調和組織。但這個行會又是屬於企業所有人和管理人的，而這就是問題所在。由於缺乏自由，數個世代以來資本主義都無法在這個羊毛紡織工業中發展起來。

為了得到在地統治者的支持，這些不同城鎮和都市的紡織商人行會，定期繳納特許費。而這些行會就像強制性的獨占聯盟（cartels）那般運作，對整個產業設定了諸多嚴格限制，甚至還可以嚴懲不遵守行規的人。舉例來說，若有人被發現曾經改動通行的暗紅色染料配方，將被「重罰一百零五鎊，而且要是敢拒繳罰款，就要被砍掉右手」。[2]行會的規章讓個別企業的規模不

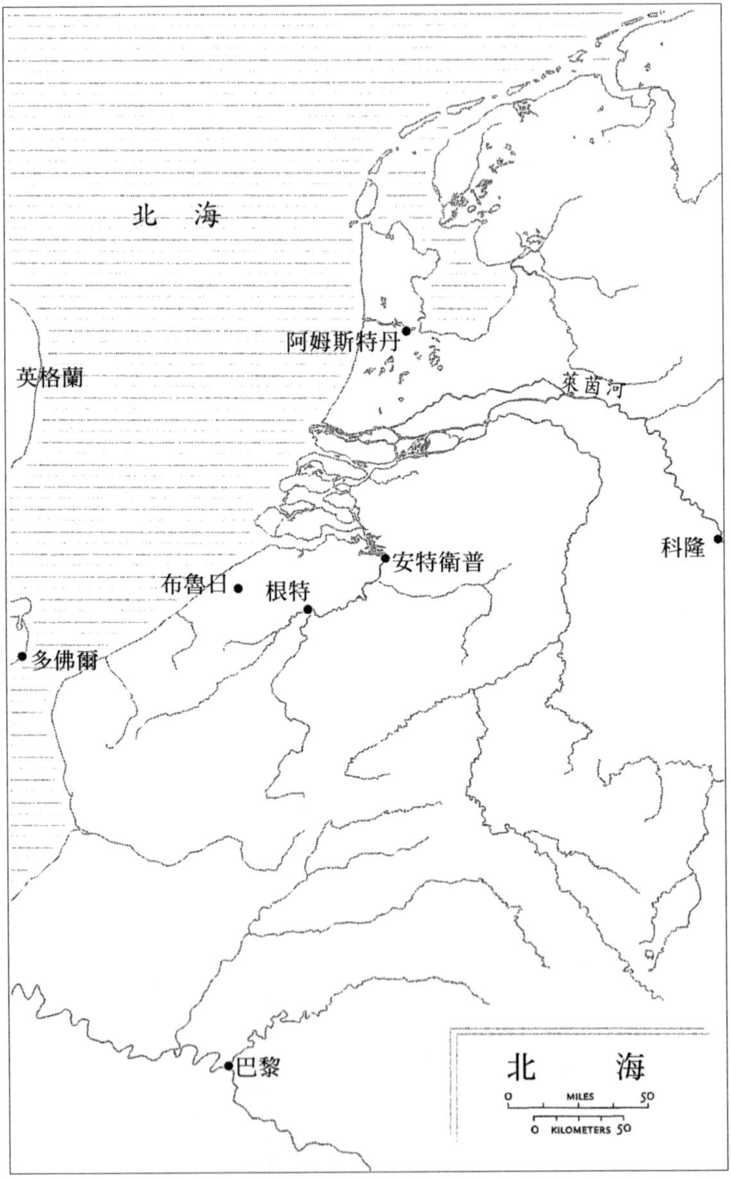
北　海
阿姆斯特丹
英格蘭
萊茵河
科隆
安特衛普
布魯日
根特
多佛爾
巴黎
北　海
0 MILES 50
0 KILOMETERS 50

圖 5-1

可能變大，每個企業通常被限制只能擁有五台或五台以下的織布機。產品銷售的價格也全都被掌控，不准討價還價。換言之，提高產能所帶來的獲利全都受到限制。行會還設定了工作日的工時數，並且要求所有企業都必須遵守。[3]

工人的工資也被行會規定，並受到嚴格監督。不僅受雇的紡織工人，整個產業中的其他從業人員也都受到管控（雇主除外），包括所有的羊毛洗潔工人、梳棉工人、紡紗工人、染布工人、漂布工人、剪毛工人等等。儘管工資調降有時反映出生活成本的變遷，但調降比例完全被管理階層掌控，而且只有擁有自己商店的紡織工人才被允許加入行會。不同企業不被允許在薪資上有所差異，任何一次性的或是任何形式的集體調薪協商，不只被行會禁止，也被當地政府的法律所禁止。不令人意外地，這導致了殘酷血腥的內部動亂，有時還會威脅到政治自由以及社群的獨立。

在十一世紀，法蘭德斯北部的紡織工業開始快速擴張。部分原因是因為人口成長，另一個因素是國際貿易的快速擴展，經由義大利商人舉辦的香檳貿易博覽會，義大利商人得以在博覽會上購買羊毛紡織品，再把它們送到南部出口。在這裡，政治自由至少得以以地方自治的形式出現，而這也展現出重要性。當然這並不是說這些城市都已是民主的城市。雖然這些城市是由議會治理，但議員都是上層人士，主要代表最有錢的商人發聲。不過即使只是這樣，議會的存在對於這個城市的經濟發展而言已經很夠用了。因為這樣，這些社群才能避開當地貴族的控制，把稅改繳給距離更遠的統治者，像是法蘭德斯伯爵或神聖羅馬帝國皇帝。如前所述，這些遠距統治者比較不會干涉他們的內務。不幸的是，當他們的內部事務演變為血腥的內部衝突時，就可能引起遠距君主的干預，這就會導致一些城市喪失獨立性，經濟發展也會遭到破壞。

從一個重要層面來看，財富其實是摧毀部分羊毛紡織市鎮的原因，也讓其他部分受到威脅。當生產量提高、利潤成長時，最有錢的商人階級和他們雇用的技術工人的關係也變得越來越緊張。這種社會張力一開始促成了新行會的組建：包括一個紡織工人行會、一個紡染工人行會，還有一個漂洗工人行會。各個行會都試圖確立明確的工作指南，並執行各種工作規章，也限制入會的資格、設定工資標準，以及工作環境的條件標準。然而，行會開始越來越有抗爭的力量。不久後，許多城鎮的工人接連參與了暴動，掠奪有錢人的住處和財產，然後嘗試組織一個「無階級」的公社。不過，這些反叛者的政權通常都很短命，當他們發現抗爭口號所說的「平等」，被證明都只是假象後，內部就會發生衝突而導致失敗，有時這些反叛者會被完全鎮壓。這些過程幾乎總是會帶來千萬人頭落地，以及沉重的經濟代價，[4]也讓「法蘭德斯人」（Fleming）這個詞語對外人而言，經常是「革命者」[5]的同義詞。在歷經將近一個世紀斷斷續續的能量宣洩後，一二八〇年法蘭德斯終於爆發一場大革命。許多市鎮和城市的下層商人和行會聯手，再加上工人行會，聯名向法蘭德斯伯爵尋求支援，結果得到伯爵的認可。在伯爵站在反叛者這邊後，一開始形勢一面倒，然而伯爵背後真正意圖是要奪回城市的絕對主權。因為發現面臨地方自治消失的潛在危機，下層商人立刻倒戈攻擊工人，反叛活動因而告終。[6]另外，有些市鎮的上層階級希望得到法國國王的援助，法國國王的回應看似正面，但其實是想要在法蘭德斯稱雄。法國國王很快就吞併了法蘭德斯南部，但當法國軍隊繼續侵略時，在法蘭德斯北部遭遇了一場頑強的抵抗。法蘭德斯發動了一場快狠準的突襲，讓法國軍隊在一三〇二年的科特賴特（Courtrai）戰役中慘敗收場。這場勝利不僅拯救了法蘭德斯北部免於法國統治，也讓法蘭德斯北部的政治變得更為民主。因此，也讓一些城市像是布魯日、根特和安特衛普等地區，工人行會在政治事務上變得更有實質影響力，也讓城市的繁華再現。

相反地，法蘭德斯南部的商業發展，則在法國強加的各種重稅、進出口關稅和專制統治下變得停滯。很快地，在里爾（Lille）、杜埃（Douai）、奧西（Orchies）、貝休恩（Béthune）、康布笛（Cambrai）這些城市都不再有優質的羊毛紡織產業。事實上，由於法蘭德斯南部的專制統治和經濟倒退，大批紡織工人移民義大利，甚至連帶傷害了北部的產業。紡織工人在義大利備受歡迎，還因為作為羊毛產業者而享有許多特權。舉例來說，一二六五年帕多瓦政府頒布一條法律，豁免「前來帕多瓦市從事紡織的外國人的通行稅、關稅以及之後的個人稅」。[7]

同時間，法國的高壓統治導致許多法蘭德斯紡織工人，帶著技術南下義大利。法蘭德斯北部的自由風氣，則吸引大批南部企業家帶著技術北漂，也帶來了資本主義。

法蘭德斯北部的資本主義

隨著法國吞併法蘭德斯南部的瓦隆（Walloon），法蘭德斯北部成為歐洲羊毛紡織工業的中心，這些產業主要集中在布魯日、根特、安特衛普等城市。他們從英格蘭進口羊毛抓絨，對義大利出口羊毛紡織衣物，並交換其他商品，這些都讓法蘭德斯成為金融業和製造業上的巨人。在處理好並克服當地行會帶來的不良影響後，當地的紡織企業開始成長，發展出資本主義該有的種種特徵。然而，這種資本主義並非法蘭德斯當地的原生產物，而是由取代了商人和紡織行會的外來企業所引進。這些企業有管理良好的組織，把整個紡織工業都整合了起來：從進口羊毛抓絨、協調所有生產步驟、雇用所有分包商，把羊毛變成紡織成品，再根據當地市場的狀況將產品出口。法蘭德斯這種早期的「市場驅動」（Market-driven）型創新，除了應用在高價奢侈的羊毛紡織品生產上，很快也開始應用在其他多樣化平價產品的生產上，商業銷售的規模因而大幅成長。

這些「法蘭德斯的企業家」都是義大利人，他們的企業隸屬於義大利銀行的分行。如前所述，義大利銀行並不滿足於只在北部貿易博覽會上購買紡織產品，因此它們開始在這些主要的紡織業中心成立永久性的分行，並取得可直接購買的長期穩定貨源。做了以上安排後，這些銀行家也很快就認知到，原本的行會系統非常缺乏效率，銀行家們有能力把獲利大幅提升，並且更有效地配合市場需求來協調生產。除了把羊毛紡織產業更妥善地組織起來，他們也把紡織產品賣到國外，另外也從各地進口各類商品。當然，他們也會處理放貸和匯票業務。不久後，便出現「只有義大利商人的貿易和信用，有能力讓紡織機的唧唧機杼聲運轉」[8]的說法。

布魯日

如果說是義大利人讓法蘭德斯紡織機的機杼聲運轉，同樣也可以說法蘭德斯的紡織機，對義大利銀行業的發展來說也十分關鍵。當時如果某家銀行在布魯日沒有開分行，就算不上是大銀行。當時的三大「超級企業」的布魯日分行業務，已多到和國內總行一樣。一個世紀以後的美第奇銀行布魯日分行也是一樣的情況。事實上，美第奇的布魯日分行擁有最大的資本額，甚至超過了佛羅倫斯總部。[9]

但為什麼會是羊毛紡織業？因為法蘭德斯的土地貧瘠，比起栽培作物，更適合用來牧羊。此外，法蘭德斯羊可生產出高質量的羊毛抓絨，牧場又遍布各地。早期的紡織產業分散在各個小鄉村裡。然而隨著時代變遷，法蘭德斯的紡織工人開始越來越依賴英國羊毛抓絨，因為英國羊毛的品質比本地的更好。因此羊毛紡織產業集結成更大的社群，如此才有充足的資本支持國際貿易的進行。這些城市的中心地就是布魯日，特別是在眾多義大利銀行家來此之後。

一直以來，布魯日並非是一個製造業城市，相反地這都市的命脈是靠貿易和轉運運輸維繫的。幾乎所有從英國進口的羊毛抓絨都會先送到布魯日，再被送到根特這類的國內紡織城鎮，[10]而後紡織的完成品再運回布魯日對外出口。此外，在義大利的商船來到之前，法蘭德斯的商船（大部分都來自布魯日）主宰著英吉利海峽的商業運輸。當時的景象是這樣的：熱內亞人和威尼斯人的商船進入布魯日，卸下香料、絲綢和其他從南部運來的商品，再載著羊毛紡織貨物出發。由於擁有天然的重要戰略位置（布魯日這單字的意思就是「輪船上下客或裝卸貨物用的浮橋」），讓布魯日成為當時北歐金融和貿易的中心地。無法得知確定日期是從何時開始，但在一二九一年熱內亞戰勝巡航直布羅陀海峽的穆斯林艦隊後的幾年，布魯日和熱內亞之間開始有了固定航線，這航線的商船主要是大型圓船，不過在夏天有時也使用長船。因為這眾多的商業活動，布魯日變成一個大都市，在一三四〇年就已經有大概四萬的人口了。到了一五〇〇年，又增加到大概九萬餘人。[11]

如前所述，法蘭德斯早期的商業發展主要仰賴義大利人，因為當時只有義大利人才擅長那些必要的商業模式。[12]而且當義大利人不僅在布魯日，也在法蘭德斯的其他戰略要地開設銀行分行時，義大利人就透過談判，簽訂了許多保護並增進義大利人利益的條約，而讓他們取得絕對的貿易優勢，甚至還有治外法權，可以合法地獨立於當地社群之外。這些條約有些經典內容，會在每位新任法蘭德斯伯爵上任時被拿出來重申：第一，伯爵不可侵占任何銀行財產。第二，不可以以債務為由，逮捕任何義大利銀行員。第三，任何停在港口的義大利船隻，當地政府當局不得干涉船長處置船員的權力。第四，若要解雇義大利的銀行行員，必須提前八個月告知，好讓他們能提早處理自己的資產。第五，不能增加與伯爵達成共識以外的任何當地稅收。不過，這些條約也並非只是單邊讓利，一三九五年義大利人同意他們所有商船在開往英格蘭之前，都要在布魯日停靠，讓貨物先在當地銷售，也就是讓布魯日商人擁有優先購買權。為了讓交易順利進行，布魯日又另外加碼付給義大利商人九千五百金法郎。[13]

雖然義大利人可以寄希望於他們與法蘭德斯伯爵之間的協議，但是當時法蘭德斯幾個主要城市都已享有實質獨立，而且也擁有一定程度的民主，特別是在他們結盟打敗法國人的入侵之後，公民權的範圍更是大幅擴張。可以說法蘭德斯的製造業和商業帶來的自由與產權保護，讓資本主義得以蓬勃發展。當然，只要義大利人繼續多控制他們一天，早期法蘭德斯的資本主義就還是具有殖民色彩，但這些性質已經算是資本主義了。此外到了十五世紀，在當地人增強了管理企業所需的商業技巧之後，義大利人的商業霸權漸衰。其實最早的交易所，即現代證券交易所的前身，是法蘭德斯商人在一四五三年時於布魯日建立的。在這個第一家交易所（「bourse」一詞的意思就是「交換」）裡面並沒有進行企業股份的買賣，而是聚集了眾多投資人買賣匯票、抵押單據的市場。

幾個世紀以來，義大利人之所以能收割眾多法蘭德斯的商業成果，是因為當地人缺乏足夠的商業管理知識。在這段期間的布魯日港，若沒有義大利商船，就只會是一個沉睡的小碼頭。但這些法蘭德斯人很快就學會自己如何做生意，也把他們幾百年來關於紡織優良羊毛商品的知識變現成為資本。

根特

根特作為製造業的霸主，其地位相當於布魯日在商業金融上所占據的主導地位。布魯日的出口商常常造訪根特市政廳的紡織市場，而根特的進口商則從抵達布魯日的商船上購買羊毛、酒、糧食和皮革。從過去到現在，連接根特和布魯日的利夫（Lieve）運河促進了雙方的貿易往來。雖然義大利分行允許布魯日商人進行以書信往來為基礎的長距離貿易，但由於根特當地沒有銀行，所以這兩個城市之間的買賣行為必須透過人與人的直接接觸。這樣的不便在當時還是可以容忍的，因為布魯日和根特兩地大概只要十二個小時的路程，[14]所以生意人在兩座城市都有固定的旅館住處。即使如此，當地法院還是不斷遇到收不到錢的商家以及不悅買家間的諸多訴訟，這些訴訟讓法院人員感到困擾。

根特的紡織相關產業，可能從羅馬時代就已經存在了，但是一直到十世紀晚期才有史料證明。當時的紡織產業規模非常小，這是因為在一一〇〇年時，根特的人口數還小於五千人。之後出口市場開始越來越興盛，到了一三二〇年，根特的人口成長到五萬六千人，[15]這當中有三分之二以上的人從事羊毛紡織的相關產業。到了十四世紀晚期，當黑死病在歐洲各地帶走了大量人命，根特雖然看似逃過一劫，但在同時間，根特內部的政治鬥爭造成了大量傷亡，眾多紡織工人被剝奪公民權，因而有許多人遠走他鄉。再加上十三世紀六〇年代爆發了幾場災難，讓根特的總人口直接減少一半。就像當時所有歐洲工業都面臨黑死病導致的需求下降，根特的羊毛商業也經歷了突然性的大幅衰退。然而，整個城市為了應付逐漸增加的需求，紡織工人變得短缺，導致個人工資大幅調升，間接也提高了個人購買力（勞力短缺的情況反映在高工資上）。所以，整體人口雖然變少，卻賣（買）出了更多東西。於是許多「有固定需求的消費者開始向其他地區尋找衣料」[16]，這成為刺激義大利城邦紡織產業興起的另一個力量。

根特當地的人民繼續從事紡紗、編織、漂洗及染色等工作。他們的商業慢慢地恢復生機，根特的羊毛紡織業也因此復興。但根特自此再也不是單一產業的城市，城市內帶有資本主義色彩的各種企業很快都欣欣向榮，像是冶鐵、報時鐘、水壺、金銀製品、皮革、毛皮產業，也有從事製鞋和裁縫相關行業的。行會仍然扮演重要的角色，控制著這些產業，不過僅限於工作坊的級別。財務、生產目標和市場行銷，則都被經驗豐富的資本家所管理的更大型企業所掌控。就像布魯日藉由貿易和航運維持繁榮一樣，根特強化自己作為國內貿易中心的角色，集散整個區域裡的各種貨物。這些商品有的是他們自己生產的，也有從其他地方進口的。在這個過程中，根特藉由鄰近斯凱爾特河（Scheldt River）的優勢，順著這條河一路向北進入安特衛普。

安特衛普

若要觀察北歐高度發展的資本主義，絕不能少了安特衛普。十五世紀晚期起，安特衛普就已經是「歐洲最富庶而且可能也是最有名的城市」[17]，這是中世紀的義大利旅行家和作家洛多維科・圭恰迪尼（Ludovico Guccirdini，1483-1540）所寫下的描述。而且洛多維科・圭恰迪尼認為安特衛普當時「勝過威尼斯」。安特衛普港吞吐的貿易總量在當時創歷史新高，遠超過當時其他地區。「歷史上從沒有一個到達這種水平、集結了世界上所有重要商業國家的貿易市場。」[18]

一四九三年，葡萄牙人發現經過非洲通往東印度洋群島的航線，讓安特衛普的貿易中心地位變得更形重要，因為葡萄牙國王把所有從亞洲返航回里斯本的貨物（大部分是香料，特別是胡椒），全都送去安特衛普。其中一個原因是當地的商業聯盟在商船還沒抵達之前，就已經準備好買斷船上的所有貨物。這樣一來，這些商業聯盟就能在短時間內壟斷香料市場，而讓商品維持高價。英國人在他們羊毛紡織的出口上也採取了類似策略。他們把所有紡織商品運至安特衛普，再從那裡出貨，藉以將獲利最大化。這些貨物還包括來自東歐的大量金屬，尤其是東歐的銅礦。曾經威尼斯是最主要的出口地，但從十六世紀初開始，貨船都開向安特衛普，從那裡再向全世界其他地區出口貨物。[19]

雖然安特衛普也有一些十分有規模的工業，但這座城市真正的特色還是在金融業。「在近一個世紀的期間當中……這座國際大都會唯我獨尊地控制了當時已知世界的貨幣市場……歐洲每一筆重要的放貸業務都是在這裡協商完成的。」[20]舉例來說，一五一九年富格爾（Fugger）企業在安特衛普的分公司，就借了超過五十萬金盾給查理五世（當時他剛被加冕為西班牙國王，不過他在根特出生長大），作為競選神聖羅馬帝國皇帝的資金。

安特衛普的權力與榮耀不但得之十分快速，而且在很多方面看來似乎是天命所歸。在一三七五年到一三七六年以及一四〇六年，幾個嚴重的風暴重創了法蘭德斯沿岸，滔天巨浪衝刷出一個深水港，讓「遠洋的大型船艦第一次可以抵達安特衛普港」，[21]同時間這股力量也阻止了布魯日邁向大海。早年的風暴曾為布魯日帶來一個溫河（Zwin River）上的港口，不幸的是這條河開始淤塞，雖然嘗試過疏通，但最終商船得以卸貨的地方還是離布魯日有一段距離。到了一四五〇年代，遠洋船艦實際上得先停靠在斯路易士（Sluis），把船上的貨物卸到吃水淺的小駁船上，再往上游前進七英里才會到布魯日。布魯日有這樣的障礙，無可避免地刺激了更多人改往安特衛普去轉運貨物。安特衛普也因此興建了大量的港口設施，並配備起重機加快卸貨的速度，強化了這個新產生的天然深水港。此外，安特衛普還有一個地理位置上的優勢，就是它位於斯凱爾特河（Scheldt river）河口。這是一條發源自法國的河（即埃斯考河〔Escaut〕），這條河途經里爾、圖爾奈（Tournai）、根特之後入海，長期以來一直是內陸水運的大動脈。

政治問題也在安特衛普的崛起中扮演了重要角色。當布魯日和其他法蘭德斯北部城市歷經幾十年的殘酷內戰，接下來又為了抵抗法國侵略而戰時，安特衛普一直維持著太平盛世，因而許多商人，尤其是外國人，為了人身安全拋棄布魯日和根特，而選擇了安特衛普。於是這個在十三世紀仍在沉睡的小村莊，到了十六世紀早期已搖身一變成為一個擁有眾多外國人、人口大約十萬的大城市。[22]新來乍到的人們會發現，這是一座擁有自由風氣又寬容的城市。「若與中世紀（大部分）城市的諸多日常管控相比，布魯日已經算是很自由了，但如果拿與安特衛普的外國商人所享有的絕對自由相比，布魯日又顯得很中世紀。」[23]舉例來說，與幾乎所有中世紀的市鎮和城市一樣，布魯日的旅館和租屋全都被政府「嚴格管制」，但安特衛普沒有任何類似的東西，任何人只要有錢，都可以在安特衛普找得到可住宿的房間，在商業上也沒太多限制。就像在一份安特衛普的外國商人寫給菲力浦二世的備忘錄中所說的：「沒有人會否定這點，大家都這麼說，也就是商人的自由是這座城市繁榮的根源。」[24]

對所有北部的獨立城市（直到西班牙高壓統治之前）而言，遠方的某位貴族、某位公爵或侯爵才是名義上的統治者；而在安特衛普，代表遠距統治者的人是地方長官（schout 或 sheriff）。在刑事案件中，他會代表王室出庭。「實際上，安特衛普是一個自由的公社，被一個有三個層級的議會所治理。」[25]在其頂端是兩名負責行政的市長，他們是從地方官員團（College of Magistrates）中選舉出來；組成官員團的包括十八名議員（skepyn）、一名財務總管、一名秘書、一名律師和幾位市長。地方官員團由大議會（Broad Council）提名選出，大議會則由所有現任與卸任議員、兩名代表十二個主要行政區的代表長官（wijickmaster）、兩名代表十二家主要行會的代表所組成。

地方長官負責指揮一支軍隊，十二個行政區也各有自己的軍隊。這些政治安排，維持了這座城市高度的個人自由和產權的保障。

儘管以上所談顯示資本主義在安特衛普似乎已達到新高度，但這些都還只是從量的角度考量，還沒講到品質上的創新。在當時，安特衛普所採用的每一項金融和商業技術都赫赫有名；[26]由於在安特衛普出現的資本主義是國際級的特大規模，因此雖然第一間交易所在布魯日出現，但資本主義的制度卻在安特衛普達到了新的高度。實際上，安特衛普有兩家交易所，一家是由英國商人控制，販售各種專業化的商品。各個國家的商人「會在早上和晚上固定的時間來到英國交易所，在具有各國語言能力的經紀人的幫助下，商談各種生意。在那裡的許多經紀人，主要工作是協助客戶買賣各種不同類型的商品」。[27]在英國交易所進行的活動很多都是買賣期貨，預期價格的變化短到一小時，長到幾個月。即使在今天也一樣，商品期貨交易的風險很大，因此產生了一系列神奇的預測系統，其中最流行的幾種，還是以占星術為基礎。安特衛普交易所則專營金融票證，包括匯票、擔保證明，以及由各個政府和統治者（包括哈布斯堡王朝）所發行的短期債券。在安、英兩家交易所中，貿易商傾向按照國別聚在一起，所以「安特衛普交易所就像一個小世界般，全世界的各個部分在此都連結在一處了」。[28]事實上，早期安特衛普的資本家都是外國人，那些人當中許多又是義大利人，他們當初之所以離開布魯日，是為了躲避戰亂的爆發。儘管後來安特衛普的地方人士很快也加入這個市場，但整個商業社群持續地越發國際化，吸引了北歐、東歐、西班牙、葡萄牙各地的企業家，使得這座城市的貿易網絡越來越廣闊。

這一切的卓越成就，都在宗教改革之前就完成了，而且安特衛普也是一個有很深的天主教傳統的社群，「城市裡的教會和各宗教組織接收到富庶人民的大量奉獻」。[29]當新教信仰抵達這裡後，實際上吸引的都是低技術能力的工人和鄰近的農民，大部分「資本家的家族都還是維持忠於天主教教會」。[30]新教倫理的相關問題到這裡已講得夠多了。諷刺的是，其實就是新教無誤，摧毀了安特衛普和法蘭德斯大部分地區的資本主義，下一章再來談這個主題。

阿姆斯特丹

到了十六世紀晚期，阿姆斯特丹取代安特衛普，成為歐洲的重要港口和金融中心。但這很大一部分原因，是因為安特衛普的經濟發展被戰爭和西班牙的侵略給摧毀了，因而退出了歷史舞台。西班牙也摧毀了安特衛普的民主政治實踐，吞吃了城市的金融和商業機構。

阿姆斯特丹能發揮港口的功能，可是非常了不起的。以前要進入它狹窄的港灣，要先穿過一大片泥岸。在十五世紀時，阿姆斯特丹港使用的都是相對小的平底船。雖然過去荷蘭人的船與英國的相比，偏好使用吃水淺的那種，但是到了十六世紀，荷蘭人的船開始變得體積大、吃水深，難以穿越泥岸，而當時的疏浚技術又還沒能力解決這個巨大難題，所以阿姆斯特丹港持續使用「浮船箱，也就是一種裝滿水的大圓桶，用鏈條固定在船的下面。當水被抽乾，船就會被舉起，滑行過泥岸。這樣一種拼湊的系統居然也沿用了一百三十五年」。[31]

確實，在取代安特衛普成為西歐最主要港口和金融中心之時，阿姆斯特丹確實是一座新教城市。但用這一點來支持新教倫理的相關論證，不但無視於早了幾百年就存在的天主教資本主義，也忽略了資本主義是由大批從安特衛普逃出的天主教難民帶來的事實。這些難民逃出安特衛普和法蘭德斯後，將自己的企業和精熟的技術一起帶到阿姆斯特丹這片土地。[32]在一五八五到一五八七年間，大概有十五萬名難民來到北部，這讓安特衛普的人口減少了一半，根特和布魯日的人口也是一樣。當然這當中並不是所有人都來到阿姆斯特丹，有些人在荷蘭的其他城市定居，也有些人在短暫的停留後搬到了德意志或英格蘭。但是十七世紀初期，阿姆斯特丹的十萬居民當中有三分之一的外來新移民是不爭的事實。這也難怪新的紡織工業在荷蘭迅速發展起來，而且這個產業大都是由新移民所擁有和運作的。同樣快速的狀況也在葡萄牙的香料商人身上出現，他們也把集貨中心從安特衛普轉到了阿姆斯特丹。另外，也因為阿姆斯特丹有通往萊茵河的通路，阿姆斯特丹很快就主宰了對德國的進出口貿易。

此時大宗的日用品仍然具有重要位置。荷蘭人長期主控巴爾幹地區的糧食、木材、鹽、礦石和酒的運輸，因此當阿姆斯特丹成為新的商業中心後，這類貿易變得非常興旺。舉例來說，從一五九〇到一六〇〇年間，在對莫斯科貿易的運輸上，荷蘭的航運取代了英國的地位，季節性地繞過斯堪的納維亞半島頂端，抵達俄羅斯的大天使港（Archangel）。[33]荷蘭人之所以能在大型貨物運輸上取得實質的壟斷地位，一個重要原因是他們的成本比較低；荷蘭人造的船很大、吃水淺，可以裝得下大量貨物。他們啟航時只需要相對少的船員，船上也沒有留給武裝設備什麼空間。荷蘭人在造船的原料上也享有較低的成本。因此與英國人的船相比，荷蘭的每艘船可以載更多東西，勞力成本也更低，投資的花費更小。英國人最重視船艦的武裝能力，包括商船在內，結果這大幅降低了船隻的載貨能力，卻讓他們特別適合進行「高獲利貿易」，運輸那些會把海盜吸引過來的輕巧奢侈品。海盜對於載送木材、小麥、醃魚的貨船沒有興趣，所以荷蘭商船的速度不用很快，也不需要大批船員或是船上的火炮，那些都是英國船才需要的。荷蘭人造船成本低還有一個原因，是因為英國國內有大量木材可以用來建造船體，卻缺乏高大筆直的松樹用來建造檜桿以及許多重要海軍補給。如同美國瓦薩學院（Vassar College）傑出的海洋歷史學家薇奧萊特・巴伯（Violet Barbour，1884-1968）的解說：「木材、松木、厚板、大麻、亞麻、瀝青、柏油等等，在英國的價格遠高於荷蘭。英國人造船的成本高，就反映在運費之中。英國商人因為無法進口到低價的木材和其他材料，因此無法低成本造船，這也造成無法低成本進口的循環結果。」[34]結果很簡單：對於大型貨物的航運而言，英國船的成本高，載貨量卻很少。

有許多學者把荷蘭資本主義的發展連結到加爾文主義，作為新教倫理的典範。正如英國經濟史家陶尼（R. H. Tawney，1880-1962）所說的：「這是一個認真、熱心、虔敬的世代，他們嘲笑享樂、準時勞作、不停祈禱、節儉致富，充滿對自身天職的完整自負心，確信艱苦付出必會在天上得到回報，這群加爾文主義者的經濟成就，與他們毫不動搖的新教信仰一樣舉世聞名。」[35]如果有人對這個說法有所懷疑，只需仔細觀看林布蘭畫作中的荷蘭資產階級嚴謹的表情和素樸的穿著，就能充分瞭解。但這不是全部的真相。即使在當時，阿姆斯特丹的風氣也特別前衛開放。「素樸裝扮的上層市民和神職人員，與身穿著鮮豔衣服的低階人民以及國內外的時髦青年，兩邊形成了鮮明對比。」[36]事實上，加爾文主義的牧師連讓商店和酒吧在安息日關門都做不到。當阿姆斯特丹到達經濟發展的頂峰時，主要的資本家都還維持著天主教信仰，還有許多人公開宣稱自己是非宗教的「放蕩浪子」。[37]當然，由於當時加爾文信仰是當時的官方信仰，也有部分外來的新移民改宗歸入了加爾文信仰。在一段時間內，荷蘭當局對宗教上的異己，包括路德派、門諾派，還有天主教徒全都強加限制，不准他們在荷蘭共和國的一些地區進行禮拜；某些地區還禁止天主教神父出現。不過在全國其他大部分地區，還是有很多天主教徒，而且在阿姆斯特丹，「一大群上層菁英公民」[38]仍然是天主教徒。在很大的程度上，「荷蘭貿易的擴張和商業精神的發展，與加爾文教會之間的關係，比起連結更多是斷裂……因為荷蘭加爾文主義和資本家的精神是衝突的……因此，荷蘭加爾文主義者和荷蘭商業之間涇渭分明。」[39]

打從一開始，阿姆斯特丹的商業霸權，與想繼續維持的獨立地位一樣，都受到了挑戰。數個世代以來，荷蘭共和國都在抗擊西班牙想讓荷蘭成為西屬尼德蘭一部分的野心。他們一方面要破解貪婪法國人的詭計，又要反擊英國來保障自己的貿易和殖民地。想當然爾，最終的結果是身處弱勢地位的荷蘭共和國無法一直稱霸下去。不過，荷蘭能在這麼長的時期內，扮演如此重要的角色；在數百年中，荷蘭人成功擋住了西班牙人和法國人的侵略，與英國人長期打得平分秋色，算是表現得可圈可點了。後來荷蘭霸權沒落，被併入拿破崙帝國，由此經歷了三十年的壓制。趁著這段期間，英國奪取了荷蘭大部分的殖民地。[40]但是自始至終，資本主義形塑了荷蘭的商業版圖，正如風車和堤壩形塑了荷蘭的地理形勢一樣。

英國資本主義

正當法蘭德斯和荷蘭的經濟蓬勃發展，資本主義也在英國奠定了堅實的基礎。和法蘭德斯一樣，資本主義初來乍到英國之際，同樣是以義大利半殖民主義（semicolonialism）的形式出現。十三世紀時，義大利銀行在英國（還有愛爾蘭）搶占商業版圖，[41]在一二一五年簽署的《大憲章》當中可以看到這個歷史事實。《大憲章》保障外國商人有權進入英國，並且在開展業務時不受阻礙。從十三世紀初開始，倫敦就有給外國商人的租界，類似幾世紀後西方殖民者在亞洲的那種形式。此處使用「半殖民主義」一詞是合宜的，因為這些外國商人在英國所經營的一切都要看國王臉色，而且他們背後並沒有軍事力量在撐腰。在英吉利海峽的屏障下，英國人成為重要的西方強權，很快就為了保衛他們在法國的土地發動了百年戰爭。

此外英國人也得天獨厚，享有高生產力的農業，以及豐富的礦產和豐沛的水力資源。也因此，英國人建立自己的商業只是時間早晚的問題。於是英國人對外國企業和商品加徵各種稅賦，於此同時這些外國企業也開始面臨來自本土企業日益強大的競爭壓力。不過即便如此，依然是封建制度的衰敗以及政治自由的興起，才真正給予英國資本主義強大的推力。就像《大憲章》當中明文記載的，英國商人享有產權保障和自由市場，不像那些在義大利南部和法蘭德斯瓦隆地區的早期資本家，他們的成果被專制統治者給摧毀了。此外，他們也不像歐洲大陸上的情況，英國工業不需要被集中在少數幾個擁擠、花費高又孤立的城市中。相反地，即使是在農村和小鎮，企業也一樣享有和倫教同等的政治自由。結果，這導致英國的工業成果分散在全國各地。也許更重要的是，自由和產權的保障，很大促進了發明與創新，讓英國工業對科技的發展和使用，遠超過那些歐洲大陸上的競爭者。工業革命其實並不真的是一場革命，而是一種發明和創新的演進，最早大概可以追溯到十一世紀的英國。

如同在法蘭德斯的情況一般，資本主義當初之所以來到英國，也是因為羊毛紡織的貿易。而且英國資本主義早期的發展，也幾乎全都集中在這個產業上。因此，深入檢視資本主義為英國羊毛紡織工業帶來的轉型，最能展現出英國工業資本主義是如何興起的。接下來要談的就是這當中演變的過程，也就是這些資本主義的早期經驗如何在英國被應用和發揮，讓他們從燒木頭改成燒煤。

從羊毛到羊毛紡織業

這些歷史發展的基本過程，透過圖表5-1（這些數字都經過四捨五入）可以清楚看到。在十三世紀時，英國實際上還是一個超大的牧羊場，專門供給法蘭德斯和義大利的大陸羊毛紡織業。英國自己的紡織業出口量太小，小到連稅收紀錄上都沒有出現過。然而，同時間羊毛的出口卻在快速攀升。從一二七八年到一二八〇年間的年平均一萬七千七百袋，到了十四世紀的第一個十年，到達了三萬四千五百袋，產量幾乎是九百萬匹抓絨（一袋標準的羊毛大概可裝填兩百六十匹抓絨，匹為長度單位，大約是二十八碼）。[42]到了十四世紀中葉，第一份出口羊毛紡織品的統計資料出現了：一三四七年到一三四八年的年平均出口量為是四千四百匹。後來幾年針對羊毛抓絨出口的徵稅權被外包了，所以沒有留下羊毛抓絨出口量的資料，不過接下來十年的年平均量到達了三萬三千七百袋，比世紀之交的水平稍微下降了一點。從那時起，紡織品的出口快速提升，羊毛抓絨量同時間開始下降。到了這個世紀末，英國出口的紡織品已達到三萬一千七百匹，這當中羊毛只有一萬三千九百袋。在一五四三年至一五四四年間，英國出口羊毛紡織品的年平均到達了十三萬七千三百匹，而羊毛抓絨的出口量下降到只剩下一千兩百袋。

左方的圖表反映出英國紡織業興起三個主要特徵中的其中兩個。首先是英國紡織企業的發展；其次是加徵的稅收和出口稅，這特別設計來保護優質的英國羊毛，不讓它落入外國紡織商的手中。最後這張圖表沒有顯示卻也是無庸置疑的，就是當英國人大量出口羊毛的同時，他們大部分的紡織品仍是進口的。在一三三三年到一三三六年間，進口量年平均到達了一萬

圖表 5-1　英國羊毛出口，1279~1540

年代	年平均出口紡織品（單位：匹）	年平均出口抓絨（單位：袋）
1278~80	—	17,700
1281~90	—	23,600
1301~10	—	34,500
1347~48	4,400	—
1351~60	6,400	33,700
1401~10	31,700	13,900
1441~50	49,400	9,400
1501~10	81,600	7,500
1531~40	106,100	3,500
1543~44	137,300	1,200

圖表資料來源：Carus-Wukson and Coleman，1963

匹。當然隨著英國羊毛紡織工業的成長，進口量逐漸降低，所以當時間到了一三五五年至一三五七年間，紡織品的年進口量下降到了大約六千匹。[43]隨著這三種趨勢的發展，英國人最終完全主宰了全世界的羊毛紡織市場。

英國羊毛紡織製造業一開始只有相對小的規模，但充分發揮了本土羊毛作為奢侈品的優勢，所以在十三世紀早期，有錢的歐洲人只會買英國紡織品。[44]這當中最好的成品常會被染成紅色，相當受到歐洲王室的青睞。

當時雖然英國羊毛紡織的出口量很小，威尼斯人卻已警覺到其威脅，因而在一二六五年特別加徵英國羊毛紡織品的關稅，但這也提高了英國羊毛紡織品的價格，使之高於威尼斯商人向東方和伊斯蘭貿易的義大利製羊毛紡織品價格。英國國王當然不會無視這個事實，十年後英國國王對英國羊毛抓絨也加徵出口稅。這就表示，英國的紡織業者可以買到優質的英國羊毛抓絨，成本卻比法蘭德斯和義大利的紡織業者更低，然後又能以較低的價格將紡織成品銷往國外，這當中羊毛紡織品的出口稅又很低，而且一開始只針對外國商人。即便後來也有針對英國商人的出口稅，但那只是一個正常的稅率。就這樣在保護政策下，一方面免於外國競爭，另一方面又獨占了最好的羊毛，英國的羊毛紡織工業最終稱霸世界，維持了數百年的霸主地位。

除了擁有最好的羊毛抓絨，以及有利的國家稅收政策，還有一些重要原因讓英國變得強大。就如同義大利的羊毛紡織工業得益於技術工人一般，這些工人從法蘭德斯的血腥內戰中逃出後，大批移民到法蘭德斯，英國也受益於此。一二七一年，亨利三世（Henry III，1207-1272）頒布的法令宣稱：「所有羊毛紡織業的生產工人，無論男女，不管是法蘭德斯人還是其他人，都可以安全進入英國境內從事紡織生產，並免除五年稅收。」[45] 到了一三三七年，愛德華三世（Edward III，1312-1377）將這些利多延伸至法蘭德斯的紡織製造商，甚至還派人前去招募人員。後來不只織布工、漂洗工和染色工來到英國，有些企業主甚至將整個公司和所有工人都帶到了英國。而且這些人也不只是因為想從法蘭德斯逃走而已，他們之所以傾心英國，是因為這裡有更大的自由、穩定的政治、較低的成本以及更好的原料。這當中最吸引他們的，就是先進技術所帶來的高工資和高獲利。

英國羊毛紡織工業還有個最重要的特徵，而且這點後來被英國其他許多地方的工業模仿，就是他們的分散性。英國從來就沒有類似法蘭德斯，或是義大利的那種「羊毛紡織城」。儘管英國的羊毛紡織企業規模和歐洲大陸上的一樣大，但他們都是分散在鄉村四處，這當中有技術和政治的原因。

十三世紀的工業革命

英國經濟史家艾莉諾拉・卡魯斯—威爾遜（Eleanora Carus-Wilson，1897-1977）在一九四一年指出，從很早的時候開始，英國的羊毛紡織工業就從都會區轉移到了鄉下和農村地區。為什麼呢？這當中不只一個原因，但是水力漂洗作坊扮演了一個非常重要的角色，讓卡魯斯—威爾遜把她的那篇著名論文的標題定為「十三世紀的工業革命」。

漂洗（或稱為縮絨）是生產優質紡織品的重要步驟。紡織布匹剛從織布機出來時很蓬鬆，但接下來的步驟是漂洗，要把布匹放進水裡浸泡（水中通常含有一種天然陶土叫做「漂白土」〔fuller's earth」），然後用力敲打。當漂洗過程快要完成時，紡織布匹將會比還沒漂洗時縮小了大概一半的尺寸，這樣布匹纖維就會更緊實堅固，而漂洗過程同時也會清除掉布匹上的油脂和「毛氈」（felt），讓布匹表面變得更光滑柔順。[46] 過去漂洗時用的是三種傳統方法：布匹在浸泡時用腳踩，或者用手拍打或者拿棒子敲打。在一幅龐貝古城的壁畫中，畫了一個幾乎全裸的漂洗工人站在水槽裡，抓著水槽的邊緣，踩踏著布匹。這些古代留下的傳統工法，法蘭德斯和義大利都還在繼續使用，英國在某段時間內也是如此。但在某個時間之後一種新工法被引入了：兩個木製鎚子接在一個鼓狀物上，經由把手轉動，在水槽中被提起後，上下敲打布匹。雖然這過程中還是需要倚靠人手的力量，但後來一個巨大的突破出現了。當某人把這個設備連結到水力磨粉機上（本來可能只是要磨麵粉），就讓原本需要雇用大量漂洗工人勞動的事情，變成在機械化的狀況下，只需一個操作員顧著鎚子，就能很快完成大量紡織布匹的漂洗工作。後來漂洗作坊還轉變成了麻布作坊，也用同樣的工具鎚，把亞麻纖維桿碾碎、清除纖維，供編織麻布時使用。

卡魯斯－威爾遜指出，漂洗作坊的發明「（對於羊毛紡織工業而言）是一個具決定性意義的關鍵事件，等同於十八世紀時將紡紗、編織機械化的過程。但我們不知道漂洗作坊到底是在何時、何地、由誰發明的」。[47] 有些歷史學家認為，漂洗作坊出現在十一世紀，也有人認為是十二世紀，但不管怎麼樣，十三世紀時漂洗作坊已十分普及，也為英國工業帶來革命，讓英國此時能遠遠甩開歐洲。正是因為漂洗作坊，羊毛紡織工業特別適合在那些有溪流流過的鄉下和農村的地區發展。[48]這樣的地理位置還有幾個額外的優點：流動的水對於染工來說也非常有用，可以洗掉他們身上的染料。此外，坐落於鄉村，讓企業可以避開行會那些壓迫人的規範，還可以支付較低的稅款，特別是跟市鎮或城市加徵的稅賦相比時。另外，企業在鄉村付出的工資比較低，因為鄉村的生活成本也比較低。於是資本家在創立羊毛紡織企業時會避開城市、故意設在小鎮和鄉村。[49]

為什麼這些事情都沒在歐洲出現呢？這是因為在歐洲，只有城市才有足夠的自由和應有的產權保障，而這些是工業發展所必需。歐洲的鄉村還很封建，每個人都在擔心當地領主的覬覦。但是在英國，整個境內都是自由和安全的。有句俗話說：「城市的空氣使人自由」，但這句話對於英國人民來說沒有太大意義，對一個很有野心的產業領袖而言更是如此。[50]對於中世紀的英國實業家來說，根本沒有必要把企業集中設在擁擠、昂貴、混亂又骯髒的城市裡，更何況很多城市沒有水力。但那些在法蘭德斯、荷蘭、萊茵河沿岸，以及義大利的同業競爭者，卻被迫關在城市中。如果要用一句話來類比，那就是「鄉村的空氣使人發大財」。而且英國的紡織製造商並沒有因為設在鄉村，就只是一個簡樸的小公司；相反地，漂洗作坊需要投入大量資本，而且因為位在農村，還需要維持一定的勞動力，因為在這種偏僻的地區，根本無法把工作分包出去。

這裡還要點出的是，漂洗過程讓英國紡織品在國際市場上非常具優勢。當然，歐洲大陸的紡織製造商也會漂洗紡織布匹，他們的祖先已經這麼做了幾百年。但是歐陸的製造商只能漂洗**部分的紡織布匹**，這很大程度上就會把品質給犧牲掉了——[51]那些沒有經過漂洗的衣服，若在雨天穿出門便會縮水。沒辦法漂洗的問題，反映出在歐陸漂洗作坊的缺乏。倘若是徒手漂洗，就會需要大量的勞力，這樣既耗時又費力。曾有估計指出，在沒有漂洗作坊的狀況下，會需要織布工人一半人數的漂洗工人，「但在漂洗作坊中，一名漂洗工有能力完成四十到六十名織布工的產品。」[52]

英國不只在充分利用漂洗作坊的優勢上完全獲利，這還只是他們對紡織工業進行機械化的第一步而已。暨漂洗作坊之後，很快又出現了拉絨作坊，用來拔除紡織品表面的絨毛。接著在一五八九年出現了針織機，然後是飛梭（1733）、珍妮紡織機（1770）、走錠紡織機（1779）、水力織布機（1785）。所有的這些發明，都曾遭到憤怒工人們的抵制。不過，當瓦特（James Watt，1736-1819）在一七七六年造出第一台實用的蒸汽機時，這些發明都還健在，正等待要配備其他的機械化設備。科技上的創新就是英國資本主義的特點。

最後，分散且限制相對較少的資本主義，藉由生產更時尚、更具吸引力的產品，讓英國羊毛紡織品以出人意料的方式主宰了國際市場。如同英國中世紀經濟史家安東尼．蘭道夫．布里德伯里（A. R. Bridbury，1924-）所說的，英國羊毛紡織業的成功，不只因為有更好的羊毛抓絨或者較低的價格，更值得強調的是他們的「藝術感與技術……異國風情的色染……設計與色彩在創意中巧妙結合……不斷尋求創造出更時尚、更國際化的紡織產品」。[53]相反地，在歐洲的紡織業中心裡，眾多行會死守傳統的用色與設計；有創意的人擠在一起，不斷在意著彼此在做什麼，結果讓原創性消失殆盡。至於英國，分散各地的紡織工業讓設計師沒空管別人做了什麼，因此在風格和品質上有著多元的變化。此外，資本家在管理和生產上給予了充分自由，很少干預生產過程，針對產品的反饋也可以快速直接地反映在產品上。用現代的術語說，英國的羊毛紡織工業是「市場導向」的。

一開始，雖然羊毛紡織工業是英國成為國際商業霸權的基礎，但透過將這些從羊毛紡織業學到的經驗應用到其他機會上，才真正讓英國人成為世界上第一個工業化國家。關鍵的下一步就是煤炭工業的興起，這個發展過程展現出資本主義和技術創新之間的動態連結。

煤能產業

不管在哪種用途上，木材都只能算是一種次等燃料。但是在古代地球上大部分人類居住的地方，木材都相對豐富而且易於取得。比起木材，煤是一種更先進的燃料，但是分布範圍較小，而且在地面表層被使用完之後，開採的難度會變大，運輸成本也很高。基於以上理由，古人幾乎還是使用木材和木炭當作燃料，不管是讓房屋維持溫度，還是烹煮食物等等，舉凡需要熱能的事情，如冶金，製磚頭、製造玻璃、製造肥皂、製鹽、製作陶器，甚至釀酒等，都需要用到木柴。不過由於燒柴產生的熱能溫度不夠高，很大程度上限制了生產的品質。舉例來說，大部分的武器和鎧甲是用青銅和黃銅製造的，因為這些軟金屬的合金能在相對低的溫度下融化。但眾所皆知的是，在軍事上鐵能製出更強的武器，但這需要更高的溫度。木炭的熱能只夠進行鍛造，卻不足以將金屬熔化後澆注成器。

十二世紀時，倫敦開始快速發展，但隨著周邊資源逐漸耗盡，燒柴價格開始上升。過了一個世紀以後，木材價格上升的太快，為倫敦得許多家庭帶來很大的麻煩。距離倫敦大約五英里的漢普斯特德（Hampstead），在一二七〇年代每一百根燒柴的價格大概要二十便士。到了一二九〇年代，價格已上漲到了每一百根三十八便士。在薩里（Surrey）這個離倫敦大約二十英里的地方，燒柴價格「自一二八〇年代到一三三〇年代足足漲了50%」。[54] 同時間，從一一八〇年開始，倫敦幾個不同的產業開始透過水路從紐卡斯爾（Newcastle）進口煤，因為煤的價格反而沒有上漲太多，木材的價格卻越來越貴。此外，英國煤的品質很高，每磅產生的熱能遠超過木材。隨著煤和木材的價差日益縮小，更多需要工業熱能的企業開始改用煤炭。英國煤炭擁有極具競爭力的價格，這反映出開採技術和運輸能力上的進步。但更重要的是，煤炭市場的擴大**加速促進**了這類技術的發明與應用。此外，正如水力的運用使得羊毛紡織工業集中在河流附近，從木材轉而使用煤的變化，也讓許多產業聚集在煤礦場附近，結果導致「許多不同類型的企業都增大了規模」。[55]

即使英國擁有藏量豐富、品質優異的煤礦，不久後也必須開始深入地下礦脈開採。人們發明出定位煤層用的鑽桿。當地下開採取代了露天開採，就需要去除礦井中的積水。古羅馬人會使用排成一隊的吊桶，以人力向外排水。英國人遇到同樣問題時則不然，他們懂得用水力驅動的幫浦或是以馬力推動的水輪，將積水抽取出來。[56] 同樣地，英國人以類似的水力幫浦，透過通風扇把新鮮的空氣打入礦井。這些技術後來也被歐洲大陸使用，起源應該都是英國，但是英國人應用得更廣，因為英國人管理的礦井規模更大。

採礦工業所面對的另一個問題，是如何運輸沉重的煤炭和礦石。在伊莉莎白一世晚年，解方被諾丁漢郡某些不知名的發明家找到了。他們為四輪馬車鋪設了鐵軌，這就是後來被稱作礦車（tram）或電車（trolley）的東西。人們分別使用了兩種技術，第一種和現代的鐵路很像，就是在馬車的車輪上安裝輪緣，如此讓車輪能在軌道上保持前進。第二種技術被稱作板軌（plateway），即在鐵軌上安裝凸緣來引導車輪前進。起初，第二種技術更常被人使用，只要將馬車引導到鐵軌末端，使用一般車輪就可以沿著軌道前進。然而，其實第一種方法更便宜，成本也更低，只需把輪緣安裝在馬車車輪上，就不必在整個軌道上加裝凸緣。為了便利凸緣輪的使用，鐵路通常會從礦井鋪設鐵軌一直延伸到附近的工業區，像是冶煉廠或是通往有駁船等待的水路碼頭。有鐵軌的最大的好處就是大幅降低了摩擦力，這樣運送同一批貨物所需要的動力就少了很多。馬車在軌道上推動之後，即使將動力撤走，滾動速度仍是平路上的五倍。[57]只要沿著鐵軌前進，光靠一匹馬也能拉動更重的貨物。這讓英國最工業化的地區，在早於蒸汽機發明很久之前的一段時間當中，就已經有大規模的軌道系統。也難怪火車頭是在英國發明的，而且英國也引領全世界鐵路的發展。事實上，一旦瓦特的發動機被證明了其穩定性，鐵路軌道系統不久後就出現了火車頭。

如前所述，用煤礦來煉鐵才是合適的，因為這樣既能融化礦石也能融化鐵水。鼓風爐的發明讓整個過程變得更方便。鼓風爐的風箱由水力驅動，能產生巨大的熱能。鼓風爐本身體積很大，爐壁有五到六英尺厚。少數鼓風爐早在十五世紀的歐洲就被使用，但直到十六世紀中葉，鼓風爐才在英國被更大規模地應用。英國人很快就改良了這種技術，用在磚窯內燒磚。更重要的是，人們發現了用沙子和碳酸鉀生產玻璃時關閉黏土坩鍋的方法，結果讓英國有能力生產大量非常廉價的玻璃，並且很快就讓大部分的英國人家中都裝設了窗玻璃。從這個角度來說，玻璃是英國製造業的一個典範。就這樣，英國產品一個接著一個地擴張市場，這全有賴生產上的突破所帶來的高品質和低成本結果。到了十六世紀初，英國人能製造出歐洲最好的火砲，比起歐陸那些用黃銅和青鋼製造的武器，英國的火砲不僅是用鐵鑄造的，也擁有更大的射程和可靠性，而且還更便宜。當英國人迎戰西班牙的無敵艦隊時，西班牙人雖然在數量上碾壓過英國，但英國人卻在火力上碾壓了西班牙。

資本主義是英國工業化的關鍵。通風良好的礦井要有水力幫浦保持其中的乾燥，還要配有軌道系統，這都需要鉅額的投資和良好的管理。冶煉廠裡精密的鼓風爐，要配備機械化的風箱，這都不是在家中後院就能經營的。一切都是資本密集的產業活動，需要大量可靠的勞動力。所以從很早期的羊毛紡織工業開始，英國企業的規模就變得越來越大，也越來越複雜。而且令人驚訝的是，這樣的發展趨勢很少受到災難、戰爭或是政治動亂的影響。

另外，也必須認知到，英國資本主義能得到發展，是因為英國人享有別人比不上的自由。

這並非巧合。這個國家本來就有最悠久的個人自由傳統。另外這也是一個不斷出現新發明、產業欣欣向榮的國家。

發明和創新為西方帶來成功，歐洲人乘著巨大而穩定可靠、配備精良武器、航行又迅速的艦隊，橫行於世界。羅盤、輿圖技術、精確的時鐘以及望遠鏡，讓他們找到行進的方向。精良的武器讓他們能征服任何他們挑中的地方。

不過，西方成功的關鍵也不僅僅在於物質上的發明，**文化上的發明**其實更重要，尤其是在組織和激勵群體上，有許多觀念和方法上的突破。方法與觀念是資本主義的根基；對於進步和理性的信仰，則是理性商業技術的基礎。自由也不是漂浮在社會上空的雲朵，自由只存在於人們信仰自由、並且也有辦法去守護自由的地方。

軍事力量也不只是武器的性能和數量。那些看似輕敵的新大陸冒險家，像是柯爾特斯（Cortés，1485-1547）和皮薩洛（Pizarro，1471-1541）之所以能成就不可能的任務，並不是因為他們擁有強大的武器。他們能夠做到，是因為他們的部隊有紀律，軍官受過良好訓練，並且堅信神會賜予他們勝利。所以即便是幾十人的征服者，也能讓上萬阿茲特克人和印加人屈服。

最後，不像世界上很多其他的宗教，基督教不是一個各類民間信仰的拼裝品。基督教沒有雲遊各地的神職、住持，也沒有散落各地的公廟。從初代開始，基督宗教就是一個組織完善、有獨特信條的團契。若說這個特徵常導致醜陋的鬥爭，但不可諱言地也因此啟發了很多熱情的宣教行動和高度的個人委身，這些在西方的勝利中也扮演了一個關鍵角色，不管是在故鄉還是在海外。

不幸的是，即使是深刻的文化發明，也是很脆弱的。到了十六世紀，戰爭、壓迫、宗教鬥爭和貪婪的暴君，讓歐洲人自由和資本主義的版圖進行了重劃。

第六章

「天主教」的反資本主義：西班牙和法國的專制統治

- 一四九二年：落後的西班牙
- 財富與帝國
- 西班牙轄下的義大利
- 西班牙轄下的尼德蘭
  - 安特衛普的破壞
  - 與荷蘭人作戰
- 失敗
  - 無敵艦隊
  - 崩潰的帝國
- 法國：稅收、管控和衰退
  - 創建一個絕對君主制的國家
  - 稅收
  - 官僚主義
  - 毫不妥協的行會
  - 法國的「資本主義」

我們已經看到資本主義如何發源於義大利，又怎樣從那裡傳播到了法蘭德斯、荷蘭和英國。但是在十七世紀初，資本主義卻從義大利和法蘭德斯消失了。而主宰歐洲的兩大陸權國家西班牙和法國，他們對資本主義也沒有比他們對民主政治和基督新教有更多好感。這兩國一向是剛硬又擁有很深傳統的天主教社會，被專制君主統治，又被這些君王徵重稅並掠奪，使得日常的商業活動陷於停滯。同時間，資本主義卻在英國和荷蘭持續蓬勃發展，這兩個國家都是在新教徒主導的統治之下。

這也難怪會出現跳躍性的結論，認為資本主義只有在新教社會中才會發展，但這種說法忽視了一個事實，那就是資本主義發源於天主教傳統很深的社會。不過即使如此，資本主義在法國和西班牙的衰落，還有西班牙如何摧毀法蘭德斯和義大利城邦的資本主義，也是一個很有意義的重要問題。要完整討論資本主義在歐洲部分地區的興起，就必須要解釋資本主義何以在其他地區缺席或是面臨衰落。總而言之，西班牙在這當中扮演了非常重要的角色，因為西班牙不但掌握了新大陸的鉅額財富，還配有強大的軍事力量，更是積極地對外擴張。另外，法國的角色也同樣值得關注。

本章主題已在第三章就闡述過了：專制政權十分貪心，吞沒了大多數原本可以用於經濟發展的財富。然而若因這樣，就直接判定專制政權必會國力衰弱，那可就錯了。統制經濟經常直接將大部分資源用來維持強大的軍事力量，就像西班牙那龐大、有效率而強悍的部隊，讓西班牙得以控制歐洲的許多區域。法國國王擁有歐洲最龐大的軍隊，國家兵源充足，讓他們得以徵募比歐洲任何國家都還多的軍隊。最終，這種數量上的優勢，讓拿破崙足以暫時將法國的統治力擴大到歐洲其他區域，甚至包括西班牙在內，儘管法國農民的生活過得非常卑微貧賤，尤其與荷蘭和英國的農民相比更是如此。

因此也許有人會想：如果資本主義對歐洲取得的成就如此關鍵，那麼西班牙和法國的競爭力又當如何解釋呢？絕不只是因為他們的國家夠大，否則中國和印度早就主宰世界了。一個重要的原因是，法國和西班牙都是基督信仰的社會，也同樣是對進步和理性擁有完全信仰的國家。在這兩個國家中，還是有很多人很快就接受新科技，而且他們懂得從外部引進經濟進步的成果，即使他們自己並沒有能力，或是根本沒有意願去自行生產。因此，當西班牙無敵艦隊揚帆迎戰英國時，他們真的是所向無敵，雖然船上的人事物當中，只有人員是來自西班牙而已。其他所有一切，不管是糧食、武器甚至整艘戰艦，都是從其他國家進口的，也就是從資本家供應商那裡買來的。此外，許多法國和西班牙企業家盡其所能地效法資本主義，即便他們處在貪婪政權的各種嚴格限制之下，卻能表現出令人驚訝的生產力。不過就算這樣，一旦真讓西班牙或法國擴張領土之野心主宰全歐洲，結果必然是歐洲會走向停滯，這就是接下來要談論的。幸運的是，資本主義存活了下來，而且歐洲也持續進步著。多虧有迷你小國荷蘭破壞了西班牙帝國的野心；而英國海軍更是先擊敗西班牙的無敵艦隊，後擊垮拿破崙的霸業。這都是因為資本主義嗎？這麼說並不為過。

一四九二年：落後的西班牙

從十七世紀初開始，西方的歷史學家就花費龐大心力試圖解釋「西班牙的衰落」。英國航海家法蘭西斯·威盧比（Francis Willughby，1635-1672）在一六七三年寫出自己當時看到西班牙如何掉入一個糟糕的處境：「一、不良的宗教。二、暴君般的異端裁判所。三、大量的妓女。四、貧瘠的土地。五、可悲又懶散的人民，就像威爾斯人（Welsh）和愛爾蘭人（Irish）一樣。六、對猶太人和摩爾人的驅逐行動。七、戰爭和殖民地。」[1]四十年之後，佛羅倫斯的駐西班牙大使指出：「這裡極度貧窮，而且我認為與其說是國家的自然環境造成，不如說是西班牙人的性格使然，這些人從來都不努力，寧願把自己王國領土內生產的原物料送去其他國家加工，再去購買人家加工後的產品。」[2]

不只外國人，早期的西班牙作家也哀嘆西班牙已從斐迪南（Ferdinand，1452-1516）和伊莎貝拉（Isabella，1451-1504）那個黃金時代徹底衰落了。就像西班牙政治家佩德羅・斐迪南・納瓦雷特（Pedro Fernández de Navarrete，1564-1632）在一六〇〇年寫到的：「這些光榮的君主曾讓西班牙的幸福和偉大到達前所未有、盛極一時的高度，直到榮光墜落、衰落來臨。」類似的觀點一直存在。也有如傑出的英國歷史學家約翰・艾略特（J. H. Eliot，1930-）在一九六一年時總結的：「目前看來，十七世紀對於西班牙如何衰落的歷史解釋已被普遍接受，不太可能更動，就好像是不管怎麼洗牌，還是同一副牌出現一樣。」[3]但後來英國歷史學家亨利・凱曼（Henry Kamen，1936-）直接創造了一副新牌：「**西班牙從未衰落，因為根本未曾崛起！**」[4]

凱曼針對之前習以為常的說法做了高明的修正，同時也帶出對西班牙與西班牙帝國兩者應做的重要區分。西班牙帝國興盛於查理五世當王之際，他有哈布斯堡王室血統，在根特長大，之後藉由錯綜複雜的王室婚姻，成功坐上西班牙王位，然後又靠跟大富豪雅各布・富格爾（Jakob Fugger，1459-1525）借錢選上神聖羅馬帝國的皇帝。由此，低地國的部分領土以及德國的大部分地區，就這樣納入在他的統治之下，當然還有西班牙以及後來增加的新大陸殖民地。這整個是一個**動態的帝國**，除了新大陸的據點之外，都不是靠西班牙人的擴張或征服而建造起來的帝國。西班牙本身對帝國所做的貢獻就只有徵兵，以及從新大陸運回的黃金和白銀。這金銀數量之龐大，甚至到造成整個西歐通貨膨脹，也成為西班牙有能力維持龐大且裝備精良的軍隊的財政來源。靠這支軍隊，西班牙得以與法國、日耳曼的新教王侯，眾多義大利人、荷蘭人和英國人作戰。但是，新大陸的富庶沒有為西班牙帶來多大的益處，西班牙還是停留在一個經濟未發展的封建國家狀態。有朝一日，當帝國的榮光無法再繼續掩蔽西班牙的落後時，就被人誤以為西班牙從美好的時代墜落了。

所以，那個破壞義大利和荷蘭的資本主義的不是西班牙，而是西班牙帝國。不過，在談帝國造成的問題之前，我們先概述斐迪南和伊莎貝拉統治之下黃金時代的西班牙當時的經濟、社會和政治狀況。

一四九二年哥倫布啟航時，「西班牙」並不真正存在。所謂的西班牙，是直到很晚近才出現的，而且僅是名義上的存在。當時的西班牙剛由卡斯提亞（Castile）和亞拉岡（Aragon）兩個獨立王國合併而成。即使到了今天，很多人都還是覺得自己是卡斯提亞人，或覺得自己是亞拉岡人，而不覺得自己是西班牙人。在一四九二年時，這兩個王國的人應該更是這麼想，甚至可能包括這對皇家夫婦也這麼想。相較起來，伊莎貝拉的卡斯提亞王國重要性更高，這個王國坐擁六百二十萬人口，占西班牙國土面積的三分之二；亞拉岡王國則顯得相對弱勢。伊莎貝拉嫁給斐迪南後，他倆將兩個王國「統一」起來，才建立了西班牙。新國家的總人口大約是七百二十萬，大概是法國人口的一半。[5]一開始國王夫婦很受人民愛戴，高度受歡迎的程度甚至使得一四八〇年之後，那個屬於貴族的立法機構——卡斯提亞議會，越來越少開會，也不再對國主有任何制衡力量。結果議會後來無力拒絕查理五世大規模的增稅，卡斯提亞王國也變得越發專制。亞拉岡議會則稍微有辦法繼續對地方的稅收問題發揮一點影響力，但也只是可有可無的程度。[6]

一四八二年，斐迪南和伊莎貝拉發動了一場對阿爾哈馬（Alhama）的攻擊。阿爾哈馬是一座格拉那達（Granada）的邊境城市，屬於摩爾人在伊比利亞半島南部沿岸建立的國家，三面圍繞卡斯提亞地區。阿爾哈馬很快就陷落了，在經歷長期的爭戰之後，格拉那達在一四九二年一月二日向西班牙軍隊投降。這就是所謂的收復「摩爾人的西班牙」，此舉讓西班牙突然增加了幾十萬的摩爾人。然而，究其為王室帶來財富而言，卻顯得微不足道。[7]相反地，戰爭的成本卻是那麼巨大，讓這個勝利等同於巨大的虧空。在這種情況下，國王們對於尋找新的收入來源變得非常飢渴，因此更堅定了他們贊助哥倫布出海的決心。哥倫布正是在西班牙國王夫婦取得格拉那達的勝利後，幾週內就出發了。

然而，征服格拉那達所付出的巨大代價，預告了未來的不幸。到了下一個世紀，成為帝國的代價讓西班牙耗損了大量財富，也讓這國家成為一個充滿貧窮農民的國度，不僅是工業製品完全倚賴進口，甚至連糧食也一樣缺乏。

破壞西班牙農業的，除了貧瘠的土壤之外，還有一個叫做梅斯塔（Mesta）的奇怪制度。西班牙牧羊業所產的羊毛質量很好，雖然不如英國那麼高級，但仍超過其他地方。這導致西班牙主要出口羊毛抓絨，而且漸進性地取代了英國的地位，成為法蘭德斯和義大利羊毛紡織業的原料供應源頭。梅斯塔是一種牧羊人組織，他們擁有王室所授予的特權，可以帶著大批羊群在西班牙境內遷移，「從北方的夏季牧場到南方的冬季牧場，然後在春天時再回到北方。」[8]他們邊走邊放牧，導致他們行經路線的農業都無法經營。而且這些人和羊所影響的耕地面積非常巨大。而且只要當他們與其他地主產生衝突，君主總會站在梅斯塔這一邊，就因為對於西班牙的經濟來說，沒有別的東西比羊毛出口更重要。然而政府對梅斯塔的保護政策，嚴重傷害了人們對農業投資的動力，[9]結果造成西班牙必須進口大量的糧食作物以及其他各種食品。

地理因素也讓西班牙很難一統整個國家，甚至無法進行國內的商業活動。崎嶇難行的山脈創造出易守難攻的地勢（就像拿破崙戰爭中威靈頓〔Wellington〕一樣）。這些自然天險妨礙了商業運輸，而且導致「價格持續飆高」。[10]舉例來說，把香料從里斯本運到托萊多（Toledo）的交通成本，甚至比直接在里斯本購買香料還高。

以製造業而言，西班牙真的相當缺乏相關產業，而且僅剩的製造業也在美洲黃金與白銀大量湧入時消失殆盡，這更加大了西班牙對進口的依賴。此外，西班牙也沒有培育出本土的商人階層，國家的商業生活大多掌控在外國人手中，而那些人多半是義大利人。這更給了西班牙紳士（hidalgo）一個自以為是的理由，認為製造業和商業是屬於下等民族和低等國家的，所以讓外國人繼續為西班牙打工就好。[11]當帝國的勢力範圍已到達北歐之際，西班牙仍停滯在封建時代，只能出產許多貴族階層的青年男子，而這些人大多是為了逃避貧窮而選擇當職業軍人的。這些訓練有素、長期服役、裝備精良的西班牙戰士，是歐洲最強大又令人畏懼的武裝力量。不過他們是為帝國而戰，而不是為了西班牙而戰。他們取得勝利的地方都距離他們的家鄉非常遙遠，可能是在低地國家、義大利或是萊因河沿岸。至於支付他們軍餉的那些錢，則來自數千英里外的大西洋對岸。

財富與帝國

西班牙在十六世紀時達到國勢的頂峰，廣大的帝國向東延伸遠至菲律賓，歐洲部分則東到奧地利，另外還包括美洲、尼德蘭、日耳曼的許多區域、突尼斯、薩丁尼亞、西西里、義大利的大部分領土，以及整個伊比利亞半島（包括葡萄牙、納瓦拉〔Navarre〕、魯西永〔Roussillon〕）的廣闊領土。為了防衛和掌控這些領土，帝國需要維持大約二十萬人的常備軍，這些軍人從歐洲各地招募而來，有很大的比例來自愛爾蘭、法蘭德斯、義大利、德國，他們的總人數與來自西班牙本土的人數幾乎一樣多。這支帝國的軍事力量可說是自羅馬帝國衰亡以來，歐洲第一支長期服役的常備軍。

不過西班牙並沒有足夠的能力去武裝這批優秀的士兵，因為國內根本沒有軍工廠，不但造不出火藥和火炮，包括連炮彈都製造不出來。一五七二年就發生過一次緊急的炮彈荒，搞得菲利普二世寫信給義大利，要求立即派兩個鑄造炮彈專家到馬德里來，因為「這裡沒有人懂得怎麼去弄這些東西」。[12]但結果根本沒啥用處，當西班牙巨型艦隊在一五八八年揚帆迎戰英國時，所有的火槍和炮彈都是進口的，就像船上的其他所有東西一樣，沒有一個不是進口的，就連船上補給的點心也是。還有一樣非常重要的東西是船上沒有的，那就是地圖。在西班牙連一個輿圖師都沒有（馬德里第一張街道地圖是在荷蘭出版的）。當他們想要尋找熟悉英倫海峽的領航員時，西班牙本土遍尋不著這樣的人。西班牙海軍上將梅迪納・西多尼亞（Medina Sidonia，1256-1309）將軍必須仰賴法國的領航員，才有辦法導航自己的艦隊。[13]當然，艦隊的所有船艦，也沒有一個是在西班牙製造出來的。

那麼帝國到底擁有什麼？或者說至少在表面上看來，這個帝國很有錢。因為帝國擁有三個財源。首先是皇帝強加給人民的高額重稅。舉例來說，卡斯提亞地區的稅賦，比歐洲其他任何地方都來得高。到了一五九〇年，農民的豐收年收入，估計平均三分之一要上繳作為稅賦。[14]而帝國加給其他地區的稅收水平，也只比卡斯提亞地區稍微低一點而已。其次是大量壓榨教會收入。新教的統治者透過沒收教會的財產，大量增加財富。由於西班牙帝國正好幫忙打擊「貪婪的異端」，使得教宗承受壓力，不得不和西班牙王室分享這些收入。這讓查理五世得到領土內三分之一的教會什一稅，還可以對教會的財產徵稅，又能得到教會的其他財富。[15]在當時，什一稅的稅收特別高，因為無人可以豁免；相較之下，有許多大的群體，比如整個紳士階層，當時是不用向帝國繳稅的。

最後，也是這當中最重要的，帝國大量的資金來自秘魯和墨西哥的黃金和白銀，還有從亞洲船上運回的香料和的絲綢。在一五〇〇至一六五〇年間，超過一百八十噸的黃金，還有超過一萬六千噸的白銀，從新大陸運抵塞維亞（Seville）城。[16]這些進口的金銀，讓整個歐洲的白銀供應量成長了三倍，黃金供應量增加了兩成。[17]但也因為過度仰賴進口，導致金流無法留在西班牙。如同威尼斯大使評論的一般：「從東印度來的黃金到西班牙，就像大雨落在屋頂上一樣，雨滴傾瀉之後全都流光了。」[18]大量資金流向了熱內亞，他們的商人都住在西班牙，還掌控西班牙諸多的（也許是大部分）商業活動。另外，也有更多的財富分散在帝國各處，或用於支付士兵軍餉，或用於地方政府財政，也有用於支援盟友。也有一些消耗特別巨大的負擔項目，像是無敵艦隊對戰英國的直接成本，就超過了一千萬達克特（ducats，當時流通於歐洲各國的錢幣單位），這大概是帝國一年總預算的兩倍，也是英國伊莉莎白女王收入的數倍。

由以上種種可知，去除掉驚人的債務之後，整個帝國的財政根本是打腫臉充胖子。這種狀況從斐迪南和伊莎貝拉起就開始，因為他們從未在財政預算上做到收支平衡過。查理五世在繼承王位之餘，也繼承了他們遺留下的龐大債務。而後，查理五世更以帝國等級的規模，進行了更大的舉債。從為了獲取神聖羅馬帝國的皇位開始，查理就向大富豪雅各布・富格爾借了超過五十萬盾（guilder）的黃金，但這也只不過是當中的九牛一毛罷了。查理五世在位期間，曾向歐洲的銀行家們貸款超過五百次，總計大概有兩千九百萬達克特。[19]這一大筆債務，直到一五五六年他兒子菲利普二世登基時都還無法還清，一樣也被繼承了下來，而且還導致一年後菲利普宣布自己破產。五年之後，帝國的債務又再次飆高，光是為了支付當期利息，就需支付一百四十萬達克特，這占了全年總預算的25%以上。[20]更慘的是，到了一五六五年，帝國在低地國家的債務，達到了五百萬達克特，債務的利息加上統治該地的固定成本，每年額外增加了二十五萬達克特的赤字。[21]類似狀況遍及整個帝國，財政債務成了帝國最大的隱憂。在一五七〇年代的前半段，菲利普二世的年收入平均為五百五十萬達克特，但總支出卻接近一倍以上，光是他的利息一年就超過兩百萬達克特。[22]果然不出所料，到了一五七五年，菲利普二世對於大約三千六百萬達克特的債務開始賴帳。這麼一來，也讓他的政府完全破產。尼德蘭當地的總督就曾抱怨：「即使國王有一千萬的黃金想要送來，也因為破產而運不過來。」[23]其實，從海路運送黃金更是危險。僅僅幾年前，也就是一五六八年，西班牙人曾偷偷讓四艘岸巡船載著一百五十五箱達克特開往安特衛普，去支付阿爾瓦公爵（Duke of Alva，1507-1582）軍隊的軍餉，但那些船中途被英國人攔截了，大部分現金最後變成伊麗莎白女王的財產。[24]那麼，若改成以信件或以匯票寄錢呢？也都不可能，因為在尼德蘭沒半家西班牙銀行有能力支付這筆款項，其他銀行就更不願意為了西班牙的信用背書。結果就是西班牙失去尼德蘭北部的領土，很大的原因是帝國一而再、再而三地破產，無法及時支付軍隊軍餉。到了一五九六年，破產又一次地發生。

從斐迪南和伊莎貝拉的時代往前推算，這個帝國早就有嚴重虧空的問題。最後到了菲利普二世時代，他在位時幾乎天天都只能坐在在埃斯科里亞爾宮（Escorial）的御案前，批閱廣闊國土間往返的各種官方文書，徒勞無功地試圖維持財政預算的收支平衡。他一再地尋找新的貸款，同時也努力地拖債，並且懷疑人生般地思考著為何神無視於他的祈求？菲利普二世後來不得不面對殘酷的現實。一五九八年，就在菲利普二世臨死前，他和法國簽訂了和平協議，從此斷開西班牙和尼德蘭的連結。

這樣的結果讓英國和荷蘭成為歐洲的經濟強權，這兩國都是先進的資本主義國家，也都開始打造各自的殖民帝國。到了這個時候，他們也已不把義大利和法蘭德斯放在眼裡了。

西班牙轄下的義大利

到了十六世紀末，曾經的資本主義搖籃——義大利城邦，再也不是經濟強權了。到底發生了什麼事情呢？這有許多的原因。首先是從英國和北歐而來的強力競爭，在他們家鄉的地中海市場上侵門踏戶。另外還有穆斯林的挑戰，讓他們失去了部分中東商業的機會。還有不受限制的寡頭政治，降低了政治自由，也讓個人產權不再安全地受到保障。然而真正的致命的一擊，則是來自西班牙帝國的擴張。

一切是從一二九五年西西里和薩丁尼亞被亞拉岡王國併吞開始的。兩個世紀後，斐迪南和伊莎貝拉統一了卡斯提亞和亞拉岡。西西里和薩丁尼亞直接就成了西班牙領土的一部分。接著到了一五〇四年，法國和卡斯提亞的軍隊在經歷了將近十年的戰爭後，那不勒斯王國還有包括所有教皇國和義大利南部，全都成了亞拉岡的領土。當查理五世在一五一六年成為西班牙國王之後，這些義大利城邦也落入他的手中。但即使這樣，也還是無法滿足他的擴張野心。為了這個潛在的威脅，法國、威尼斯、米蘭、梵蒂岡在一五二六年組成了科尼亞克同盟（League of Cognac），用以抵擋西班牙的擴張。但在一五二七年，查理五世率領經驗老道的西班牙常勝軍和德國雇傭兵大敗教宗時，這個科尼亞克同盟被證實只是一隻紙老虎。不幸的是，後來西班牙又再次陷入財政虧空的日常，查理五世因此在一段時間內完全沒給軍隊任何補給，以致當西班牙軍隊在毫無抵抗下進入羅馬後，竟然軍紀大亂，到處「燒殺擄掠」[25]。這個恐怖的消息，很快就在整個歐洲變得路人皆知。雖然查理五世針對這場「羅馬浩劫」表達了真誠的悔恨。但必須說經此一役，查理五世到死為止，甚至他的兒子菲利普也一樣，再也不會面對教宗這邊的公開抵抗了。相反地，梵蒂岡心甘情願成了帝國的重要財政來源。

不只西班牙，法國也對義大利北部城邦有領土野心。一四九九年，路易十二（Louis XII，1462-1515）攻占了**米蘭**。十四年後，法國的統治被推翻，斯福爾扎家族（Sforzas）取而代之。但在一五一五年的馬里尼亞諾（Marignano）戰役中，他們又敗給了法國而遭到罷黜。一五二九年，法國簽署了一份新協議，恢復了斯福爾扎家族的權力。但是到了一五三五年，米蘭成為西班牙帝國領土的一部分。五年後，查理五世任命自己的兒子菲利普為米蘭公爵。於是，西班牙一直統治米蘭直到一七〇六年，很快地就讓米蘭成了另一個只剩下過去的輝煌歷史，經濟發展卻嚴重停滯的沉睡城市，。

熱內亞也很類似。在一三九六年被迫向法國統治屈膝。此後熱內亞斷斷續續地被米蘭統治，直到一五二八年著名的熱內亞將軍安德烈亞・多利亞（Andrea Doria，1466-1560）斷絕和法國的關係，改投查理五世之下為止。這個事件終結了法國對熱內亞事務的影響力，大幅提高了熱內亞銀行家和商人在西班牙的地位。但這同時，也讓熱內亞成了西班牙的勢力範圍，建立了寡頭政府，出現高稅收、特權、壟斷，以及時不時發生的篡位。

佛羅倫斯則藉由承認美第奇大公的權威而保持了獨立。美第奇家族謀劃與歐洲的主要王朝聯姻，建立彼此之間的聯盟。然而，美第奇的後人們與他們傑出的祖先不同，他們不滿足於只是柔性地掌控民選政府來進行統治，這最終使得佛羅倫斯在一五二九年反叛他們的統治者，爆發了人民起義。美第奇家族只好尋求外國勢力援助，而讓西班牙武裝力量和教宗的軍隊包圍了佛羅倫斯。堅守了十一個月後，守城者們（包括米開朗基羅本人在內）投降了。一年後，查理五世安排自己同父異母的妹妹瑪格麗特（Margaret）嫁給剛復位的公爵。從那時候起，佛羅倫斯雖然在名義上還是獨立的公爵領地，實際上已被西班牙帝國控制。此後自由只能追憶，資本主義已成枉然。

威尼斯是義大利四大城邦中唯一沒有向西班牙屈服的一個，但也因此三面都被西班牙的領土環繞。而且威尼斯也發展出寡頭政治，重稅和過度管控讓威尼斯喪失了與英國和更弱一級的荷蘭一爭高下的能力，甚至連在家門口的地中海市場上也無力再戰。威尼斯的故事成了一個值得玩味的警世之鐘。

一五〇〇年代早期，威尼斯人仍主宰著高品質的玻璃工業，出產的紡織也屬於奢侈品。當時他們使用的西班牙羊毛，也被證明是後來英國羊毛喪失價值後很好的替代品。威尼斯製的鏡子獨一無二，他們的肥皂、鞋帶、瓷器也同樣優質。而且，威尼斯的印刷工人使用了保密的鑄鉛技術，在當時是全世界品質最好的。他們也是全世界最富有的。當時一切都那麼美好，但是五十年後的威尼斯，不僅經濟陷入混亂，而且還持續快速衰退。

在威尼斯衰落的初期，某些一流的工匠師傅帶著商業機密拋棄了這座城市，他們當中大部分人去了英國。[26]因為某些威尼斯的玻璃師傅在英國的日薪，比他們在威尼斯家鄉工作一整週賺的還多。這使得英國在優質玻璃的市場上更有競爭力，也讓廉價玻璃的製造業界被英國主宰之後迅速擴張。

這就產生了一個問題：英國人既用高薪挖角威尼斯的優秀工匠移民，又把商品長途地運往地中海市場銷售，這怎麼有辦法與威尼斯在商品價格上競爭呢？更讓人好奇的是，眾所皆知，比起威尼斯和其他競爭對手，英國產品的質量都有過之而無不及，**但為什麼英國產品的價格卻能遠低於對手**？數個世紀以來，所有歐洲資本家都相信「賣高」的原則，因此會盡可能地提高售價。但是英國的資本家卻「反其道而行……以全新的方式思考競爭和價格，……認為應該盡可能賣得越便宜越好」。[27]也就是說，英國人在計算預期回報時，也把**銷量**考慮了進去，於是他們瞭解到自己擁有無與倫比的成本優勢，特別是跟威尼斯和其他義大利工業正面對決時。

英國的其中一個優勢是較低廉的生產成本。這是因為英國的勞力成本較低、機械化程度較高，有管理完善的組織，同時又擁抱科技創新。相較之下，威尼斯政府始終如一地支持各類商業和手工業行會，結果代價是勞力成本居高不下，同時創新之門被緊閉了起來。舉例來說，當英國人發明了新的染色技術（bow dyeing），將紡織染色的成本降低了三分之二，但威尼斯的羊毛紡織企業卻不被允許使用這個技術。「上述事件是眾多案例中的典型案例，類似這樣或其他嘗試降低成本的努力，全都被政府否決了。」[28]此外，英國開發了有廉價商品需求的大眾市場，像是廉價的羊毛衣。結果，他們從這當中產生的獲利，很快就超過了奢侈品。但是威尼斯商人又不被允許進入這些市場，因為政府認為，維護威尼斯的優良名聲遠比賺錢更重要。

不過，讓威尼斯商品被市場淘汰的最重要原因還是賦稅。在一五八八年至一六三〇年間，政府強加了沉重且不斷增加的賦稅。當時威尼斯政府向羊毛紡織業加徵的平均稅收，占羊毛衣售價的40%以上，這當中還包括生產原料的進口稅、各種製造業生產產品的稅收，以及出口稅。光是進口稅，就讓英國羊毛紡織的價格比威尼斯低了15%。[29]此外，由於英國的工業稅很低，出口稅又微不足道，加上較低的生產成本，讓英國商人經常只用威尼斯人一半的價格就出售，也還是能創造極高的獲利。威尼斯商人當然也曾多次遊說政府降低稅率，讓企業應用降低成本的新科技，但不幸的是，專制統治者總是只會殺雞取卵。

一六三五年，威尼斯的執行官在君士坦丁堡寫道：「英國人竭盡全力，連我們在君士坦丁堡市場上僅有的一點小生意也奪走了。」[30]然而，其實真正壓垮威尼斯資本主義的不是英國人，而恰恰是威尼斯政府。

中世紀義大利的榮耀也到此為止。

西班牙轄下的尼德蘭

由於資本主義在低地國家的興起比宗教改革要早的多，所以說加爾文主義是荷蘭資本主義的思想根源，這完全沒道理。更準確的說法是，加爾文主義造成西班牙控制下部分尼德蘭地區資本主義的衰落。不過，會有這樣的結果，更是因為菲利普二世拒絕了任何程度的宗教寬容，因此破壞了數個本來在「八十年戰爭」（或者部分歷史學家稱作「荷蘭革命」）中已簽訂的和約。即使如此，比起說這是一場宗教戰爭，這毋寧更是一場為了爭取政治和經濟自由的戰爭。實際上，荷蘭的加爾文主義者和天主教徒，經常聯合起來反抗西班牙，而且加爾文主義者即便是在荷蘭省，也從沒有占人口多數。不過，我們對這場戰爭主要在意的是資本主義在西班牙轄下尼德蘭的衰落。這就有必要為安特衛普做一個簡短的個案分析。

安特衛普遭的破壞

一五五五年，查理五世任命他的兒子菲利普成為尼德蘭的統治者。當時安特衛普是國際資本主義的重鎮，也是整個世界的商業中心和金融中心。然而三十四年後，安特衛普喪失了一半以上的人口，安特衛普港更在荷蘭的封鎖下空無一人。西班牙軍隊曾在這裡燒殺劫掠，讓這座城市的貿易金融企業全都逃離這裡，大多去了阿姆斯特丹。

宗教改革的思想很早就傳到了安特衛普，甚至在馬丁路德釘上他的九十五條論綱之前，《聖經》的佛蘭德（Flemish）語譯本，就已在安特衛普出版了。繁榮的印刷業，讓攻擊羅馬教廷諸多惡形惡狀的著作，在這座城市中流通。安特衛普也造就出眾多路德派殉道者。一五二二年，奧斯定修會（Augustinians）的修士被逐出安特衛普，修會會長逃往德國，與曾經是奧斯定修會的馬丁路德見面。隔年，兩名來自安特衛普的奧斯定會的神父，因為提倡路德的思想，在布魯塞爾被送上火刑台。一五二五年，一個修士因為信奉路德宗而被活活淹死。不用懷疑，很多人因為這些逼迫而感到畏懼，不敢再加入各式各樣的異端信仰；但還是有很多人依然視死如歸、毫無畏懼，路德宗、再洗禮教派、加爾文主義的信徒人數，都在持續增加中。更糟的是，這種種針對宗教的不寬容行徑，連許多天主教徒都看不下去，特別是那些貴族們。因為宗教和政治的雙重迫害，這種反感與日俱增、變得更強。迫害者是西班牙人，而受害者是法蘭德斯人和荷蘭人。一五五六年極端的加爾文主義反攻回來後，這種紛亂進一步被激化了。

所謂的**聖像破壞運動**（*Beeldenstorm* 或 *Iconoclastic Fury*），是由那些激進的加爾文主義者所發起，徹底反對所有宗教形像和教會裝飾。他們暴風雨似地席捲攻入天主教堂，摧毀一切的藝術和裝飾，把這當作是信仰實踐。許多人主張，破壞聖像運動之所以在尼德蘭南部蔓延，是因為紡織工人暴動與糧食價格突然大漲所致，倘若真是如此，又怎麼解釋只有教堂會被攻擊，而政府官員或市政廳沒被攻擊呢？又如何解釋為什麼商店和糧倉沒被洗劫呢？[31]

八月二十一日，「**聖像破壞運動**」**來到了**安特衛普。結果聖像破壞者一路上完全沒遇上任何抵抗，反而受到大批群眾夾道歡迎。「整座城市中的四十二間教堂都被洗劫，聖像、聖畫等等相關物品都被搬到街上打碎，裝奉獻的盤子被偷走，破壞聖像運動的行動，直到晚上都還還持續著。」[32]不過，這對埃斯科里亞爾宮的國王而言，當然是個不能接受的壞消息。菲利普二世決定，是時候要加強對尼德蘭的掌控了。為此，國王派遣第三代阿爾瓦公爵（Duke of Alba，Alba 有時會拼成 Alva，1507-1582）出征。他率領一萬名士兵（還有數百名充滿魅力的「藝妓」坐在馬上），[33]從米蘭（當時是西班牙的一個省）開拔出發，翻越阿爾卑斯山，進入萊茵河谷，沿著當時所謂的「西班牙大道」，於八月二十二日抵達布魯塞爾。此時距離聖像破壞運動來到安特衛普，正好相隔一年零一天。接著，這座城市便開始血流成河。現在無法確認，到底有多少聖像破壞者在此次事件中傷亡？因為阿爾瓦公爵洩憤的對象，比起說是那些異端份子，更是那些叛國者；而他所定義的叛國，是只要曾主張任何程度的地方自治和獨立者便是。因此沒有任何人是安全的，即使在那些信仰堅定的天主教貴族當中，也有許多人因叛國罪而被殺。[34]這次由阿爾瓦公爵發動的血腥屠殺造成的主要影響是，讓很多上層階級離心離德，包括後來的英國國王威廉三世（William of Orange、William III，1650-1702）在內。

與此同時，激進的加爾文主義者開始從海上發動一場強大的反撲。一五六八年，布萊德羅伯爵亨德里克（Hendrik, Count of Brederode，1531-1568）公爵以及許多希望尼德蘭獨立的新教貴族，組織了所謂的海上丐幫（或稱海上丐軍）（Sea Beggars 或稱 Gueux）。當他們向尼德蘭總督請願能實現宗教寬容時，其他人卻嘲笑他們是丐幫。他們的要求自然遭到了拒絕，但他們把其他人笑稱的丐幫稱號當作是自己的榮耀。他們很快集結了一支龐大的艦隊，艦隊中的船隻速度很快、體積小、吃水淺，非常適合在荷蘭和法蘭德斯的複雜水域作戰。他們的進犯，讓阿爾瓦公爵不得不在各主要港口派駐了大批部隊，其中包括安特衛普，在那裡他們建立了巨大的堡壘。但即便西班牙軍隊已在港口附近提供一定程度的保護，仍無法抵擋航行中的船艦攻擊。「海上丐幫」很快就對安特衛普和其他尼德蘭的南部港口實施有效的封鎖，安特衛普的進出口企業因而紛紛撤資離去。

人民的憤怒正在快速傳播著，這全都因為阿爾瓦公爵在一五七二年新徵收了一項重稅。「海上丐幫」也開始不只做騷擾式的進犯，改而直接進占港口。布里爾（Brill）是他們進占的第一站，而且在數週當中，其他港口也陸續被攻占，而當地人接濟了這些海上來的叛軍。這毫無疑問地是一場戰爭。阿爾瓦公爵以一系列的包圍戰還以顏色，於一五七三年攻占了哈勒姆（Haarlem）。當年年中之後，雷克薩斯（Don Luis de Requesens，1528-1576）替代了阿爾瓦公爵，按照菲利普二世的指令，向北前進、嘗試協商談判。不過談判被一再拖延，經常是參與談判的人已經找到達成和議的基礎，但每一次的努力都未果，因為菲利普終究無法對新教的存在有任何一點寬容。

在此同時，菲利普疏忽了要發放軍餉。到了十一月，帝國軍隊發生兵變，掠奪了幾個小鎮之後，一群士兵抵達安特衛普，那時這座城市仍是一座效忠西班牙帝國的戰爭前哨，但接下來就發生了所謂的「西班牙安特衛普大屠殺」（Spanish Fury at Antwerp）。成千上萬的人遭到殺害，而且很少人臨死之前沒受到折磨。「西班牙人把男人的手腳吊起來，女人則被拉著頭髮吊起來，遭到嚴刑鞭打。他們的鞋底著火，被逼著說出財產藏在哪裡。」[35] 年輕女性在一路的尖叫聲中被拖進新建好的堡壘裡。那時沒有任何人是安全的，就連窮人也一樣悽慘（給不出錢還是會被殺害）。神父、修士等神職人員也不例外；他們被迫（甚至是被折磨）說出值錢的東西到底都放在哪裡，包括聖杯和奉獻盤在內。[36] 根據富格爾企業的估計，安特衛普的商人社群在這場屠殺中，至少損失了兩百萬克朗（crowns）的金幣和銀幣。

西班牙軍隊一撤退，安特衛普立刻改變立場，加入烏特列支（Utrecht）的新教聯盟，成為尼德蘭南部反抗軍的中心。至此，安特衛普不會再被「海上丐幫」封鎖港口，還有艦隊護衛航運。然而，安特衛普的商業活動已經一蹶不振了。

一五七八年，帕爾馬公爵（Don Alessandro Farnese, Duke of Parma，1545-1592）取代芮凱森斯（Requesens），成為尼德蘭的新任總督將軍。帕爾馬公爵是一位優秀的將領，他重新率軍鎮壓荷蘭人的反抗。在幾次進攻安特衛普未果之後，帕爾馬公爵開始嚴陣以待。一五八四年，他再次包圍了整座城市，一年後安特衛普陷落，重新被西班牙人掌控。但是這座城市已經沒有太大的價值了。而且城市的海上通路也再一次遭到封鎖，新教徒又被驅逐出境，只是這次他們有四年的時間可以離開。因為擔心危險，大部分人都不敢久留，很快就離開了。城市的人口原本就已經銳減，此時再次大幅度減少（參見表6-1）。被驅逐的人離去時，也把僅存的一點資本主義給帶走了。

與荷蘭人作戰

那些被西班牙驅逐的人大部分一路向北，把資本主義帶到了阿姆斯特丹。經濟史家認為，阿姆斯特丹開始發展的一五八五年，也是安特衛普陷落於帕爾馬公爵手中的那一年。阿姆斯特丹擁有自由和寬容的風氣，徵稅需經公民同意。通往萊茵河和默茲河（Meuse）的商業路徑，讓荷蘭人可以統治富庶又有活力的波羅的海貿易。現在，過去一度聚集在安特衛普的外國商人（尤其是英國人），又聚集到了阿姆斯特丹。

表 6-1　安特衛普興亡的人口表

年代	人數
1437	20000
1480	33000
1526	55000
1555	100000
1584	安特衛普陷落於帕爾馬公爵
1585	80000
1589	42000

來源：Limberger，2001，Van Roey，1981。

若說荷蘭是人們從大西洋要來的土地，現在大海又成了很棒的天險屏障，再次拯救了荷蘭。荷蘭人在自己的家鄉裡進行衛國戰爭，使用自製武器，軍費則倚靠繁榮的商業經濟。此外，還有暢通無阻的海上通路，以及英國這個堅定盟友，讓荷蘭人足以進行長期抗戰。相反地，西班牙帝國依賴高軍費的外國軍隊，使用外國製的武器，又都仰賴海外供給。再加上，西班牙並未掌控海權，全都只能走陸路，如阿爾瓦公爵的部隊所走的西班牙大道，這些在在產生了驚人的成本。

失敗

從一五八〇年代開始，菲利普二世就諸事不順。在他屢次的攻擊下，荷蘭依然無法被撼動。接著到了一五八五年，伊麗莎白女王派一支小規模但精實的部隊，大概有六千三百五十名步兵、一千名騎兵，由萊斯特伯爵（Earl of Leicester）指揮，率軍支援荷蘭。伊麗莎白還買了專門資助劫掠西班牙商船的某些股份公司的股票，特別是那些從東方和美洲載寶藏歸航的船。而法國縱容各種對西班牙的偷襲，也讓事情變得惡化，這等於是隨時都等著看西班牙的後院起火。為了不坐以待斃，菲利普二世和大臣們下定決心，最重要的一件事就是絕不再讓英國與西班牙平起平坐。他們計畫從尼德蘭將戰無不勝的西班牙軍隊調回，讓他們跨越英倫海峽，打敗伊麗莎白的那些雜牌軍，再換上一個天主教國王，將她給取而代之。西班牙這邊可以說是信心滿滿。

乍聽之下這似乎是一個不錯的計畫，甚至可以說，這個計畫本來真的是可以成功的，但前提得是英國也是由專制君主統治。但很不幸地，西班牙的對手是一個自由的國度，一個「商家」之國，在那裡科技發達、企業蓬勃發展，而他們的女王則根本就是個資本家。

無敵艦隊

一五八七年，西班牙開始集結艦隊準備入侵英國。他們計畫先把艦隊向北開入英吉利海峽，給予英國海軍重擊之後造成傷害，然後無敵艦隊就有辦法護衛眾多大小船隻，運送帕爾馬公爵的軍隊從布魯日等其他港口出發，直攻英國沿岸。此外，也特別安排了駁船運送騎兵和戰馬，好一邊航行、一邊反擊來犯者。無敵艦隊主要集結在直布羅陀海峽西邊的加的斯（Cádiz）港，還有里斯本港——因為一五八一年，葡萄牙已被併入西班牙了。

洞悉西班牙的企圖後，英國決定發動一場破壞性攻擊，這個計畫顯然有女王的介入，因此「充滿了伊麗莎白的個人風格」。[37] 英軍指揮官是後來被封為爵士的德瑞克（Sir Francis Drake，

1540-1596），他以大膽和勇於給予西班牙艦隊毀滅性的打擊而聞名。儘管他是伊麗莎白的寵臣，但德瑞克並非英國皇家海軍的正式軍官。英國其實就像一個自由企業，民間人士也可以統領女王的艦隊。所以實際作戰時，英國艦隊是皇家海軍和民間船隊的混合體。德瑞克和其他像他一樣經驗豐富的老水手，想藉此功成名就；也根據與女王之間的合作契約，被特許在戰時能襲擊對手。在歐洲大陸，這些老水手卻被當成海盜看待。

德瑞克計畫同時襲擊加的斯港和里斯本港，希望趁港口滿滿都是尚未準備好戰鬥裝備的船隻時，就找到攻擊的良機。德瑞克組織艦隊的方式，極能反映出資本主義的戰爭思維，還有英國商業艦隊的獨有特質。起初德瑞克麾下有四艘主力艦，後來伊麗莎白又把皇家最好的四艘大帆船交給德瑞克指揮，並且授權他徵用所有倫敦商人的商船。不知道商船對整個艦隊有什麼用嗎？如果是大陸商人用的那種甲板很寬、吃水深、火力不強的笨重商船，那真的沒什麼用處。但是英國商人建造的商船本身就是戰艦，為了克服這些戰艦在商用上的弱點，他們刻意以輕盈的高價商品，取代大型笨重的貨物。他們也得益於航行時一旁不用護航的艦隊，也不必為了安全而買海盜險。因此，大陸商船作為戰艦支援戰爭時，最多就是用來運輸補給或是充當火船；而英國的重要商船，則根本就是優越的海軍後備戰力，可以在戰場中找到自己的位置。英國船的船底很窄，能有效提高船速；船體在水面上則可充分擴展寬度，又為炮台設置提供了空間。

就像薇奧萊特．巴伯所指出，要區分一艘大型英國商船和皇家海軍戰艦，沒辦法從它們的船型、砲門數目或索具來辨認，只能用「船上是否有華麗的裝飾」[38]來分別。女王的船有大量漩渦形的裝飾和雕刻，而船首總是令人印象深刻；商人對這些細節裝飾則採取較樸實節儉的作法。以上總總，都讓商船有極高的軍事價值。德瑞克取得與黎凡特（Levant）公司有關的倫敦商人的信任，徵得了九艘船隻、眾多巡防艦以及用於偵察、通訊、近海服務的小船。那些商人之所以願意這麼做，也並非僅出於愛國的動機。德瑞克的艦隊實際上是一家受到委任的股份公司，「諸多投資人（包括女王在內）將共享所有戰利品，因此從某個角度來說，這次航行是種私人的商業投機行動。」[39]

一五八七年四月二十九日，艦隊抵達了加的斯，一切正如德瑞克預期，港口內擠滿了西班牙的船隻，但船上幾乎沒有任何士兵，也很少配備有火砲和船帆。德瑞克攻進港口，擊沉了大概三十艘船，然後出港將繳獲的大批戰利品和船艦送回英國。接著，德瑞克航向聖文森角（Cape Saint Vincent），指揮他的艦隊騷擾沿海貿易，攔截那些想開往里斯本的艦隊（德瑞克之所以沒有直攻里斯本，是因為他判斷突襲的時機已失，里斯本已易守難攻）。德瑞克再一次帶給西班牙災難性的打擊，之後滿載戰利品和補給而歸。[40]儘管這些小規模的打擊，對於規模龐大的無敵艦隊來說不痛不癢，但也足以導致無敵艦隊的啟航日期延後到來年了。德瑞克對於當時情勢有準確的掌握，他寫信給伊麗莎白的間諜導師沃辛漢（Francis Walsingham，1532-1592）說：「英國要做好準備，防範海上敵人！」[41]

當無敵艦隊在次年啟航後，西班牙計畫中的幾個嚴重漏洞也顯露出來。實際上，以英國艦隊的實力是很難戰勝的，但英國艦隊拒絕按照傳統方式接戰，比起接近對手後進行甲板對甲板的陸戰，靈活的英國戰艦懂得保持距離，並且依靠船上的舷炮齊射來取得優勢。西班牙戰艦則滿滿都是急著想砍英國水手的軍隊，但他們的火炮在噸位上和數量上都十分缺乏，以致火藥和炮彈很快就用光了。英軍在離祖國不遠處作戰，近到民眾在岸上都能看到某些戰役進行，並派遣小船源源不絕地將火藥和炮彈載送過去。

即使如此，無敵艦隊在穿越英吉利海峽時仍然表現不俗，直到通過法蘭德斯海岸時，都還是一支完整又強大的海軍艦隊，帕爾馬公爵也在那裡待命。不過現在第二個戰略漏洞出現了——無敵艦隊應該要有能力護航開出海岸的駁船，而這將迫使英國人不得不進行兩軍甲板對甲板的遭遇戰。所以，為什麼帕爾馬公爵的老練戰士們沒有出戰呢？因為荷蘭的「海上丐幫」正在封鎖法蘭德斯海岸，他們的船可在沿岸的淺水航行，避開無敵艦隊的可及範圍。面對荷蘭人的狙擊，萬一西班牙駁船都開出去，海面上很快將佈滿溺死的西班牙士兵，以及沒有騎士的馬匹。

於是，西班牙軍隊只好在海灘上坐困愁城，無敵艦隊則繼續一路向北，沿途受到英國炮火的連番襲擊。後來無敵艦隊來到了蘇格蘭北部，又決定向西調轉繞過愛爾蘭返航里斯本。結果這時恐怖的風暴來了，愛爾蘭海岸上布滿西班牙艦船的殘骸，數週之內一直有屍體漂回愛爾蘭的海灘上。

暴風雨對無敵艦隊造成了嚴重的破壞，也反映出英國和西班牙兩邊海軍的眾多差異。英國的船艦結構優良，船員經驗老到，在伊麗莎白一世在位的四十五年當中，「海灘上沒有任何一艘發生船難的英國戰艦殘骸，但在同一時期的西班牙，卻是整個無敵艦隊都葬身大海。」42

崩潰的帝國

雖然無敵艦隊的失敗是對西班牙帝國尊嚴的可怕打擊，但在塞維利亞和埃斯科里亞爾宮象牙塔中的高層，並沒有認定這是一場決定性的失敗。相反地，菲利普和他的謀臣計畫重新集結軍隊再戰。所以在九年後，西班牙派出了第二支無敵艦隊進攻英國。一隻擁有一百艘船的艦隊，在十月份啟航了，然而這正是一年當中最多暴風雨的季節。這一次英國人沒有事先警覺到，大部分的英國戰艦都還在港口內保養。但在海上航行了四天後，第二支無敵艦隊又再次遭遇強風。西班牙的船艦再一次被證明性能很差，而且船員看起來也「生疏而沒受過訓練」。暴風雨過後，「大約三分之一的船，包括最好的戰艦，都已沉沒或在附近的沙灘上撞毀，成千上萬的西班牙海軍也都死了。」[43]即使如此，一六〇二年西班牙軍隊還是在愛爾蘭登陸了。但由於人數少、補給不足，他們很快就投降了。

同時間，西班牙帝國又在別的地方遭遇了更大的挫敗。一五九四年，荷蘭人開始入侵加勒比群島。一五九五年，他們開始殖民東印度群島。英國人很快就隨後跟進。一六〇五年，英國宣稱擁有西印度巴巴多斯島（Barbados）的主權。西班牙不再像過去一樣不可質疑地主宰新大陸，新大陸也不再能無限地提供白銀。由於採礦成本大幅上漲，使得西班牙必須尋找更深的礦脈。此外，西班牙殖民者也重構了西班牙經濟——由於美洲現在可以自行生產糧食、酒、油和粗布等等過去長期從西班牙進口的同類產品，使得美洲對西班牙的進口需求大幅下降。過去西班牙商人長期在美洲貿易中獲利，現在卻開始發現商品滯銷囤積。「西班牙生產的不是美洲需要的，而美洲需要的西班牙卻不生產。」從一五九〇年代開始，西班牙對美洲殖民地的經濟來說變得越來越不重要，荷蘭和英國這兩個程咬金則越來越活躍。[44]

當然，西班牙帝國並沒有因此就壽終正寢，也沒有停止奮戰。在一五九〇年和隔年，帝國在尼德蘭的軍隊南下後，仍然無法擊敗法國。不久後，同樣這支北部軍隊又捲入了三十年戰爭。

但是經濟上和軍事上傳來的大多都還是壞消息。一五九六年，西班牙帝國再次宣布破產。接下來又在一六〇七年、一六二七年、一六四七年和一六五三年，同樣又宣布破產。一六三八年，法國奪取了萊茵河上的布賴薩赫（Breisach）要塞，關閉了從義大利通向尼德蘭的「西班牙大道」。此後，西班牙不論行軍或是補給，都只能藉由海路才能抵達尼德蘭，但這樣就又將暴露在被英國和荷蘭海軍襲擊的危險之下。

此時局勢已無可挽回，人們開始發表專著，解釋「西班牙的衰落」。但是真正衰落的是西班牙帝國，西班牙則從未崛起過。如同經濟史家道格拉斯．諾斯（Douglas C. North，1920–2015）在那本讓他贏得諾貝爾經濟學獎的著作中寫道，西班牙的「經濟在西班牙的政治爭霸過程中，始終維持中世紀的狀態，在西班牙政治勢力所及之地的經濟全都倒退了，像是尼德蘭」。[45]

法國：稅收、管控和衰退

法國也是一個相對未開發的國家。在經歷百年戰爭的分裂傷痛後，一個高度中央集權的專制法國被建立起來。這個被歷史學家稱為「舊政權」的新政權，很快就變成一個規模極龐大、卻沒有秩序的官僚機構。法國國王擁有無人能制衡的徵稅權，不受任何立法機構的牽制。因此可以預期，農業和商業的稅賦很快就提高到無以復加的程度。此外，政府與行會直接合作，對工業和發明兩者都過度管控，讓資本主義根本很難在此存在。

創建一個絕對君主制的國家

和西班牙一樣，法蘭西是一個相對新建的國家。數個世紀當中，法國的大片領土是屬於英國王室的，剩餘的則分成了眾多相對獨立的諸侯國。當一四五三年百年戰爭結束時，王室所擁有的土地還不到法國領土的一半。法蘭西主要的公爵國包括勃良第、布列塔尼（Brittany）、普羅旺斯，還有法國中部的龐大的波旁（Bourbonnais），以及其他小國，它們全都獨立存在於王室之外。從一四六一年開始，三代法國國王路易十一（1461-1483）、查理八世（1483-1498）、路易十二，用了超過五十年的時間，實現了國家統一。但是強勢的在地主義依然是主流，地方方言和流行語就反映了這情況。儘管這持續造成了許多政治問題，但也讓中央政府的權力大為增強，分散了代議機構的權力。

從十世紀開始，國家議會在法國的政治事務中常扮演一個重要角色。九八七年，雨果・卡佩（Hugh Capet，941-996）被議會推舉為國王，當時該議會代表了貴族、神職人員和城鎮等三方勢力。[46]一三〇二年，當議會再次在巴黎召開時，被命名為三級會議（Estates Gereral）。雖然三級會議曾「扮演重要的角色……成功地終結了百年戰爭」，[47]但不久後卻被棄不用了。一四六八年，路易十一召開一次三級會議；十五年後的一四八三年，三級會議才再度召開，以此歡迎未成年的查理八世登基。往後一直到一五六〇年，會議都沒有再召開過了。一六一四年再次召開了一次會議後，三級會議就被「不光彩地解散了，直到一七八九年之前都沒再開過會」。[48]一七八九年的那次會議，為了阻止法國大革命的發生，曾經努力到最後一分鐘。

不只是因為國王的所作所為讓三級會議很少召開，每當有人想要建立代表全法蘭西的國家議會時，也總是遭來反對。不只是國王反對，有議員資格的人更是反對，理由是法國乃西歐領土面積最大的國家，很多人住得很遠，來開會一次的花費很高，特別是在地事務常容易遭到多數人的忽視，因此大家都有點置身事外，沒什麼共識。於是法國國王開始直接與外省的小領主聯絡，不再嘗試創建一個全國性的議會。這樣做的結果，就讓任何一個在地領主在與國王一對一交涉時，都顯得非常弱勢，國家的權力也變得完全不受到制衡。就像路易十四（Louis XIV，1638-1715）所宣稱的「**朕即國家**」（*L'état, c'est moi*），便是絕對君主制國家的最重要特徵，也就是國王不需徵求任何人的同意，就擁有可以徵稅的權力。[49]

稅收

當絕對的君主制建立起來之後，法國的稅賦很快就變得極端沉重。當徵稅者是國家稅收的主要得益者，事情就會變成這樣。即便如此，法國王室卻逐漸債台高築，即使稅收額已高到每年二億里弗（livers），國王卻能虧空二十億里弗。[50]其中一個原因是法國的軍費太高，但其實只要王室不要一直推動那些失敗的擴張政策，這些浪費都有可能大幅縮減。不過在專制統治下，這些全都無法避免，尤其宮廷生活的年度開銷非常高；據統計，路易十六（1754-1793）在位期間，至少有6%的國家年度總預算花在紙醉金迷的凡爾賽宮生活上。[51]另外，還有更多稅收被用來供養一群龐大又不事生產的皇親國戚，更別說官員們貪汙腐敗。樞機主教黎希留（Cardinal Richelieu，1585-1642）是路易十三時代法國實際的統治者，因為曾多次躲過暗殺而聞名天下，但他善於貪汙腐敗的天分更使他遺臭萬年。黎希留的富可敵國遠超過國王。而他的後繼者樞機主教馬薩林（Mazarin，1602-1661）居然比他更有錢。[52]

法國的基本稅賦是一種土地稅（*taille*）。這個稅有各種矛盾和各種免稅例外。像是：神職人員和貴族不用繳土地稅；村莊作為一個納稅的整體，稅額估定根據的是「舊時代的遺留」，彷彿人口都不會增減；[53]此外，法國對一系列日用品，包括鹽、葡萄酒、酒、煙草和蠟燭進行徵稅，這當中尤以肥皂帶來的稅收最多。後來，法國還徵收人頭稅（*capitation*），收取多少端看你屬於二十二個身分等級的哪一個層級。起初，像土地稅一樣，神職人員和貴族也不用交人頭稅，但在一六九五年一月十八日時一個公告改變了這項政策。「不論處在何種身分地位的公民，都不能免徵人頭稅。」從此，「教士、貴族、官員、特權城市的居民……都加入廣大的農民行列一起繳稅」。用現代角度來看，這就是公平。但是在當時，受到影響的上層階級卻認為這個政令極度不公，於是開始轉而支持抵抗國家的勢力，無意間促成了法國大革命的爆發。

沉重的賦稅對法國人的生活帶來可怕的混亂和各種具破壞性的應對策略，這一點在農民身上發揮的淋漓盡致。為了對抗強加重稅的負面影響，他們不但降低了生產力，還表現得比實際上更窮，而且為了維持這個假象，法國農民不做任何有助於提高生產力的實質投資。亞當・斯密曾說，因為沉重的賦稅，法國農民「害怕擁有優良的馬隊或牛群，只敢用最劣質的農具努力耕種」。相反地，伏爾泰在去英國訪問時回給法國國內的信件中，表達了他的驚訝：「英國農民不怕增加牛群的數量，也不怕用瓦片建造屋頂，他們不用擔心因此會增加明年的賦稅。」[54]

雖然幾乎每個法國人都被課過重稅，但是對法國的工商業來說，最有摧毀性的並不是稅收本身，而是要花錢買「特權」。事實上，所有事情都是被禁止的，除非得到了王室的特許證明。某人想從事採礦嗎？可以，但國王宣稱他擁有所有地下礦藏的所有權，不管那塊土地是誰的。

因此在法國，不管在任何地方，不管你想開採什麼，都必須要買到王室的特許證明。更令人訝異的是，一朝買到了特許證，這個採礦企業就可以在任何人的土地上尋找礦藏，而且找到了之後還不用付給土地所有人任何東西，就可以直接開採，也不用接受任何限制就能長驅直入。[55]很明顯地，私有產權在法國是一個很大的問題。或者說，假設現在有人要進口某一種香料，這人必須從國王那裡買到特許證，而且特許證只能在那些特許的船隻上使用。有時候國王會對某個特定的商業活動，出售多個許可證。可以說，法國商業的主要基礎，就是從國王那裡買來的壟斷。

即使某人買到特許證了，但某人仍然有整個特定產業所需的活動成本和營運成本。這麼一來，那些和政府關係密切的人，在購買了自己想要的特許證時，就理所當然地會具有極大的優勢，因此導致上層貴族主宰了法國的工業。一七七一年，金屬工業的六百零一個投資人中，有三百零五人是貴族，五十五人是神職人員。[56]因為王室特許證有數量上的限制，因此常造成壟斷的狀況，在法國國內幾乎沒有工商業上的競爭，來自國外的就更少了，因為幾乎所有的法國產品都在國內市場銷售，高額的進口關稅保護製造商不受外國產品的競爭。[57]王室喜歡壟斷，因為這樣事情變得很簡單，只要賣出一個針對某種活動具排他性的許可證，再繼續收取更新執照的費用就行了。反倒是需要決定針對企業的哪些活動或哪些資產徵稅，然後向一堆企業收稅，就會變得很麻煩。同樣地，王室幾乎在任何爭議中都會站在行會這一邊，因為行會會支付國王許可證的更新費，以及行會職位的銷售收入，算是一個不錯又穩定的收入來源。另一方面，對國王來說，向每一個行會徵收以會員總量為基礎的年費，比起依照某些其他的基數向每一個作坊或行會成員徵稅，顯得更容易簡單多了。

基於同樣的理由，對王室來說，比起向官員和官僚們徵收那些容易鑽漏洞的稅目，王室情願採用買官鬻爵這種更容易的方法。

官僚主義

大革命之前的法國有個龐大的官僚體系。有些職位擁有很大的權力、非常重要，有些則「既沒責任，也沒實權」。[58]但這全部都被歷史學家叫做「捐官」（venal offices），因為所有官位都是任職者從前任那裡花錢買來的職位。此外，各個官員每年都需要向國王支付一筆固定的年費（droit annuel），計算的基礎是這個職位號稱的年收入（這當中大部分是向公眾收取的費用），不過這些號稱的收入也被「臭名昭著地低估了」。[59]在法國大革命前夕，這個國家有數以萬計的捐官，大概占成年男性人口的2%至3%左右。[60]他們當中大部分都毫無建樹，剩下的也只會對政府政務造成障礙和誤導。

與買官的成本相比，捐官的合法收入小到不成比例。部分較有油水的職位每年有多到5%的投報率，不過更多是在1%到2%的區間內。許多人在買官之前，就已經知道這會是一個賠本生意，那麼這當中的賣點是什麼呢？是身分地位！法國是一個「感染了追求身分狂熱」的社會。為了得到一個身分，很多人根本「不惜重金，甚至賠本也沒在怕」。[61]這樣的結果，當然不可能會產生好政府。很多人在履行職責時怠忽職守，還有很多人只在有好處時做事，或是只為了自己的朋友或有權勢的人做事。不僅他們的職位可以賣，人也一樣可以賣。

毫不妥協的行會

幾個世代以來，大家都已經認識到，毫不妥協的行會扼殺了歐洲部分地區的資本主義，尤其是在法國。只是到了二十世紀中期，行會對於資本主義的不利影響，又被重新詮釋成正面的。[62]馬克思主義學者和他們的追隨者，都強調行會是工會的早期形式，能保護成員不受貪婪的資本家剝削，如不合理的工資或是被新技術給取代。另外，同樣被信以為真的部分是，行會規則能保護社會免於劣質商品，因為每個人都認為，傳統手工藝會比機器或裝配線上的產品質量更高。下個推論則是，就算這妨礙了資本主義工業的興起，豈不是更好嗎？因為每個人都知道，資本主義是社會正義的敵人。

不知怎地，明明只有在資本主義社會中才有自由和獨立的工會，這個重點卻嚴重被忽略了。另外人們也很少提及，法國大革命最初的一個行動就是摧毀所有行會。人們對於「在蘇聯，真正的工會是違法的」這件事也隻字不提。這些學者也不知道，落伍的手工藝常常生產出次級品，但是行會卻以外力抬高價格，造成了低生產力的經濟，結果是對其他人都進行了剝削。幸運的是，真相大白後，行會促進社會正義的神話，就只是自我感覺良好罷了。就算行會常會為了工人的權利服務，有時也會幫著反抗暴君和寡頭，但其實行會也會和專制政權手牽手，成為自由和商業發展的障礙。法國大革命之前的狀況就是這樣。

在工業官員（和行會領導人一樣，他們的職位也是從政府那裡買來的）的支持之下，法國行會對於生產過程和管理的各個面向制訂了許多限制的細項。舉例來說，在法國，要給衣料染色需遵守三百一十七項規範。以實際執行層面而言，每一塊衣料在生產過程中，都要接受行會官方一而再、再而三的檢查。[63]此外，被官方再次重申的行會規範，其實壓抑了發明和創新的可能。「任何創新都被扼殺或禁止，因為整個生產過程都有詳細規定，不可以對已存在的工作慣例有任何偏差。」[64]舉例來說，就像威尼斯的紡織行會禁止使用英國的染色工藝一樣，法國也同樣禁止。

行會的管制讓企業只能是小規模。舉例來說，一個紡織公司擁有的「織布機不可超過六台，這個設計是用來防止別有居心的製造商，會越來越掌控生產力」[65]，因為小企業一般都無法進行資本密集型的創新研發。此外，在行會勢力大的地方像是法國，工人不是被企業雇用，而是受雇於行會。一七五一年，當一個里爾（Lille）的企業家嘗試直接雇用工人時，城市的議會禁止他的這個行動，並裁定「里爾從不曾允許工人直接在製造商手下，為製造商工作。這一直以來都是屬於行會師傅們的權利」。[66]就像現在的情況一樣，這種做法會讓企業很難去解雇靠不住或是沒效率的員工，也不能獎勵優秀的員工。最後行會與政府官僚勾結，設定了貨物買賣的價格，還把物價抬高，以此支持高工資和高稅收，一點也不考慮市場的購買能力。[67]

這些實際的狀況，導致威尼斯資本主義的毀滅，也阻止了最初級資本主義在法國發展的可能。

法國的「資本主義」

資本主義奠基於三大因素：有保障的產權、自由的市場，以及自由的勞動力。這三項條件在法國可說是一個也沒有。國家把產權當作可以出賣或忽視的特權；市場被王室的法規和王室的特許證高度管控，企業不能自由進入有前景的領域之中。壟斷權的出售導致許多市場關閉，移除了提高效率的動機和努力。行會的權力大到過度限制了勞動力的自由，以致個別個人很難去尋找新的機會，同時企業也很難提供這樣的機會。就整體而言，法國的工商業是由獲得特許的企業、在易受侵犯且受限的市場內活動，並且只能雇用行會而非工人的狀況下加總而成。身處這種環境之下，很令人驚訝的是，居然還是有資本主義的蹤跡存在於法國。

儘管實際上還是存在某種形式的理性企業，特別是在礦業和冶金業，但是法國商業的發展，依然受到專制政權典型的經濟弱點所阻礙：財富不是被當作工具，而是一種優越地位的象徵。正如許多法國投資人渴望購買一個沒收入、沒責任的職位一樣，他們也沒意願去投資商業或是工業企業，認為這是下等的事情。就算有進行這種投資的人，大部分也等不及就收回他們的資本，轉而購買一些能被人尊敬的事物，像是土地、都市房產、捐官或者年金保險，儘管這些投資的回報實際上是非常低的（一般在1％左右，極少超過5％）。然而對他們而言，這些投資卻是沒有任何風險的。

在法國，「受人尊敬的投資標的」是由貴族定義的，其他人則接受他們的定義。因為他們是急於追求社會地位，因此只能接受那些擁有較高地位的人制定的遊戲規則。於是，他們更願意購買回報率低於2％的土地，而不是5％以上的商業投資。[68]那些擁有土地或在城市擁有不動產的人，不僅在繳稅時享受低稅率，並且被認定是一**號人物**，即使他們並不是貴族。阿伯特．科耶（Abbé Coyer，1707-1782）在一七五六年悲哀地說：「商人的職業沒什麼前途，如果他想成為法國所謂的大人物，就必須放棄商業。這……對社會產生了很大的傷害。為了要成為大人物，大量的貴族什麼事也不做。」

在法國最令人稱羨的生活環境，就是依靠佃農的繳租過活。一旦某人展望未來時發現，他需要或者想要擁有更多收入時，在他心中出現的想法不是增加農業生產力，而是提高地租。也難怪一七八八年時，被後世尊稱為「近代化學之父」的拉瓦節（Antoine Laurent Lavoisier，1743-1794）細心估算之後發現，英國農場的生產效率幾乎是法國的三倍之多，因為法國很少投資在設備改良上。[69]

同樣地，再投資的缺乏也阻礙了法國工業的發展。那些巨額資金原本可以再投資在任何一種資本主義經濟上，卻都被消費了，或是轉換為貴族形式的財富，因為他們賺錢的主要目的是為了活得像個紳士。[70]韋伯宣稱法國缺少「資本主義精神是完全正確的。實際上，在法國大革命前夕，把商業資本轉換成投資在提高身分上，是非常普遍的狀況」。在法國，80％以上的財富被投資在土地、建築、捐官上，而不是商業或工業上。[71]

當然法國還是有一些工業，雖然可以讓喬治．泰勒（George Taylor，1905-2000）這麼說的行業非常少，學者們每次舉例時「提到的都是一樣的名字」，[72]而大多數的例子都沒什麼代表性。金屬加工業總是被舉例為這個時代法國的主要產業，但實際產量卻是「少之又少，不但很分散、質量差，價格也很昂貴……更何況根本沒有煉出純鐵」，其中一個原因是當時法國開採的煤礦非常少。[73]與英國、荷蘭、甚至長期經受患難的義大利城邦相比，法國工業的規模小又落後，十分不被重視。同樣的話也可以拿來形容法國的資本主義，理由也相同。

那麼，現代的法國是從何而來的呢？答案不是法國大革命，那只是用一種暴政代替了另一種暴政。也不是來自拿破崙，這個暴君把一代法國人送上戰場當成炮灰。很諷刺的是，現代的法國興起於後拿破崙時代軟弱而不穩定的政府，當時四境都環繞著繁榮的資本主義經濟，特別是北方新建而令人生畏的強權，將割據的德意志諸侯全都統一起來。最終，有野心的法國企業家們，獲得了成為真正資本家所需要的自由。

並非是天主教，而是專制統治阻礙了法國和西班牙資本主義的發展，同時也扼殺了義大利和尼德蘭南部的資本主義。諷刺的是，也許歷史上沒有哪個君主比得過查理五世和他的兒子菲

利普二世，他們是那樣有良心、誠實和勤於政事。他們在兩代之間創建了西班牙帝國，在位統治的時間超過了八十年。他們每天都很早起，勤勞地管理這個擴張中的國家。如果他們都是浪擲生命的花花公子，對經濟造成的傷害或許還會少一點。相較之下，法國國王們就比較懶惰、不夠真誠，但是在他們的統治下，法國的經濟還比西班牙更進步。這就是最大的諷刺：同樣是專制統治，貪汙腐敗的政府反而提供了一定程度的自由，而這些在誠實又勤勞的專制者統治下卻無法存在。

第七章

新大陸的封建主義與資本主義

- 基督宗教：兩種經濟體系
  - 囚禁式的壟斷
  - 天主教的反宗教改革主義
  - 怠惰的國家教會
  - 自由市場中的宗教
- 自由：治理模式
  - 殖民化
  - 殖民統治與管控
  - 獨立
  - 終結奴隸制
- 資本主義
  - 工業與勞動力
  - 人力資本的投資
- 拉丁美洲的新教主義：鴉片還是倫理？

不須太深入地觀察就可以想通，為什麼每年都有大量墨西哥非法移民，想從墨西哥偷渡進入美國？誰會不想逃離一窮二白的環境，找機會進入富裕的北美呢？另外，也不難去解釋為什麼格蘭河（Rio Grande）以北的新大陸，他們的經濟發展蒸蒸日上，甚至最後還超越歐洲，而南美洲的一切卻顯得貧弱不堪：這是因為北美洲是以英國作為典範，而拉丁美洲卻是再造了一個西班牙。

第一個英國殖民地叫「新英格蘭」，而第一個西班牙殖民地叫做「新西班牙」，這兩者的命名遠遠不只是具有象徵意義。作為英國殖民者的北美人民，繼承了自由傳統以及資本主義式的經濟；相反地，西班牙在拉美的殖民者，則繼承了高壓以及無生產效率的封建體制。南北兩塊大陸都被基督徒殖民，南方是天主教，北方則以新教徒為主。但這些並不是重要的宗教差異，重點是拉丁美洲的天主教會，不論從政治或公共支持的角度來看都很弱勢，這個狀況長期以來被天主教在法律上的壟斷地位所掩蓋。相反地，在北美有不受限制下發展出的多元主義，多元教派造成的競爭，創造出個人對宗教的高度虔信和文化影響。在沒有政府的支持下，北美相互競爭的教派一方面與國家保持距離，各自投資在私人教育機構上，宣揚誠實、勤奮工作、節儉和自食其力的美德。

奇怪的是，在大量分析南、北美經濟發展差異的文獻中，很少對宗教信仰以及西班牙殖民主義給予足夠的關注。拉丁美洲學者常將南美的困境歸咎於「**北美殖民主義**」（*Norteamericano colonialism*），忽視了西班牙遺產在宗教、政治和經濟各方面的深層影響。[1]針對這段歷史發展的幾個主要觀點，需要延伸應用前一章發展出的論證：基督信仰對進步與理性的信念，結合了政治自由和資本主義的生產能量，讓北美殖民地轉而成為經濟巨人。

當然，巴西並不是由西班牙殖民的。一四九四年的《托德西利亞斯條約》（Treaty of Tordesillas）將巴西劃為葡萄牙的一部分。而後在一五八〇年，因為阿爾瓦公爵的入侵，葡萄牙經歷了西班牙近一個世紀的統治，這也讓西班牙的菲利普二世成了葡萄牙的菲利普一世。雖然一六六八年葡萄牙王室又重新獨立，但整個國家卻變得和西班牙很像。兩國都是封建體制的天主教王國，而且都建立了封建式的天主教殖民地。因此，巴西不用被排除在整體南美洲之外。

基督宗教：兩種經濟體系

宗教信仰不只是一個個人的委身。若只以個人出發，或以那人作為宗教團體的一員，就無法完整理解到宗教的本質。宗教總是深入在社會當中，國家社會對於宗教的限制，以及宗教組織內部的規定，都形塑了宗教組織的面貌。為了完整涵蓋這些現象，接下來介紹「宗教經濟」

（譯注：或說宗教市場理論）這個用語。[2]宗教經濟包含了供給和需求，其中包括現有信徒與未來可能歸信者的市場、宗教的社會活動，以及眾多宗教團體為了吸引更多人並維持現有信徒，所提供的宗教文化（供給）。

不管在哪個社會，每個個人的宗教偏好總是各不相同，由於沒有任何一家「企業」，有能力同時提供又「激進」又「溫和」的宗教「產品」，因此如果任其自由發展，**正常**情況下的宗教經濟應該會是多元的；不同的宗教企業，會各自擁有自己的市場。但這需要高度的宗教自由，因此通常宗教經濟的型態不會真的那麼理想，至少在一神信仰下會受到限制。宗教經濟常常在國家管控下變形，像是外力干預下的壟斷企業一樣，有時會藉由補助國家教會、壓制市場使得其他宗教團體難以與其競爭。[3]但是，在一個被壟斷的宗教經濟下，宗教發展反而會失去活力，因為不只是各樣的宗教偏好無法得到滿足，就像商業壟斷一樣，被壟斷的宗教企業也會變得懶散而沒效率。相反地，在一個由許多宗教團體爭奪信徒的自由市場中，缺乏活力、不具吸引力的企業就會在過程中被淘汰，這樣一來，宗教發展反而會欣欣向榮。現在已經有大量研究文獻，支持以上的結論，[4]這同時也適用來北美、南美的比較研究。由於歐洲人到達中、南美洲的時間遠早於北美洲，因此這個故事要從拉丁教會開始講起。

囚禁式的壟斷

歷史學家在探討天主教國家的政教關係時，通常會強調教會的權力。政治人物常常被描繪成向主教卑躬屈膝，並且偏好專制統治與封建社會結構。但這些迷思，都是新教史學家宣傳的結果。事實上，教宗不曾入侵西班牙、掠奪馬德里，而是西班牙查理五世（同時也是神聖羅馬帝國皇帝）在十六世紀侵略義大利、洗劫羅馬城。

如果想以更精確的觀點理解政教之間的權力關係，可以檢視宗教改革與王室自利行為之間的關係；也就是分析歐洲的王侯們，如何抉擇是否要保留原本的天主教信仰，還是要改宗新教。英王亨利八世（Henry VIII，1491-1547）藉由罷黜英格蘭主教和修會，收割了龐大的利益與權力。挪威和丹麥的國王以及很多德意志貴族，也都是類似的情況。比起繼續讓各地主教一直給教宗送錢，或是讓教會占據大片免稅土地，王侯們一旦改信新教，就可以自己徵收什一稅，並沒收教會的土地，以此來擴張自己和貴族支持者的財產。[5]

但是，對有些王侯來說，改信新教沒有什麼好處，因為他們已經從教宗那邊得到很多優惠條件。舉例來說，馬丁路德發表九十五條論綱的前一年（1516），教宗李奧十世（Pope Leo X，或稱良十世，1475-1521）和法蘭西國王法蘭西斯一世（Francis I，1494-1547）簽署的波隆那協議（Concordat of Bologna），就賦予國王整個法蘭西教會高層的任命權：包括十名樞機主教、八十二位主教，以及數百間男女修道院院長。藉由這些任命，法蘭西國王完全掌控了教會的財產與收入。如同英國聖公會牧師、同樣也是基督教史家的歐文・查特威克（Owen Chadwick，1916-2015）所說：「現在國王不需要什麼特殊手段，就拿得到教會的錢了。」[6]西班牙王室和梵諦岡還簽訂了更有利的協定。遲至十五世紀晚期，斐迪南與伊莎貝拉不只擁有教會的任命權，還能對神職人員與教會徵稅。此外，他們還要教宗同意，在未得到國王的許可下，不能直接頒布教宗詔令。查理五世執政期間，教會對西班牙王室變得更加卑躬屈膝，讓國王把教會的什一稅拿走三分之一（從豁免交稅者那邊收取）。

這種種的安排，對於維繫西班牙與法蘭西的天主教會非常重要，但也讓教會對國家屈服。很快地，這在教宗嘗試禁止奴隸制引入新大陸時，產生了悲慘的結果。

再強調一次，早在六世紀時教會就反對奴隸制度了，到十世紀末教會幾乎已讓奴隸制度退出歐洲的歷史舞台。而後到了十五世紀三〇年代，西班牙殖民統治加納利群島（Canary Islands）時卻奴役了當地的原住民。當教宗安日納四世（Pope Eugene IV，1383-1447）知道這消息後，立刻頒布了詔書（*Sicut dudum*），完全不拐彎抹角，直接且強悍地以絕罰（開除教籍）威脅他們，勒令收到諭令後十五天內，「恢復當地所有人民的自由，不論是男是女……所有人都要永久被解放，且不能勒索收受任何贖金。」[7]不幸的是，不只教宗安日納四世的諭令無人理會，連續三任教宗的廢奴諭令也都受到藐視。

西班牙與葡萄牙順利侵略新大陸後，持續奴役美洲原住民。不久後，那些飽受爭議、從非洲往返的奴隸商船還大量增加。有些參與奴隸販賣的人，居然說這並沒有違反教會的教導，因為這些人不是「理性的受造物」，而是一種「動物」。教會對於這種謬論嗤之以鼻。一五三七年，教宗保祿三世（Pope Paul III，1468-1549）連續頒布了三大諭令，譴責新大陸的奴隸制度（這些卻被過去的歷史學家所忽視，直到最近才受到重視）。教宗的第一道諭令宣布：「印第安人的的確確是真正的人類，」因此，「我以使徒的權柄宣布且命令……**印第安人與所有人類，包括那些沒有信仰的外邦人、異教徒，全都是神的寶貴創造**……他們的自由與財產都不可剝奪……也不可把他們當成奴隸，違反以上的行為都是無效的。」第二道諭令中，教宗宣布將對參與奴隸制度的所有人處以絕罰，不管他是年紀、身分、地位與階級，全都一視同仁。[8]

雖然實際上還持續存在著許多剝削，但教會的反對的確終結了奴役印第安人的殘酷行為。然而教宗的諭令仍無法阻止越來越多的非洲奴隸輸入美洲。不過實際上來說，在引入非洲奴隸上，西班牙長期不如英法兩國——後兩者的島嶼殖民地很快就轉為奴隸農園經濟（plantation economy）。但這是因為經濟取向的差異，而非出於宗教上的考量。新大陸的奴隸人數不斷增加，教會也不厭其煩地一再反對。一六三九年，在巴拉圭耶穌會的要求下，教宗烏爾班八世（Pope Urban VIII，1568–1644）再次重申保祿三世的諭令：對買賣或擁有奴隸之人開除教籍。

不過如同教宗保祿三世的諭令一樣，教宗烏爾班八世對奴隸制度的反對，也沒什麼效果，甚至是被忽略的。許多地方主教不買羅馬教廷的帳，因為他們都是西班牙國王任命的。如前所述，在沒有王室的許可下（當然沒有准許），直接在西班牙或美洲殖民地出版這些反奴隸諭令，或是任何教宗的口諭，都是違法的行為。當教宗烏爾巴諾八世的諭令，在巴西里約熱內盧（Rio de Janeiro）被耶穌會士「違法地」公開宣讀時，耶穌會的學院竟然遭人劫掠，許多修士也因此受傷。在桑托斯（Santos）的另一批暴民，還踩踏試圖公布諭令的副主教。由於持續不懈地反對奴隸制度，並建造了許多極為成功先進的印第安社區，耶穌會後來在一七六七年被粗暴地從新大陸驅逐出去。[9]

即便情況艱難又辛苦，主教們在西屬美洲也不是毫無影響力。藉由對西班牙法院申訴奴隸制度妨礙對印第安人的傳道工作後，主教們在一五四二年取得禁止奴役印第安人的「新法令」，而且如前所述，這些法律被廣泛遵守了。不久後，當大量的非洲奴隸被送到西屬新大陸的領土時，主教們也努力讓西班牙法院接受《西班牙黑人法典》（*Código Negro Español⊠Spanish Black Code*），從而大大改善了奴隸的實際處境。[10] 然而這兩大動作，卻也激起了政教之間的激烈衝突。[11]別忘了選主教時，西班牙國王只能從一群合格的被提名者當中找出人選，但這群人也是由梵蒂岡訓練且選拔出來的。更何況主教是終身職，他們的在位時間，往往比那些反對他們的王公貴族來得長。只是他們從未像世俗統治者那樣大權在握。不幸的是，為了回應歐洲發生的宗教改革，當時的天主教會正經歷劇烈的變革，無暇顧及推動進步與商業。

天主教的反宗教改革主義

三一二年，羅馬皇帝君士坦丁歸信後，不久就有了兩個天主教會。在君士坦丁歸信前，教會是由虔信、收入微薄，與相對禁欲的神職人員所領導，他們還常常有殉教的風險；這些團體和其傳承者建立了「**虔敬的教會**」（church of piety）。然而，在君士坦丁給教會諸多特權與補助之後，許多上層子弟「突然爭先恐後地躋身神職」[12]，因為神職現在既有高薪又有政治影響力。很快地，即使是低階教職也成了人們投資的標的，高階職位就更炙手可熱了。這種新的教會體系組成了「**權勢的教會**」（church of power）。如同第二章所述，像是「投資人」一樣的神職人員，對於商業並沒有敵意。而在資本主義興起並轉趨成熟的期間，權勢的教會讓原本偏好傳統禁欲苦行的教會，轉而開始適應經濟現實。換句話說，如果「虔敬的教會」持續占主流地位，基督宗教大概會繼續譴責高利貸、反對獲利和反物質主義，就像伊斯蘭一樣。

宗教改革的星火燎原之勢，帶給天主教教會巨大的震撼，致使「虔敬的教會」在天特會議（Council of Trent，1562-63）中重掌領導權。買賣教會職位被禁止，許多有意義的改革也被制定，並予以實施，包括廣設神學院，以便更好地訓練教士們。但也不是沒有負面影響，反宗教改革的天主教會變得有反智傾向，而這是「權勢的教會」長期刻意避免的。至於再度防範異端，則讓教會壓抑學術，因而出現了「宗教反對科學」的錯誤觀念。此外，就像對手清教徒一樣，「虔敬的教會」的神職人員對於財富、商業感到懷疑；就如同清教徒神學家輕視「企圖心」、批評「貪婪」，如今掌握教會主導權的人也極不重視「進步」與「現代性」。人們最好繼續住在鄉村農場裡，過著簡樸、謙卑又虔敬的生活。

諷刺的是，他們是把失落的美德恢復了沒錯，但這些領導反宗教改革的人也把適合初代教會的信仰模式給恢復了。那是一種適合統制經濟，卻完全跟民主政治、資本主義不相合的信仰。正是這種教會主宰了南歐和新大陸殖民地。以上就是今天某些拉美教會領袖之所以誤入反資本主義、高舉「解放神學」的左翼迷思之淵源。

怠惰的國家教會

為了維繫跟西班牙與法國的協議，教會放棄了許多新大陸事務的主導權。在西屬殖民地，西班牙國王不但可以任命所有的主教，王室和總督還能設立新的教區並劃定邊界。為了回報教會，王室禁止所有羅馬天主教以外的信仰，國家還幫忙收什一稅。主教們當然喜歡這樣的安排，因為國家機器徵稅的效率遠比神職人員來得高。另外，國家徵收什一稅也迫使主教為了完整拿到奉獻，還得不斷奔走遊說，因為很明顯地「殖民政府當局對稅收上下其手」。[13]

即便這樣，教會在新大陸的處境依然十分優渥。什一稅、頻繁的金錢往來以及大量的土地捐贈，還有農莊的收入，都讓拉丁教會變得非常富裕。如同中世紀歐洲一般，教會在此處也還是擅於進行長期規劃和細膩管理。因此「到了十七世紀末，教會的經濟力量已能掌控殖民地社會」。[14] 十八世紀末，祕魯大大小小的土地幾乎都是，或者至少部分是屬於神職人員的。祕魯首都利馬（Lima）的「兩千八百零六棟房屋中，就有一千一百三十五棟是屬於宗教組織、教區神父，或是宗教資助的」。[15] 於此同時，在廣大新西班牙（New Spain）殖民地，教會在都市與鄉村都握有至少半數以上的高價房產，包括墨西哥城三分之二的房屋在內。[16]

不過，拉丁美洲的教會即便在物質上非常富裕，在公眾支持上卻很貧乏。亞當斯密很早就認識到，壟斷性的宗教組織將會產生難以避免的缺點。得到政府完整資助的神職人員，開始像是有了公務員鐵飯碗般，讓自己變得懶散，不再努力維持信仰熱情，也不再把自己獻身給教會。[17]這是在拉丁美洲真實發生的事情。作為一個國教般的教會，天主教高層在宣稱每個人都是教徒的狀況下，過度自我感覺良好，卻沒有為了讓這些人積極參與教會而付出多少努力。[18]與幾百年來的假象相反，拉丁美洲根本不是什麼「天主教大陸」。很多地方甚至福音沒有傳進去過，都還維持著原住民信仰。旅客們常常發現，在一大塊區域或一整個地方，根本找不到半個神父。[19]

上述情況，至今在拉丁美洲天主教會依然如此，儘管近來有稍微比較火熱一點。舉例來說，一九九五年一個瓜地馬拉的教區神父要服事兩萬九千七百五十三名天主教徒，在玻利維亞是二萬零五百五十二名，巴西則是一萬七千八百三十五名（相較於美國的一千八百二十二名，加拿大的一千九百五十六名）。然而這些數字並沒有太大意義，因為雖然每個國家的神職人員數目大致無誤，但各國天主教徒的數量都被離譜地高估了。實際上，計算天主教徒的數目時，地方官員在意的根本不是教堂的實際出席率或者真正受洗的人數；相反地，他們直接從總人口中扣掉一小部分後，就宣稱其他都是天主教徒。官方出版的《天主教年鑑》（*Catholic Almanac*）直到最近都還報導，拉美國家95%的人口都是天主教徒。

然而實際上神父荒就是一大反證。第一，一般天主教徒的信仰水準，讓他們大多不會走上神職的道路。今日拉丁美洲的神父全都是外國人，墨西哥與瓜地馬拉的神父有87%為外籍，委內瑞拉75%，智利則為55%。相較之下，印度的天主教神父只有20%是外國出生的。[20]第二，看似為數不多的神父就已經能滿足服事的需求了。由於彌撒的出席率向來很低，洗禮也並不普遍，很多嬰兒都是為了求平安而洗禮的。非常卓越的英國社會學家大衛・馬丁（David Martin，1929-2019）就指出：「民間文化對天主教的教導十分抗拒……也許只有不到兩成的拉美人固定聚會。」[21]

不過拉美人對宗教的反感，並不是從任何世俗的現代性來的，不然為何當地的巫術與各類迷信都還很多呢？真的不是因為現代性或世俗化！如同亞當斯密的論點，拉美人民之所以不去教會，是因為那些接受補助、有公務員薪水的神職人員安於現狀，並仰賴國家壓制其他潛在宗教競爭者所導致的。數十年前，大多數拉美國家廢除了針對非天主教宗教的禁教令後，火熱的新教組織立刻席捲了整個南美大陸。沒有比這再清楚不過的證據了。現在拉美國家會去主日禮拜的人大多是新教徒，這些國家的外國宣教士人數，也已經遠超過天主教神父的人數。如同近來宗教經濟理論所預測的，[22]競爭快速刺激了拉美天主教的復興。當一個地方的新教徒比例變多時，天主教彌撒的出席率也會同步增高！[23]許多拉美國家的天主教神學院的註冊率，有史以來首次增加，[24]天主教的靈恩運動也快速成長。[25]這更證明了宗教在多元市場中，會發展得更蓬勃健康。

自由市場中的宗教

宗教自由並非一蹴可幾的。即使當初離開歐洲是為了躲避迫害，聖徒們並沒有因此學會宗教寬容，而是只學到要掌握權力。從一開始，麻薩諸塞灣的殖民地就建立了壟斷式的國家教會，迫害那些不聽話的人。舉例來說，當他們發現貴格會的信徒出現時，即使只是他們的船下錨停靠，公理會信徒就會公開驅逐他們。一六五九到一六六一年之間，就有四名曾被鞭打並從麻薩諸塞驅逐出去的貴格會信徒，因為重返該地而被絞死。其他北美殖民地雖然沒有這麼誇張，但也大多建立了國家教會，像是英格蘭教會分別建立在紐約、維吉尼亞、馬里蘭、南北卡羅來納與喬治亞；公理會則建立在新英格蘭。

令人驚訝的是，從一開始當地的人們就觀察到，沒有政府資助的教會更為興旺。從紐約退休而賦閒在家的紐澤西前殖民地長官劉易士・莫里斯（Lewis Morris，1726-1798）上校，在一封寫給朋友的信中提到：

「跟人們強制徵收牧師的薪水，也許是一個養活牧師的好方法，卻無法幫助他們傳道更多人……反而沒這樣做的教會都很興旺。我相信，如果議會當初沒有通過這樣的法案（紐約議會），教會的狀況會好得多。看看紐澤西與賓夕法尼亞州都沒有這種東西，結果信徒既虔誠守法，人數又是紐約的四倍之多。反觀我們這邊，十之八九的人都不值得期待，也無法帶給教會什麼好處。」[26]

不過，美國的宗教寬容和憲法上禁止設立國教，並非出於上述洞見，也不是根基於自由的思想，而是因為宗教自由是一種必然趨勢，無論你喜歡與否，多元宗教已經存在了。眾多殖民者帶著他們的信仰而來，在一七七六年美國革命前夕，各殖民地的宗教組成如表7-1所示，即便是公理會信徒也只占了20%。當然，國家教會並未一夕之間就會消失，因為聯邦憲法禁止設立國教的條文，還沒被解釋成對各州都有強制的約束力。一八一八年，康乃狄克州終於取消了公理會的官方地位，新罕布夏州於一八一九年跟進，但是麻薩諸塞州則遲至一八三三年，才終止透過徵收教會稅來支持官方的公理會。

到了一七七六年，儘管每六百五十位居民就有一個會堂，但美國實際的教友人數，以今日的標準看來卻是偏低的。雖然幾乎每一個人都聲稱自己是基督徒，卻只有不到20%的人隸屬於特定堂會。即使在清教主導的波士頓，很可能週六晚上流連在小酒館的人，也多於週日早上上教會的人。這當然是一種歐洲的遺留——主流的建制化教會總是會抑制信仰的參與度，就像是莫里斯上校所認為的那樣。然而，當所有的教會都站在同一個起點，並且需要有效率地爭取支持者時，多元化的「神蹟」就會出現。到了快一百年後的一八六〇年，超過三分之一（37%）的美國人有了明確的所屬堂會。二十世紀初則多過一半。而在過去三十年當中，則到達近六成的人隸屬於特定堂會，也許這是所能維持的最大值了（九成的美國人宣稱自己隸屬某一教派，但其中許多人沒有明確會籍）[27]。加拿大教會也呈現類似的趨勢。

但即使是十九世紀早期，美國人還不到四分之一的人是實際有教會會籍的，歐洲旅客就對敬虔的美國人感到驚訝。一八一八年時，英國知識份子威廉·克伯特（William Cobbett，1763-1835）寫信給家鄉波特利（Botley）的朋友，講述了他對於美國教會高密度的信徒之驚嘆：「這裡超多教會……而且注意喔！這裡不是一些窮酸教會，每一間都比我們家鄉波特利的更大更好。」[28]法國思想家托克維爾（Alexis de Tocqueville，1805-1859）的美國遊記（1830-1831）就寫著：「世界上沒有一個國家的基督宗教，像美國一樣維持對人類靈魂的偉大影響力。」[29]到了十九世紀中葉，瑞士神學家菲力普·沙夫（Philip Schaff，1819-1893）觀察到，紐約路德教會的出席率

表 7:1 一七七六年北美十三州的堂會數量

教派	堂會數量
公理會	668
長老會	588
浸信會	497
聖公會（英國國教）	495
貴格會	310
德意志改革宗	159
路德宗（信義會）	150
荷蘭改革宗	120
循道宗（衛理公會）	65
羅馬天主教	56
摩拉維亞弟兄會	31
分離派與獨立派	27
登卡爾派	24
門諾會	16
胡格諾教派	7
山德門教派	6
猶太教	5
總計	**3,228**

來源：Paullin, 1932; Finke and Stark, 1992, 2005

遠高於柏林。[30]每一位外國觀察家都清楚這樣的成果來自於多元信仰。克伯特解釋說：「立法強制下的國教環境，對於一個真正的宗教而言沒什麼好處……國教是強加於人民的，這種神職人員不會受到大家尊敬，甚至會被鄙視……每次我們的神職人員……說宗教或教會有危機了（沒有什一的意思）……他們的意思其實是要被迫自己謀生了。」[31]奧地利記者法蘭西斯．葛林德（Frances Grund，1805-1863）於一八三七年也寫到，設立官方宗教讓神職人員變得「怠惰懶散」；在美國，反而因為競爭激烈，沒有半個神職人員敢鬼混，幾乎所有人都為了每個會眾的靈魂救援而竭心盡力。[32]

當然也不是所有神職人員都如此盡心盡力，所以美國今日的宗教樣貌，跟一七七六年相比已大不相同。當年最大的五個教派，其中四個已經沒落，而且還在持續縮小，它們分別是：公理會（現稱為聯合基督教會）、長老會（Presbyterians）、聖公會（Episcopalians）、貴格會（Quakers）。時間到了下個世紀，起初微小的衛理公會（Methodists），反而成了美國最大的教派。到了一八五〇年時，衛理公會的教友已占全美基督徒的三分之一。緊追在後的浸信會（Baptists）也有21%。而再下一個世紀，衛理公會變得溫和世故，隨即導致大量會眾流失，尤其是在最後的四十年。而浸信會的規模持續擴張，美南浸信會是美國當代最大的新教教會。浸信會能超越衛理公會的一個理由是：越來越多的衛理公會神職人員擁抱了「現代」神學，他們以強硬立場推廣那些觀點

表 7-2 美國各教派的消長情形 會眾占每千人比例

教派	1960 年	2000 年	變動率（%）
聯合基督教會	12.4	5.0	-71
聖公會	18.1	8.2	-55
聯合衛理公會	58.9	29.8	-49
美國長老會	23.0	12.7	-45
美國福音路德教會	29.3	18.2	-39
一神普救派	1.0	0.8	-20
貴格會	0.7	0.6	-14
羅馬天主教	233.0	221.7	-5
美南浸信會	53.8	56.3	+5
拿撒勒人會	1.7	2.2	+35
基督復臨安息日會	1.8	3.1	+72
四方福音教會	0.5	0.9	+80
摩門教	8.2	18.2	+122
神召會	2.8	9.1	+225
克里夫蘭神的教會	0.9	3.1	+244
基督神的教會	2.2	19.5	+786

來源：Yearbook of American Churches, 1962, 以及 Year of American and Canadian Churches, 2001

時又不接地氣。反之，浸信會的神職人員隨時注意會眾的反應，並讓那些冒犯會眾或讓人感到乏味的神職人員卸任。表7-2顯示其他福音派新教團體，包括摩門教都快速成長。很明顯地，一個自由市場下的宗教經濟，會偏愛那些健康有活力的教派。

雖然有競爭力的教會和勤奮的神職人員，很合乎資本主義的基本原理，但是「自由」才是促使北美的宗教與商業兩者都很興旺的真正關鍵。

自由：治理模式

托克維爾把十九世紀早期的美國描述為「世界上最自由、最啟蒙的國家」。[33]但這種描述絕不可能被使用在格蘭德河（Rio Grande）以南（中南美洲）的國家。

用一七七〇年的狀況做個比較，就可以看出原因何在。當時北美殖民地快速地迎來數波小農移民，由總督與活躍的民選殖民地議會合作治理；民選的大英國會擁有最高權力，英王的權力也受到制衡。西班牙殖民地則零散地被上層的西班牙貴族或希望躋身貴族的人所開拓，他們得到王室許可而擁有大片土地。這些**大莊園**主要是靠被迫勞動的原住民工作，也雇用歐洲人當領班或監工，這當中很少人是來自歐洲的自耕農。

西班牙殖民地由總督，與稱為 *Audiena* 的最高行政機構共同治理，*Audiena* 是由西班牙派駐的資深官員所組成。此外，西屬美洲沒有立法權限，殖民地所有的法律都是西班牙制定的，[34]而西班牙本土當時都還是個不民主的封建王國。實際的情況是，殖民地的**任何公職都可以被國王用來買賣**。雖然也有部分是靠實力任命，但更多職位的任免是由家世和財力決定的。菲利普二世為了避免再次破產（最後還是失敗了），於是更誇張地在殖民地買官鬻爵。屬於榮譽職的虛銜，被尋求提升社會地位的人買走，但大多數職位的購買被視為一種投資，之後再從出售影響力與服務來回本。到了十八世紀，幾乎所有殖民地的派任官，都是對殖民地完全不熟的西班牙內地人，一離職就會返回母國，也常做出錯誤決策。[35]

到最後，幾乎所有的英國殖民者都在北美定居，西班牙殖民者卻只是過客。英國殖民地被創建來生產，西班牙殖民地卻只用來剝削。

殖民化

西班牙在新大陸最特別的狀況或許就是，只有非常少的移民，尤其是十六世紀早期到十九世紀這段時間。想去新大陸的西班牙移民，得去塞維亞（Seville）的通商館登記，而整個十六世紀卻只有大約五萬六千人的記錄在案。歷史學家一度以為，真實數字應該數倍於此，因為很多人都是非法移民，但現在大家都接受這個數字應該不大。[36]與此類似的是，從前說一五〇〇到一六四〇年間，[37]有超過三十萬西班牙人前進新大陸，這個數字也是高估了。[38]但即使是這個數字也實在太小，這使得拉丁美洲的大部分地區都處於完全未經歐洲人開發的狀態。

為什麼西班牙人沒有大批一路向西？有許多原因。首先，和英國不同，西班牙並沒有很多商人，或是夢想成功的小農。西班牙本身就如同一個巨大的莊園，農夫只過著比農奴好一點的生活。另外，因為新大陸都被封建地主所宰制，也沒有能成為成功商人或成為小農的璀璨願景。不過對於窮困的西班牙移民而言，在殖民地的待遇還是比待在家鄉好。

移民不多的第二個原因，是因為旅途凶險。有許多人在船上染疫，或是因為飲用水用盡而死，另外還有大量的船隻迷航。大西洋既廣闊又多有暴風雨，而西班牙只有較差的船，又沒有好好保養，加上相對不熟練的水手，令人聯想到兩次無敵艦隊的下場。許多倖存的信件與日記都描述了橫渡惡水的恐怖。此外，大部分人只追求當個一夜致富的過客、而不打算定居新大陸的事實，更把移民的誘因降到最小。許多人，或許大部分的人發財後回到西班牙，都對能平安歸來感到欣慰。沒那麼幸運的人回去後則會對親友說後悔去了這趟。

最後，西班牙本土與殖民地官方，都加強限制、期望降低移民數量。當時西班牙殖民地經濟的主要動力是開採和出口的金銀，若額外增加人口，則反而增加了殖民地的日常成本。為了限制新移民，當局會使用各種可能方式拒絕他們入境，除非他們有親戚在殖民地定居。所有的非天主教徒，甚至幾乎所有的非西班牙人都不得入境。一開始只有單身男性可以移民，但最後已婚男性也能攜家帶眷移居新大陸。至於單身女性的入境，則一直不被准許（導致越來越多歐洲血統與美洲原住民的混血兒）。

對比之下，移入北美殖民地的英國移民數字，遠高過西班牙人移入拉丁美洲。據估計，一六四〇到一七六〇年間，有超過六十萬的英國人移入北美，[39]還有其他來自荷蘭、法國、德國與歐洲其他地區的移民。眾多殖民者舉家遷來或者至少夫婦同行，也有許多人是單身男女。他們來到這裡不是為了封建地產，或是開挖金銀礦，大部分是為了殖民地的高薪、為了得到肥沃土地或是獲得開作坊、開店的機會，因此不太想再回母國。此外，由於他們來的時候搭的是英國船，又晚了近一個世紀，因此航程更快、更安全，所以旅程不會太疲累。一大部分人成了小農，另一批人則不想只成為自給自足的農民；[40]這些人的家庭農場規模，跟歐洲小農地比起來，顯得非常巨大。他們把作物與獸皮出口到英國，享受豐厚穩定的利潤，養活殖民地的非農業人口。與此相反，西班牙殖民地不只進口工業產品，還得進口大量糧食，大部分靠西班牙王室擁有開採特權的貴金屬支付。另一個讓北美殖民很快就成功的資源，就是英國相對自由的移民政策：來自歐洲各國、不同信仰的人，甚至像是羅馬天主教徒，都可以齊聚一堂。一七七六年時，北美十三州已經有五十六個天主教教區，以及五座猶太會堂。

殖民統治與管控

理論上，西班牙殖民地是被西班牙法院授權的政府統治，但實際上天高皇帝遠，兩邊消息往返通常要一年時間或是更久，因此殖民地上層人士根本為所欲為。舉例而言，一五四二年，西班牙頒布了保護印第安人，免於被奴役與殘酷剝削的「新法」（New Laws），但這個法律卻被藐視忽略了。墨西哥總督為了平定叛亂，就擱置這些法律不管。現實是，殖民地需要那些工人，不然就會無法統治。結果不但沒有走向民主，反而增強了那些得到王室許可的地方寡頭的勢力。

英國殖民地卻有更大的個人自由和民主。從一開始，英國殖民地就有民選議會，經常「杯葛英國總督」。[41]當然，一開始只有那些有財產的人能在議會選舉中投票，但自從大量殖民者擁有了自己的農場跟店鋪後，選舉權就相對普及。

除了統治本身，歐洲國家對殖民地的主要掌控，就是亞當斯密稱之為**重商主義**的一系列經濟政策。這個系統的基本特徵，就是各國想從殖民地獲利。達成的機制則是讓殖民地只跟母國貿易，以原物料來交換工業成品，母國就會得利於淨出口。

遵循這個重商主義政策，英國從北美洲進口了農產品、毛皮、數百萬磅的魚乾與鯨油，並以原物料交換工業產品。當然買價與賣價都是固定的，以確保這樣的貿易有利可圖。這樣的做法一方面有不少貿易衝突，也鼓勵了北美人民從事走私和非法貿易，把英國資本主義那套做法搬到當地，成立許多小工廠。隨著時間過去，北美出口到英國的原物料越來越少，這表示當地經濟的蓬勃發展。舉例來說，一七七〇年，相較於未經研磨與加工的穀物，美洲殖民地出口更多的麵粉，以及更多的肥皂與蠟燭到英格蘭；除此之外，還有遠比原木更多的桶板、桅杆，完工的船舷，以及大量的蘭姆酒（而非未蒸餾的糖漿），甚至還有三千一百四十九雙鞋。[42] 另一項對於北美經濟的刺激則是，雖然英國運用海軍優勢，不讓其他國家的船隻（尤其是荷蘭）運輸貨物到殖民地，但卻容許殖民地船隻自由航行。由於新英格蘭地區造船遠比在英國本土便宜（許多必要的材料與艦艇零配件都進口自新大陸），這大大鼓舞了殖民地的造船工業和商船發展：一七七三年，美洲的船塢就造了六百三十八艘海上船艦；[43] 巨大的商船規模足以輕鬆進行走私與非法貿易。一七七〇年，美洲殖民地出口到歐洲與西印度群島的獲益，已等同出口到英國的數量。[44]

若只看貿易數字，會覺得英國真的有從殖民地的商業政策中得利。一七七二年，從美洲殖民地到英國的出口額為一百三十萬英磅，從英國進口到美洲殖民地則是三百萬英鎊的貨物。45然而，維持殖民地的開銷，遠超過殖民母國進口貨物的代價，而殖民政府也要負擔管理、防衛和管控殖民地的成本。以北美殖民地為例，英國花的軍費居高不下，尤其是昂貴的三場英法戰爭。當英國國會決定對富裕的殖民地增稅，以分擔沉重的軍費時（人均收入遠高於英國本土），沒想到激起激烈的抵抗，最後引發了獨立革命，又加增了英國的財政負擔。

西班牙看似從新大陸殖民地獲得了豐厚的利益。珍寶船隊向東航行，向西回程時船上載滿了食物以及各種成品。因為有來自英國與荷蘭的劫匪與海盜的威脅，以及為了減少走私，西班牙貿易一年分為兩次，往來塞維亞（Seville）與加勒比海之間的港口：艦隊載著西班牙的出口品向西航行，然後回程帶著進口物，包括新大陸的黃金、白銀，還有太平洋珍寶船隊轉運至巴拿馬的貨物。但就如同第六章所提到的，亞洲珍寶和殖民地的黃金白銀，只是讓西班牙入不敷出，同時又阻礙西班牙與殖民地的經濟發展罷了。現實是，西班牙不如英國能以自己製造的產品供應殖民地，反而要從其他歐洲國家進貨（還常是英國貨），然後再以高價賣到殖民地。這些都讓走私在西班牙殖民地有暴利可圖，卻無法刺激殖民地的製造業發展。因為這不僅被西班牙王室反對，也與殖民地的鄉村封建主義不相容。西班牙殖民地並沒有輸出那麼多原料到西班牙的能力，當地的地產主要供當地自給自足。而且這些原料，對於還沒工業化的西班牙經濟來說，也沒什麼用處。

總結一下。英國殖民地有比較民主的政府，政治自主性高。西屬殖民地則不管西班牙本土民主與否，都被寡頭所控制。兩個殖民地都被剝削，經濟上也都某種程度上受到重商主義影響和控制。但這些在北美是刺激了內需經濟發展，在南美卻強化了封建主義。

獨立

這章尚未談及美國革命，或是許多解放中南美洲的戰役，但比起這個，我們更會聚焦在南北美洲之間影響深遠的關鍵差異上。

美國獨立戰爭的雙方，不見得像過去所說的那麼力量懸殊。殖民地因為人口相對集中而有足夠的軍力。一七七六年，十三州殖民地已有大約兩百五十萬的人口，英國本土也不過就八百三十萬人（不包括愛爾蘭）。各個殖民地在文化、貿易、思想、環境和人際關係上緊密相聯，戰局危急和許多英國支持者的離去，也讓各殖民地更加團結一致。不過，美洲殖民地畢竟是挑戰身為世界霸主的經濟強權，大英帝國是有能力向美洲派出一支遠洋大軍，並攻下一些主要城市的，只是英國的補給線遠在三千英里以外，而且英軍因為受到殖民地商船的抵抗，以及法國、荷蘭的干預，而無法成功封鎖殖民地海岸。最終，英國缺乏足夠的兵力，又失去了民心，難敵在鄉村神出鬼沒的敵軍，也無法為連續的軍費開支提出正當理由，特別是很難說服那些民選的英國國會議員。戰後，這個獨立的新國家，輕而易舉地統一了全殖民地。長期以來英國政治文化在殖民地留下的遺產，成為建立民主政府的根基。

拉丁美洲殖民地的解放運動並不特別漫長，也不吃力，更非那種需要團結一致對抗歐洲強權的戰爭。一八〇八年，西班牙被拿破崙征服時，這個國家的弱點已暴露無遺。反對西屬新大陸殖民地解放運動的力量，並非來自外部勢力，而是當地的既得利益者。對他們來說，比起擁抱那些解放家的「革命式」修辭，他們比較想繼續被殖民者統治。即使拿破崙於一八一五年落敗，卻沒有留給西班牙任何餘地，來重申他們對於南美洲領土的主張。到了一八二〇年代初期，西班牙在新大陸的領地只剩下古巴與波多黎各，其他都解放了。巴西也在一八二二年成為一個獨立的王國。

獨立對教會來說有利有弊。好的一面是，教會再也不用對西班牙（或是葡萄牙）王室屈服，從此梵諦岡在主教任免、頒布教宗諭令上，不用再被審查。另一方面，解放者出於權宜之計又給教會許多特權，以便得到教會的支持。[46]不過到了十九世紀晚期，有些國家以「**解放**」（*Liberación*）之名，徵收了教會的土地，也放寬了對非天主教信仰的宗教自由。但是教會還是社會上的主要勢力。

拉丁美洲一朝有了宗教自由，就充滿樂觀主義的氣氛。大多數的有力人士相信，他們只需有充足的資本和技術勞力，就能好好開發南美大陸蘊藏的豐厚自然資源，現在也不會被西班牙人阻擋進入歐洲市場了。[47] 當然可預見的就是，有技術的勞力還是很缺乏，但更為缺乏的是那些被許多人視為理所當然的東西：自由。

剛解放的各殖民地並未建構出一個相對整合且互相連結的組織，反而因為太過分散，並受到地理環境的隔離而彼此孤立，讓地方被派系和機會主義者掌握了先機。戰爭頻仍，比較大的政治組織分裂成許多較小的政治實體。到了一八二三年，中美洲從墨西哥分離出去，「西蒙玻利瓦（Simón Bolívar，1783-1830）建立了大哥倫比亞共和國（Gran Colombia），這是一個由委內瑞拉、哥倫比亞和厄瓜多組成的聯盟，後來在一八三〇年他死後瓦解了。另一個由秘魯與玻利維亞組成的短命聯盟，也在一八三〇年代被智利入侵而崩解。」[48] 這些動盪之後，緊隨著是更高壓和貪腐的政權。軍事統治、一黨專政的共和國成了常態，而且不管是什麼形式的政府，社會原本的階級制度都還繼續保留。當初害怕解放者宣稱的那些革命式修辭，已都被證明沒必要了。即使在號稱有選舉的國家，也只有非常少的人擁有投票權。[49]

終結奴隸制

先前雖然西班牙殖民統治被推翻了，奴隸制度卻尚未因此而終結。主要的原因有幾個：首先，除了巴西以及幾個島嶼殖民地外，大部分的拉丁美洲地區從未發展農場經濟，對於非洲奴隸的利用也都是小規模的。第二，奴隸主通常反對解放運動，但藉由宣稱解放運動，他們可以徵召奴隸入伍，儘管那些革命領袖是真心反對奴隸制度的。不過，在美國南北戰爭爆發前，拉丁美洲奴隸大部分都已解放。阿根廷是一八一三年，哥倫比亞是一八一四年，智利是一八二三年，墨西哥是一八二九年，厄瓜多、祕魯和委內瑞拉則是在一八五〇年代完成的。

雖然巴西、古巴和波多黎各在奴隸解放問題上落後，但美國內戰中南方邦聯的落敗，就注定了這不可挽回的命運。內戰初期，還有人預測南方邦聯會跟古巴、波多黎各，甚至巴西一起結盟。南北戰爭後，英國海軍開始對從非洲新出發的奴隸船實施海上攔截，在歐洲與美國的經濟與外交壓力下，波多黎各終於在一八七三年，古巴在一八八六年，巴西則於一八八八年，相繼廢除了奴隸制度。

很難清楚計算奴隸制度對拉丁美洲經濟發展造成了多大程度的傷害。解放奴隸後，拉美的經濟也沒有比之前好多少。但是在美國，奴隸制度對經濟發展的影響就很明顯。一八六〇年，美國的東北部就已經擁有全世界不可忽視的工業力量，但美國南部卻還是一個有點封建、缺乏都市和工業、以農業為主的地區。根基於奴隸勞動力的農場經濟，並非因為無利可圖或是缺乏生產力，才瀕臨崩潰的，不過有好幾代的歷史學家卻都接受這種迷思。[50]在資本主義的邏輯下，農場運作獲利良好。但他們並沒有繼續投資發展，反而持續讓那些好戰又堅持「南方風格」的上層人士掌控一切，並且敵視工業和變革。

資本主義

一六二〇年，**五月花**號啟航之際，英國還是世界上的最大經濟體，被充滿敵意和嫉妒的歐陸人士（傳說是鼎鼎大名的拿破崙）批評為一個「商人國度」。英國蓬勃發展的資本主義，發展得比史上任何其他經濟體都更好，啟動了高速不間斷的工業發展與創新，也就是後來大家咸知的工業革命。這些資本主義的基本原則、思想和具體實踐，一模一樣地被帶到了英屬新大陸地區，在殖民地蓬勃發展。移民去那邊的人們並不是為了淘金潮，而是被無止盡的機會，以及那些彷彿不會枯竭的肥沃農地和自然資源所吸引。這個快速發展又富裕的新文明，亟需商人、工匠、技術工人以及農民。由於這些職業團體往往大量遷入，尤其抵達北部的殖民地定居下來，[51]使得英屬美洲變成一個很有企圖心、充滿資本主義精神的小農之國。他們很自然就贊同富蘭克林的格言（當然有點被韋伯過度解讀了）：「熱愛工作，節儉生活」。即使最早的清教徒社群，表面上有凡物共用的生活準則，但實際上企業家輩出、土地投機行為也很盛行，也因為預期透過房地產能夠獲利，而創建並發展出大部分的新市鎮。[52]

工業與勞動力

一七七六年當時，北美洲還沒有多少製造業。雖然有很多小型作坊在生產一些必需品，例如鞋子、馬具、水壺、釘子、提桶以及簡便的隨手工具，但這也只夠供銷當地。只有一些精製食物和出口用酒（例如將花輾成粉，或是蒸餾蘭姆酒等）進行了大規模的生產。至於更精密的生產，則包括製作蠟燭與肥皂的工廠，或是將獸毛與皮革出口等等。也有一些小店家製作來福槍（與歐洲主要使用的毛瑟槍不同）。如前所述，還有一些繁忙的造船廠。不過此時，大部分美洲殖民地市面上賣的工業產品，都是從大英帝國進口的。一七七〇年，殖民地就進口了五千九百二十八把長柄大鐮刀，以及五千六百零三把斧頭。[53]

一個世紀以後，一八七〇年的美國已然成為一個製造業巨人，僅次於英國，而且在製造產出上超過德國與法國。相反地，在西班牙或拉丁美洲根本沒有製造業可言（見表7-3）。另一個三十年過去，時間到了一九〇〇年，美國已超過英國，占有全世界三分之一強的產能，這已超過英國兩倍多了。到了一九二九年，美國的製造業實力完全傲視全球，生產了全球42.2%的貨品，同時期的德國只有11.6%，至於英國只剩下9.4%。西班牙還是沒有進入排行榜的資格，然而拉丁美洲作為一個有生產力的整體首次上榜了。不過，整個南美洲大陸的製造能力，也只等同加拿大的80%。

美國經濟之所以能突飛猛進的一個理由，是因為豐富的自然資源，尤其是大型又容易開採的鐵、煤礦藏，還有非常便利的充沛水力。另一個優勢則是生產力很高的農業，這有助於快速的都市化，也供應了大量的棉花給東北部的紡織廠。工業化的成功也得益於龐大又快速成長的國內市場。不過美國高速工業化的主要原因，還是因為極昂貴的勞力成本。

或許有人會認為，為了在國際市場有競爭力，人工太貴會妨礙工業發展。然而實際的情況是，勞力成本太高，反而讓美國的資本家投資更多在科技發展上，提升這些高薪工人的生產效率。藉由這樣的模式，勞資雙方都因此獲利。

美國工資之所以高，是因為雇主必須跟擁有各種絕佳機會的自雇者競爭，才能吸引足夠的合格勞工。如同漢彌爾頓（Alexander Hamilton，1755-1804）在美國革命結束後就解釋的：「從自主

表 7-3　全球製造業產出份額　　全球製造業產出各國占比（%）

國家	1870 年	1900 年	1929 年
大不列顛	31.8	14.7	9.4
美國	23.3	35.3	42.2
德國	13.2	15.9	11.6
法國	10.3	6.4	6.6
俄國	3.7	5.0	4.3
比利時	2.9	2.2	1.9
義大利	2.4	3.1	3.3
加拿大	1.0	2.0	2.4
瑞典	0.4	1.1	1.0
印度		1.1	1.2
日本		0.6	2.5
芬蘭		0.3	0.4
拉丁美洲			2.0
中國			0.5
其他	11.0	12.3	10.7

資料來源：國際聯盟，1945 年。

性較低的工人轉換成自主性較高的農民，是比較容易的……而這將導致之後很長的一段時間內，製造業人力變得普遍稀少又珍貴。」[54] 到處都有肥沃又便宜的農地，讓那些初來乍到美國還沒什麼資金的人，短短幾年後內就能存夠錢，買下一個不錯的農場。一八二〇年代聯邦政府一英畝土地只賣一點二五美金，而技術勞工的日薪已在一點二五到二美元之間。[55] 根本不用很久的時間，就能存夠錢買一個大農場種植經濟作物，並獲得穩定的報酬，再繼續擴大自己的農場。別忘了，當時的美國並沒有強制的教會什一稅，賦稅也相當低。

英國製造業者的處境則截然不同，工作選擇很少，不管是一個農場雇工，還是一位工廠工人，勞動都只是為了生存下去。農田價格昂貴又難以購買；沒有什麼新的機會，讓你可以成為商人，或者即使只是想雇個技術勞工都不可得。由於人口持續增長、勞動力過剩，就算已有很多野心人士移民美洲，在英國依然還是找不到工作。因此英國雇主讓工資變得「沒有最低只有更低」，也一樣不缺人前來應聘。這樣一來，美國的製造商要如何在高勞動成本下，於價格上跟對手競爭呢？需要靠更強大的科技。

英國的製造業者，相對而言較沒意願投資在更新設備與流程上，因為這會增加成本又降低獲利，除非能將產品漲價。美國人則對於有希望的新科技充滿期待，因為預期這會大幅提升勞工的生產力；只要工人配備了新科技，就能比機械化程度低的英國與歐陸工人更有生產力，這等於降低了每個個別勞力的**單件**生產成本。這麼一來，一項新科技帶來的益處，與付給美國工人的錢根本不成比例。美國工人的時薪，一般是英國或歐陸工人的三倍，但是每小時產量卻是他們的五至六倍，雇主給工人的高薪以及投資新科技的錢都可回本了。縱觀整個十九世紀，美國在新科技、新技術的研發與應用上，處於領先地位。

而且在美國，不會像十九世紀英國資本家，常碰到反動守舊的勞工對創新的抵制。在美國不會有盧德運動人士（Luddites，英國工人摧毀工廠設備的運動）破壞工廠的機器。為什麼呢？因為勞動力不足的關係，美國的製造業主為了爭取工人就業，將一大部分的利潤用來給工人加薪，以提供更有吸引力的就業環境。相較之下，「即使引入了讓勞力輕省的設備，許多英國雇主還是只有付給員工低薪的觀念，根本不打算對薪資讓步（本來是引入新設備的好處），也不管新設備帶來的高薪，就可化解工人對創新的反對。」[56]

從表7-3可以看出，美國工人強大的生產力，是美國製造業能夠有驚人成長的基礎。會有這種成果，有很大一部分來自於英國之前付出的代價。並不是美國的雇主更有人情味，但他們的確是更老練的資本家，他們知道那些對工作感到滿足又有生產力的工人，才真正是企業最重要的資產。這種對待勞工的態度具有關鍵作用，讓美國能不斷地從英國與歐陸，吸引更多有技術又有工作動力的工人，因此讓勞動力大增，並使工業更加發展。不幸的是，許多已出版書籍討論美國工業的興起（尤其是教科書）時，往往譴責這些「惡意剝削」勞工（因為他們多是無知的新移民）的強盜貴族（robber barons），攻擊他們是財閥（plutocrat）。但其實這些小冊子把時空錯置了，若拿當時的勞動環境來跟今日相比，那你乾脆說在一八五〇年時，這些工廠就該有沖水馬桶。因此更合宜的做法應該是，把美國勞工的工作條件，跟同時期其他工業化國家相比。

除了享有高薪和配備最新科技外，美國勞工還有一個特色，就是他們受到比世界任何其他國家的工人更好的教育（加拿大除外）。

人力資本的投資

如前所引，威廉．克伯特於一八一八年寫信回英格蘭家鄉時，除了讚嘆美國高水準的宗教活動，也在信中提到：「美國很少**沒有教養**之輩……他們從青少年開始就**愛好閱讀**。」[57] 從殖民地建立早期，美國殖民者就大舉投資在現代經濟學家所謂的「人力資本」上。而宗教在這當中扮演了舉足輕重的角色。

一個主要的論點是說，宗教改革時期開始，就要讓人有能力閱讀聖經。好幾個世紀以來，教會為了避免讓大家對神的話語產生諸多爭議，認為最好的方法就是只讓那些訓練有素的神學家接觸聖經。因此，教會反對將聖經翻譯成任何一種當代語言，如此一來，就連大部分的神職人員都無法讀經，除了那些懂得拉丁語和希臘文專家。此外，在印刷機問世之前，只有非常少量的手抄本聖經，連大部分的主教都沒有。結果是，連神職人員也只能透過已被編輯過的二手材料學習聖經，並讓他們在證道時引用。至於一般民眾，當然是只能聽神職人員講的內容。

接著，印刷機出現了。拉丁文《聖經》是古騰堡第一本印刷的書籍。但各種「通俗」方言的版本（俗本聖經）也被印刷出版，讓聖經成為史上最暢銷的書籍。過去擔心的事情果然發生，聖經大量印刷之後，很快就產生了大量的神學爭議與衝突。改革者開始指責教會的一個又一個的教導與做法根本就不合乎聖經真義。新教運動中，諸多不同的異議者都有一個共同的信念，那就是「每個人都可以自行查考聖經」。因此，當清教徒一六二〇年抵達新大陸時，他們做的第一件事情，就是投資在他們的子女教育上。

一六四七年，麻薩諸塞州殖民地立法規定，所有孩童都必須入學。[58]還要求任何五十戶或以上的小鎮，都必須選派一人來培養孩童的讀寫能力，他們的父母或是所有居民則要負責這位教師的薪水。此外，如果是百戶或以上規模的小鎮，就必須要興建學校，而且「指導年輕人的男教師都要有大學程度」，任何社區如果沒有提供這種教育服務，就會被處罰，而且會「罰到做到為止」。其他州也很快跟上，免費的公立學校成為美國生活的標準配備。當整個國家向西部擴張，開拓者第一個蓋的建築物就是校舍（還有酒吧、監獄，以及幾間教會）。在加拿大地區也是如此，到了十八世紀末，北美已成為「全世界識字率最高的地區」。[59]

值得一提的是，麻州的教育法還要求學校教師要有能力培養學生上大學。其實這要求在當時並不會不合理。這條法律通過的十年之前，也是從普利茅斯紀念石（Plymouth Rock）登岸的僅僅十六年後，清教徒就創辦了哈佛大學。這旋即開啟了三個世紀的激烈競賽，各教派競相成立自己的學院與大學。從表7-4可以看到，在美國獨立革命之前，北美殖民地已經經營了十所高等教育機構（母國英國反而只有兩間）。這當中只有富蘭克林創辦、用來養成商人的賓州大學（University of Pennsylvania）不隸屬於任何宗派。緊接著美國獨立革命之後，至少又有十二間大

表7-4 創立於一七七六年前的美國大學

機構名稱	年份	教派
哈佛	1636	公理會
威廉與瑪麗學院	1693	英國國教會
耶魯	1701	公理會
摩拉維亞學院	1742	摩拉維亞弟兄會
普林斯頓	1746	長老會
賓州大學	1751	非宗派
哥倫比亞大學	1754	英國國教會
布朗大學	1764	浸信會
羅格斯大學	1766	荷蘭改革宗
達特茅斯學院	1769	公理會

學在一八〇〇年前被創立，包括一七八九年耶穌會創立的喬治城大學（Georgetown University）。下一個世紀美國有幾百間的學院與大學如雨後春筍般創立，大部分都是教會辦校（雖然在二十世紀時很多都放棄了這層關係）。

同時間，宗教對教育的影響在格德蘭河以南（中南美洲）卻是相當負面的。如同中世紀歐洲一樣，教會擁有拉丁美洲在教育領域上的權威，但卻缺乏足夠的資源，讓不屬於上層階級的民眾上學。政府當局為了省錢，把教育丟給教會去辦，政客們也不覺得農民需要識字。就像這樣，直到二十世紀，大多數的拉丁美洲國家還維持禁止販售聖經。[60]因此，一八六〇年南北戰爭前夕，非裔美國人的識字率（21%）幾乎與阿根廷民眾相當（24%），又高於巴西（16%）、智利（18%）、瓜地馬拉（11%），以及波多黎各（12%）。學校的低註冊率，讓西班牙與葡萄牙的識字率好不到哪裡去。相較之下，一八六〇年時美國白人的識字率已高達89%，加拿大則達到83%，[61]第一代移民才有可能是文盲。

即使過了一百五十年，南北美洲之間巨大的教育鴻溝依然存在。如果我們關注那些二十五歲或是更年長的人，平均而言，到了二〇〇〇年美國人完成了十二點三年的學校教育，加拿大人則是十二點一年。在阿根廷卻平均只有八點八年，智利與秘魯七點六年，墨西哥七點二年，委內瑞拉六點六年，厄瓜多六點四年，哥倫比亞五點三年，巴西四點九年，尼加拉瓜四點五年，瓜地馬拉則僅有三點五年。拉丁美洲的受教育狀況其實跟殖民母國類似；西班牙的受教育年數平均為七點三年，葡萄牙則是五點九年。[62]

教育的落後絕對是拉丁美洲的經濟缺乏發展的關鍵。[63]近年來的重要研究都一再發現，經濟是否能夠發展的最重要因素，就是教育。此外，教育是一個可控因素，即使是極度貧窮的國家，也能在不藉助外力之下，大幅提升教育水平。第一代清教徒也許還有一定數量的文盲，卻絕不讓這種情況在第二代繼續發生。他們的遠見與負責任的態度值得人們紀念。

然而事實令人難過，當代許多拉丁美洲國家在教育上花了大錢，卻沒有什麼成果。如同美洲開發銀行（Inter-American Development Bank，簡稱 IDB）一九九八年的報告指出：「儘管有足夠的公共支出……教育資源的分配卻沒有什麼改善。」[64]他們「不關心教育的會計優先權，玩弄政治操作，貪汙腐敗嚴重，預算都被教育官僚耗盡了」。[65]

拉丁美洲的新教主義：鴉片還是倫理？

新教在拉丁美洲的成長非常快速。復興聚會的會眾總是把大型足球體育場填滿。各個國家會固定上教會的人大多是新教徒，分屬不同的五旬節群體。[66]不過，不管是北美還是南美的眾多社會科學家，常會詆毀新教像是一種嶄新而更強而有力的「人民鴉片」。社會學家羅恩・艾爾藍（Rowan Ireland）就質問說：「這些新皈依的新教徒，是否只是些對政治無感的保守主義者，只想著將世上的不公義交託給主？他們不但把公眾事務個人化，還暗中支持威權者的政治方案。」訪談過兩位會眾後，他更加相信自己的觀察。艾爾藍認為這種信仰下的道德層次，不過是「改進個人的小缺失，就以為神會讓社會的公義自己實現」。[67]研究拉美的歷史學家保羅・德里歐斯（Pablo Deiros）抱持類似的觀點，同樣指責拉美的新教徒根本是基要主義者，「他們的社會良知不知道哪裡去了？他們的組織強加壓力，要人去支持那個神化之後國家壓迫下的社會文化結構。」[68]

這些社會科學家非常看不起拉丁美洲的新教徒，卻歌頌那些努力組織窮人成為草根團體（base communities），並採取激進政治運動的天主教「解放神學」。梵蒂岡第二屆大公會議（Second Vatican Council）後的一九六〇年代中期開始，天主教作家兼運動家、秘魯的古斯塔沃・古鐵雷斯神父（Gustavo Gutiérrez，1928-）尤其讓**解放**一詞，成為左派知識份子和馬克思主義團體的時髦用語。桑地諾民族解放陣線（Sandinistast）的成員就說，自己受到這種宗教關懷所啟發。他們舉辦了許多場研討會，進行了「馬基對話」（馬克思主義者與基督徒間的對話），但除了讓更多群眾擁抱五旬節派教義之外，並沒有什麼成果。直到現在大家都認知到，解放神學其實只是一種幼稚的神學幻想，雖然也還有很多學者拒絕承認。[69]當然有許多的批判聲音一視同仁地攻擊**所有宗教**，認為管他是天主教還是新教，全都是人民的鴉片。但也還有其他人認為，拉美的新教不但不是鴉片，反而是一帖刺激進步的良藥。他們引用韋伯的新教倫理命題，指出拉美的新教徒也會教導人們節儉並重視個體責任。這些社會科學家指出，新教在拉丁美洲的傳播，有助於刺激資本主義的發展，不然至少也會增加人們想成為負責任公民的意願，並且更想追求民主。[70]兩種不同的角度到底孰是孰非？

由小型拉美社群執行的大量個案研究顯示，改信新教確實與個人的經濟行為有相當程度的關聯性，這些新加入教會的信徒在財務上更加節儉且負責任，展現了一定程度的企業家精神。[71]但也有一些研究指出，新教只是吸引那些本身就擁有「新教倫理」的人加入；換言之，經濟行為的改變其實先於信仰的改變。遺憾的是，這些研究並沒有基於適當的抽樣以及良好的統計方法。

近來學者安東尼．吉爾（Anthony Gill）發表了一篇研究，採取了精密的統計技術，且奠基於墨西哥、阿根廷、巴西和智利的大規模全國性樣本，[72]結果十分令人信服。吉爾發現，比較虔敬的新教徒與天主教徒在經濟與政治態度或行為上，並沒有顯著差異。比起較少去教會的人，這兩個群體都更抱持自由經濟的觀點、政治保守主義的立場，並且有更高的公民參與度，也更信任政府。由於在統計上新教徒與天主教徒看不出明顯差異，因此吉爾認為：「韋伯命題很明顯在拉丁美洲並不成立。」不過，馬克思也錯了——宗教並沒有讓人們對政治事務疏離或者是把人給異化（alienation）了。

看來，最終拉丁美洲最終應該也會像北美洲一樣成功。更開放的自由環境刺激了宗教的多元性，也產生更多的獨立政黨。一黨專政看來也會踏上壟斷性教會的覆轍。未來的拉丁美洲需要超越過去那種表面上民主、實際上卻落伍的統制經濟，才能發展出有真正有效的資本主義經濟所需的基礎。

結語

全球化與現代性

基督宗教創造了西方文明。若當初跟隨耶穌的門徒，只做到成為一個無名的猶太分支教派，到這種程度而已，今日大多數的人可能還是文盲，有的人還在看手抄本。如果沒有一個致力於理性、進步、道德平等的神學理念，現代世界會變成一八〇〇年代時非歐洲社會所處的狀態，還是一個充斥著占星學家、煉金術士，卻沒有科學家的世界。或還是一個沒有大學、銀行、工廠、眼鏡、煙囪和鋼琴的專制統治世界。也還是一個大部分初生兒活不過五歲，許多孕婦會死於難產，一個真正的「黑暗時代」。

現代世界的所具備的一切基礎，都只在基督教社會中發生，而不是在伊斯蘭，也不在亞洲，也不從一個「世俗化」的社會中發生。所有發生在基督教世界之外的現代化，大多是殖民者與傳教士從西方輸入的。即便如此，許多傳揚現代化福音的使者們，卻還以為在當代只要以現存的西方世界為範本，就可以在沒有基督宗教、甚至沒有政治自由與資本主義下，達成類似的發展水平。他們認為，全球化會充分傳播科學、技術和商業知識，因此已不需要再造最初產生現代化的社會與文化條件了。下面我將簡單評論這些看法，作為《理性的勝利》一書的結論。

過去蘇聯與中國計畫經濟的失敗，已在在表明若在不實行資本主義的狀態下，想要創造出一個效率的現代經濟體，是十分匪夷所思的做法。蘇聯能發射火箭上軌道環繞地球，但他們卻無法順利把洋蔥送到莫斯科。中國也以數百萬條人命為代價，證明了集體化農業毫無效率可言。到了今天，資本主義在諸多從蘇聯高壓統治解放的國家中大為發展，中國人也認真思考，為何自己的生產力長期以來不如台灣，而俄羅斯與中國雙方現在都想建立資本主義經濟。在沒有政治自由的國家裡，資本主義是否可能？現在還在觀察的階段。實際上，還在渴慕政治自由和資本主義的伊斯蘭國家，今日幾乎仍停滯在半封建社會中，沒有能力生產絕大部分的民生物資。他們的生活水平得靠大量出口石油賺來的外匯來維持，好似過去的西班牙曾仰賴從新大陸掠奪的黃金和白銀，來換取歐洲其他國家工業化的成果。不保障個人產權和個人自由的狀態下，現代社會是無法完整孕育而出的。

也許現代化至今仍需要資本主義和政治自由為前提，那基督宗教呢？從某方面來看，一個強而有力的例證是，雖然基督宗教當初對於科學的興起是很重要的，但現在科學已獨力發展，再也不需要基督宗教的護持。人們對進步的信仰這件事情的觀點也是類似的情況。今天大家都相信，真正該做的就是環顧世界，而不再需要信仰的根基，就能深入地觀察大自然的奧祕，並且發展出先進的科技。

換個角度想，如果今天基督宗教真的已跟現代化沒有什麼相關性，那為什麼基督宗教的傳教活動，至今都還能這麼快速又這麼成功呢？事實是，基督宗教全球化的程度，比起民主制度、資本主義或是現代性都還更多。正在拉丁美洲進行的宗教革命並非一場「基督新教化」，因為大部分的拉美新教徒過去也不是天主教徒，因此這更是一種「基督化」。非洲的基督化則更加快速，撒哈拉以南的聖公會人數已遠遠超過英國或北美，更別提有幾千萬人都受洗歸信了浸信會、五旬節教派、羅馬天主教，以及各種非洲本地的新教教派，目前大約已有半數的南撒哈拉人是基督徒了。[1] 儘管如此，南半球的基督化很快就會不如中國的基督徒增長。

一九四九年中國共產黨剛建國時，中國大概只有兩百萬的基督徒。當時不僅是馬克思主義者，甚至連美國自由派教會領袖都把這些人當成「吃教」（rice Chisitians）信徒。換言之，認為人們是為了得到救濟才容忍傳教士。五十年過去了，我們發現這些中國「吃教」的基督徒真的很「不虔誠」，居然忍耐了數十年的殘酷迫害，人數還一直倍增，今天的中國基督徒甚至可能有一億之眾！[2] 特別現在受洗歸信的人並非集中在農民和窮人，反而是受過最好的教育的現代中國人。

人們信仰基督宗教可以有許多理由，這是一個支持深層情感需求、足以填滿人存在意義何在的信仰。不過，另一個重要的原因是，基督宗教最為理性，因此與西方文明的崛起密不可分。對許多歐洲以外的人們而言，成為基督徒就是現代化。因此，我們還是可以合理地認為，基督信仰是現代世界全球化下的必要元素。最後我們可以一起思考某名中國頂尖學者的最新評論：

「我們被要求尋找到底西方如何成功、稱霸世界的真相？於是我們研究所有能研究的東西，從歷史、政治、經濟，也從文化視野切入。一開始，我們想是因為你們西方擁有比我們更厲害的船堅炮利，再來我們想是因為你們有最好的政治體制，而後我們關注你們的經濟體系。但在最近的這二十年，我們終於瞭解到你們西方文化的核心就是你們的宗教：基督宗教。這就是為什麼西方可以強大的根本原因。現在我們對於基督宗教就是那個作為西方社會與文化生活的道德基石，讓資本主義的興起成為可能，並成功開出民主政治。針對這個問題的答案，我們已不會有任何懷疑。」[3]

我也是。

88.

Wittfogel, Karl A. [1957] 1981. *Oriental Despotism: A Comparative Study of Total Power*. New York: Vintage Books.

Yang, L. S. 1952. *Money and Credit in China*. Cambridge, MA: Harvard University Press.

Yearbook of American Churches, 1962. New York: National Council of Churches of Christ in the U.S.A.

Ziegler, Philip. 1971. *The Black Death*. New York: Harper Torchbooks.

_____.1961. *Muhammad: Prophet and Statesman.* London: Oxford University Press.

Weber, Max. [5924] 1976. *The Agrarian Sociology of Ancient Civilizations.* London: NLB.

_____. [1919-20] 1966. *General Economic History*. New York: Collier.

_____. [1916-17] 1958. *The Religion of India: The Sociology of Hinduism and Buddhism*. Glencoe, IL: Free Press.

_____. [1904-5] 1958. *The Protestant Ethic and the Spirit of Capitalism.* New York: Charles Scribner's Sons.

_____. [1917-19] 1952. *Ancient Judaism.* Glencoe, IL: Free Press.

_____. [1921] 1951. *The Religion of China: Confucianism and Taoism*. Glencoe, IL: Free Press.

Webster, Richard A. 1981. "Colonialism " *Encyclopedia Britannica*. Chicago: University of Chicago Press.

Wedgewood, C. V. 1961. *The Thirty Years War.* New York: Doubleday.

Wegg, Jervis. 1924. The Decline of Antwerp Under Philip of Spain. London: Methuen.

Wesson, Robert G. 1978. *State Systems: International Pluralism, Politics, and Culture. New York: Free Press.*

White, Lynn, Jr. 1967. "The Historical Roots of Our Ecologic Crisis." *Science* 155:1203-7.

_____.1962. *Medieval Technology and Social Change*. Oxford: Oxford University Press.

_____.1954. "The Spared Wolves." *Saturday Review of Literature* 37 (Nov. 13).

_____. 1940. "Technology and Invention in the Middle Ages." *Speculum* 15:141-56.

Whitehead, Alfred North. [1925] 1967. *Science and the Modern World.* New York: Free Press.

Wickham, Chris. 1989. *Early Medieval Italy: Central Power and Local Society*, 400-1000. Ann Arbor: University of Michigan Press.

_____.1984. "The Other Transition: From the Ancient World to Feudalism." *Past and Present,* issue 103,3-36.

Witt, Ronald G. 1971. "The Landlord and the Economic Revival of the Middle Ages in Northern Europe, 1000-1250." *The American Historical Review* 76:965-

Ullman, Walter. 1966. *The Individual and Society in the Middle Ages.* Baltimore: Johns Hopkins University Press.

Usher, Abbott Payson. 1966. *A History of Mechanical Inventions.* Cambridge: Harvard University Press.

_____.[1934] 1953. "The Origins of Banking: The Primitive Bank of Deposit." In Frederic C. Lane and Jelle C. Riemersma, eds., *Enterprise and Secular Change: Readings in Economic History*, 262-91. Homewood, IL: Richard D. Irwin.

Van Houtte, J. A. 1966. "The Rise and Decline of the Market and Bruges." *The Economic History Review* 19:29-47.

van Roey, Jan L. R. 1981. "Antwerp." *Encyclopaedia Britannica.* Chicago: University of Chicago Press.

van Werveke, H. 1963. "Chapter I: The Rise of the Towns." In *The Cambridge Economic History of Europe*, vol. 2, *Economic Organization and Policies in the Middle Ages,* 3-41. Cambridge: Cambridge University Press.

Verhulst, Adriaan. 1991. "The Decline of Slavery and the Economic Expansion of the Early Middle Ages." *Past and Present*, issue 133,195-203.

Vogt, Joseph. 1974. *Ancient Slavery and the Ideal of Man.* Oxford: Oxford University Press.

Wagar, W. Warren. 1967. "Modern Views of the Origins of the Idea of Progress." *Journal of the History of Ideas* 28:55-70.

Walbank, Frank William. 1952. "Trade and Industry Under the Later Roman Empire in the West." In *The Cambridge Economic History of Europe*, vol. 2, *Trade and Industry in the Middle Ages*, 33-85. Cambridge: Cambridge University Press.

Waldron, Jeremy. 2002. *God, Locke, and Equality*. Cambridge: Cambridge University Press.

Waley, Daniel. 1988. *The Italian City-Republics.* 3rd ed. London: Longman.

Walker, P. C. Gordon. 1937. "Capitalism and the Reformation." *The Economic History Review* 8:1-19.

Waterbolk, H. T. 1968. "Food Production in Prehistoric Europe." *Science* 162: 1093-1102.

Watt, W. Montgomery. 1965. *Muhammad at Medina.* London: Oxford University Press.

Supple, Barry. 1959. *Commercial Crisis and Change in England, 1600-1642.* Cambridge: Cambridge University Press.

Swetz, Frank J. 1987. *Capitalism and Arithmetic: The New Math of the 15th Century.* LaSalle, IL: Open Court.

Tawney, R. H. [1926] 1962. *Religion and the Rise of Capitalism: A Historical Study.* New York: Harcourt, Brace & World.

Taylor, George V.1967. "Noncapitalist Wealth and the Origins of the French Revolution." *The American Historical Review* 72:469-96.

_____.1964. "Types of Capitalism in Eighteenth-Century France." The English Historical Review 79:478-97.

TeBrake, William H. 1993. *A Plague of Insurrection: Popular Politics and Peasant Revolt in Flanders*, 1323-1328. Philadelphia: University of Pennsylvania Press.

Thrupp, Sylvia A. 1965. "Chapter V. The Guilds." In M. M. Postan, E. E. Rich, and Edward Miller, eds., *The Cambridge Economic History of Europe*, vol. 3; *Economic Organization and Policies in the Middle Ages,* 230-80. Cambridge: Cambridge University Press.

Tobin, Stephen. 1996. *The Cistercians: Monks and Monasteries of Europe.* Woodstock, NY: Overlook Press.

Tocqueville, Alexis de. [1835-39] 1956. *Democracy in America.* 2 vols. New York: Vintage Books.

Trevor-Roper, H. R. [1969] 2001. *The Crisis of the Seventeenth Century: Religion, the Reformation, and Social Change.* Indianapolis: Liberty Fund.

Trinkaus, Charles. 1976. "Humanism, Religion, Society: Concepts and Motivations of Some Recent Studies." *Renaissance Quarterly* 29:676-713.

_____.1949. "The Problem of Free Will in the Renaissance and the Reformation." *Journal of the History of Ideas* 10:51-62.

Troeltsch, Ernst. 1991. *Religion in History.* Minneapolis: Fortress Press.

Turner, Bryan S. 1974. *Weber and Islam: A Critical Study.* London: Routledge & Kegan Paul.

Turner, Paul R 1979. "Religious Conversion and Community Development."*Journal for the Scientific Study of Religion* 18:252-60.

Udovitch, Abraham L. 1970. *Partnership and Profit in Medieval Islam.* Princeton: Princeton University Press.

_____. [1916] 1953."Medieval and Modern Commercial Enterprise."In Frederic C. Lane and Jelle C. Riemersma, eds., *Enterprise and Secular Change: Readings in Economic History*, 25-40. Homewood, IL: Richard D. Irwin.

_____.1915. *Quintessence of Capitalism.* London: TF Unwin, Ltd.

_____.1902. *Der moderne Kapitalismus.* Leipzig: Duncker & Humblot.

Southern, R. W. 1970a. *Medieval Humanism and Other Studies.* New York: Harper Torchbooks.

_____. 1970b. *Western Society and the Church in the Middle Ages.* London: Penguin Books.

_____. 1953. *The Making of the Middle Ages.* New Haven: Yale University Press.

Spufford, Peter. 2002. *Power and Profit: The Merchant in Medieval Europe.* New York: Thames & Hudson.

Stark, Rodney. 2003a. *For the Glory of God: How Monotheism Led to Reformations, Science, Witch-Hunts, and the End of Slavery.* Princeton: Princeton University Press.

_____. 2003b. "Upperclass Asceticism: Social Origins of Ascetic Movements and Medieval Saints." *Review of Religious Research* 45:5-19.

_____. 2003c. *Sociology.* 9th ed. Belmont, CA: Wadsworth.

_____. 2001. *One True God: Historical Consequences of Monotheism.* Princeton: Princeton University Press.

_____. 1985. "From Church-Sect to Religious Economies." In Phillip E. Hammond, ed., *The Sacred in a Post-Secular Age*, 139-49. Berkeley: University of California Press.

_____.1983. "Religious Economies: *A New Perspective.*" Paper delivered at a Conference on New Directions in Religious Research, University of Lethbridge.

_____, and Roger Finke. 2000. *Acts of Faith: Explaining the Human Side of Religion.* Berkeley and Los Angeles: University of California Press.

Stoll, David. 1990. *Is Latin America Turning Protestant?* Berkeley and Los Angeles: University of California Press.

Strait, Paul. 1974. *Cologne in the Twelfth Century.* Gainesville: Florida State University Press.

Strieder, Jacob. 193i. *Jacob Fugger the Rich: Merchant and Banker of Augsburg, 1459-1525.* New York: Adelphi.

Norton.

———.[1937] 1953. "The Culture of the Medieval Italian Merchant." In Frederic C. Lane and Jelle C. Riemersma, eds., *Enterprise and Secular Change: Readings in Economic History*, 53-65. Homewood, IL: Richard D. Irwin.

Sayer, Derek. 1991. *Capitalism and Modernity: An Excursus on Marx and Weber.* London: Routledge.

Schaff, Philip. [1855] 1961. *America: A Sketch of Its Political, Social, and Religious Character.* Cambridge, MA: Belknap Press.

Schlaifer, Robert. 1936. "Greek Theories of Slavery from Homer to Aristotle." *Harvard Studies in Classical Philology* 47:165-204.

Schluchter, Wolfgang. 5985. *The Rise of Western Rationalism*. Berkeley: University of California Press.

Shedd, Thomas Clark. 5985. "Railroads and Locomotives." *Encyclopaedia Britannica.* Chicago: University of Chicago Press.

Shepard, Max A. 1933. "William of Occam and the Higher Law, II." *The American Political Science Review* 27:24-38.

Sherkat, Darren E., and T. Jean Blocker. 1994. "The Political Development of Sixties Activists: Identifying the Influence of Class, Gender, and Socialization on Protest Participation." *Social Forces* 72:821-42.

Smelser, Neil. 1994. *Sociology*. Cambridge, MA: Blackwell-UNESCO.

Smith, Adam. [1776] 1981. *An Inquiry into the Nature and Causes of the Wealth of Nations*. 2 vols. Indianapolis: Liberty Fund.

Smith, Christian. 2002. "Las Casas as Theological Counteroffensive: An Interpretation of Gustavo Gutierrez's Las Casas: In Search of the Poor for Jesus Christ." *Journal for the Scientific Study of Religion* 41:69-73.

Smith, Preserved. [1923] 1962. *Erasmus: A Study of His Life, Ideals and Place in History*. New York: Ungar.

Sokoloff, Kenneth L. 2002. "The Evolution of Suffrage Institutions in the New World: A Preliminary Look." In Stephen Haber, ed., *Crony Capitalism in Economic Growth in Latin America,* 75-107. Stanford, CA: Hoover Institution Press.

Sombart, Werner. [1909] 1962. *The Jews and Modern Capitalism.* New York: Collier Books.

Reynolds, Terry S. 1983. *Stronger Than a Hundred Men: A History of the Vertical Water Wheel.* Baltimore: Johns Hopkins University Press.

Robertson, H. M. 1933. *Aspects of the Rise of Economic Individualism: A Criticism of Max Weber and His Schoo*l. Cambridge: Cambridge University Press.

Robinson, Charles Henry. 1923. *History of Christian Mission*s. New York: Charles Scribner's Sons.

Rodinson, Maxime. *1978. Islam and Capitalism.* Austin: University of Texas Press.

Root, Hilton L. 1994. *The Fountain of Privilege: Political Foundations of Markets in Old Regime France and England.* Berkeley: University of California Press.

Rorig, Fritz. 1967. *The Medieval Town.* Berkeley: University of California Press.

Rosen, Edward. 1971. *Three Copernican Treatises.* 3rd ed. New York: Octagon Books.

Rosenberg, Nathan, and L. E. Birdzell Jr. 1986. *How the West Grew Rich: The Economic Transformation of the Industrial World.* New York: Basic Books.

Rostovtzeff, M. 1957. *The Social and Economic History of the Roman Empire.* 2nd ed. 2 vols. Oxford: Clarendon Press.

_____. 1941. *The Social and Economic History of the Hellenistic World.* 3 vols. Oxford: Clarendon Press.

Runciman, Steven. 1958. *The Sicilian Vespers: A History of the Mediterranean World in the Later Thirteenth Century.* Cambridge: Cambridge University Press.

_____.1933. *Byzantine Civilisation.* New York: Longmans, Green & Co.

Russell, Bertrand. 1922. *The Problem of China.* London: George Allen & Unwin.

Russell, Josiah Cox. 1972. *Medieval Regions and Their Cities.* Newton Abbot (UK): David & Charles.

_____. 1958. *Late Ancient and Medieval Population. Transactions of the American Philosophical Society* 48:3:3-152.

Saeed, Abdullah. 1996. Islamic Banking and Interest. Leiden: E. J. Brill.

Salzman, L. F. 1923. *English Industries in the Middle Ages.* Oxford: Oxford University Press.

Samuelsson, Kurt. [1961] 5993. *Religion and Economic Action: The Protestant Ethic, the Rise of Capitalism, and the Abuses of Scholarship.* Toronto: University of Toronto Press.

Sapori, Armando. 1970. *The Italian Merchant in the Middle Ages.* New York: W. W.

Peragallo, Edward. 1938. *Origin and Evolution of Double Entry Bookkeeping.* New York: American Institute.

Pike, Ruth. 1962. "The Genoese in Seville and the Opening of the New World." *The Journal of Economic History* 22:348-78.

Pirenne, Henri. [1936] 1958. *A History of Europe from the End of the Roman World in the West to the Beginnings of the Western States.* New York: Doubleday Anchor.

_____. [1922] 1955. *Mohammed and Charlemagne.* New York: Barnes & Noble.

_____.1925. *Medieval Cities.* Princeton: Princeton University Press.

_____.1914. "The Stages in the Social History of Capitalism." *The American Historical Review* 19:494-515.

Poggi, Gianfranco. 1978. *The Development of the Modern State.* Stanford, CA: Stanford University Press.

Pollman, Judith. 1999. *Religious Choice in the Dutch Republic.* Manchester: Manchester University Press.

Postan, Michael. 1952. "Chapter IV: The Trade of Medieval Europe: The North." In The Cambridge Economic History of Europe, vol. 2, *Trade and Industry in the Middle Ages,* 119-256. Cambridge: Cambridge University Press.

Pounds, N. J. G. 2974. An Economic History of Medieval Europe. London: Longman

Powell, Milton B., ed. 1967. *The Voluntary Church: Religious Life,* 1740-1860, Seen *Through the Eyes of European Visitors.* New York: Macmillan.

Raftus, J. A. 2958. "The Concept of Just Price: Theory and Economic Policy: Discussion." *The Journal of Economic History* 28:435-37.

Rahner, Karl. 2975. E*ncyclopedia of Theology.* New York: Seabury Press.

Rapp, Richard T. 1975. "The Unmaking of the Mediterranean Trade Hegemony: International Trade Rivalry and the Commercial Revolution." *The Journal of Economic History* 35:499-525.

Ratliff, William. 2003. *Doing It Wrong and Doing It Right: Education in Latin America and Asia.* Stanford, CA: Hoover Institution Press.

Read, Conyers. 2933. "Queen Elizabeth's Seizure of the Duke of Alva's Pay-Ships." *The Journal of Modern History* 5:443-64.

Read, Piers Paul. 1999. *The Templars.* New York: St. Martin's Press.

Reade, Winwood. 1925. T*he Martyrdom of Man.* London: Watts.

Patrick O'Brien, Derek Keene, Marjolein 't Hart, and Herman van der Wee, eds., 3-35. Cambridge: Cambridge University Press.

O'Callaghan, E. B., ed. 1855. *Documents Relative to the Colonial History of New York*. Vol. 5. Albany, NY: Weed, Parsons.

O'Connor, Mary. 1979. "Two Kinds of Religious Movements Among the Maya Indians of Sonora, Mexico." Journal for the Scientific Study of Religion 18:260-68.

O'Donovan, Oliver, and Joan Lockwood O'Donovan, eds. 1999. *A Sourcebook in Christian Political Thought. Grand Rapids,* MI: W. B. Eerdmans.

Olsen, Glenn. 2969. "Italian Merchants and the Performance of Papal Banking Functions in the Early Thirteenth Century."In David Herlihy, Robert S. Lopez, and Vsevold Slessarev, eds., *Economy, Society, and Government in Medieval Italy: Essays in Memory of Robert L. Reynolds.* Kent: Kent State University Press.

Ostrogorsky, George. 1957. *The History of the Byzantine State*. New Brunswick: Rutgers University Press.

Ozment, Steven. 1980. *The Age of Reform, 1250-1550: An Intellectual and Religious History of Late Medieval and Reformation Europ*e. New Haven: Yale University Press.

_____.1975. The Reformation in the Cities. New Haven: Yale University Press.

Pagden, Anthony. 1990. *Spanish Imperialism and the Political Imagination*. New Haven: Yale University Press.

Palmer, Alan. 1992. *The Decline and Fall of the Ottoman Empire.* New York: Barnes & Noble.

Panzer, Joel S. 1996. T*he Popes and Slavery.* New York: Alba House.

Parker, Geoffrey. 1970. "Spain, Her Enemies and the Revolt of the Netherlands, 1559-1648." *Past and Present* 49:72-95.

Parsons, Talcott. 1937. The Structure of Social Action. New York: McGraw-Hill.

Partington, J. R. [1960] 1999. *A History of Greek Fire and Gunpowder*. Baltimore: Johns Hopkins University Press.

Paullin, Charles O.1932. *Atlas of Historical Geography of the United States.* Washington, D.C.: Carnegie Institution.

Pennock, J. Roland. 1944. "Reason, Value Theory, and the Theory of Democracy." *The American Political Science Review* 38:855-75.

Middle Ages, 429-92. Cambridge: Cambridge University Press.

_____.1943 "The Industrial Revolution Reconsidered." *The Journal of Economic History* 3:1-31.

_____.1936. "A Comparison of Industrial Growth in France and England from 154o to 1640: III" *The Journal of Political Economy* 44:643-66.

_____.1934. "The Progress of Technology and the Growth of Large-Scale Industry in Great Britain, 1540-1640." *Economic History Review* 5.

Nelson, Benjamin. 1969. *The Idea of Usury: From Tribal Brotherhood to Universal Otherhood.* 2nd ed. Chicago: University of Chicago Press.

Neugebauer, O.1975. *A History of Ancient Mathematical Astronomy.* 3 vols. New York: Springer-Verlag.

Neuhaus, Richard John. 1999. "The Idea of Moral Progress." *First Things* (Aug./ Sept.) 95:21-27.

Nicholas, David. 1997. *The Growth of the Medieval City: From Late Antiquity to the Early Fourteenth Century.* London: Longman.

_____.1991. "Of Poverty and Primacy: Demand, Liquidity, and the Flemish Economic Miracle, 1050-1200." The American Historical Review 96:17-41.

_____. 1988. *The van Arteveldes of Ghent: The Varieties of Vendetta and the Hero in History.* Ithaca: Cornell University Press.

_____.1987. *The Metamorphosis of a Medieval City: Ghent in the Age of the Arteveldts,* 1302-1390. Lincoln: University of Nebraska Press.

Nicol, Donald M. 1988. *Byzantium and Venice: A Study in Diplomatic and Cultural Relations.* Cambridge: Cambridge University Press.

Niebuhr, Reinhold. 2949. *Faith and History.* New York: Charles Scribner's Sons.

Nisbet, Robert. 2980. *History of the Idea of Progress.* New York: Basic Books.

_____.1973. "The Myth of the Renaissance." *Comparative Studies in History of Society* 15:473-92.

North, Douglass C. 1966. *The Economic Growth of the United States,* .790-1-86o. New York: W. W. Norton.

North, Douglass C., and Robert Paul Thomas. 1973. *The Rise of the Western World: A New Economic History.* Cambridge: Cambridge University Press.

O'Brien, Patrick. 2001. "Reflection and Meditations on Antwerp, Amsterdam and London in Their Golden Ages." In *Urban Achievement in Early Modern Europe,*

Mills, Paul S., and John R. Presley. 1999. *Islamic Finance: Theory and Practice.* London: Macmillan.

Miskimin, Harry A. 1984. *Money and Power in Fifteenth Century France.* New Haven: Yale University Press.

Moeller, Bernd. 1972. *Imperial Cities and the Reformation: Three Essays.* Philadelphia: Fortress Press.

Mommsen, Theodor E. 1951. "St. Augustine and the Christian Idea of Progress: The Background of the City of God."*Journal of the History of Ideas* 12:346-74.

Monroe, Arthur Eli. 1975. *Early Economic Thought: Selections from Economic Literature Prior to Adam Smith.* New York: Gordon Press.

Montgomery, Field-Marshal Viscount (Bernard). 1968. *A History of Warfare.* New York: World.

Moore, R. I. 1994. *The Origins of European Dissent.* Toronto: University of Toronto Press.

Moorman, John. 1968. *The Franciscan Order from Its Origins to 1517.* Oxford: Clarendon Press.

Morris, Colin. [1972] 2000. *The Discovery of the Individual, 1050-1200.* Toronto: University of Toronto Press.

Mumford, Lewis. 1967. *The Myth of the Machine.* Vol. I. New York: Harcourt Brace Jovanovich.

_____.1939. *Technics and Civilization.* New York: Harcourt Brace.

Murray, John J. 1970. *Antwerp in the Age of Plantin and Brueghel.* Norman: University of Oklahoma Press.

Myers, A. R. 1975. *Parliaments and Estates in Europe, to 1789.* London: Thames & Hudson.

Nasr, Seyyed Hossein. 1993. *An Introduction to Islamic Cosmological Doctrines.* Albany: State University of New York Press.

Needham, Joseph. 1980. "The Guns of Khaifengfu." *Times Literary Supplement,* Jan. II.

_____.1954-84. *Science and Civilization in China.* 6 vols. Cambridge: Cambridge University Press.

Nef, John U. 1952."Chapter VII: Mining and Metallurgy in Medieval Civilization." In *The Cambridge Economic History of Europe*, vol. 2, *Trade and Industry in the*

Founding of New England Towns in the Seventeenth Century. Chapel Hill: University of North Carolina Press.

Mason, Stephen F. 1962. *A History of the Sciences*. Rev. ed. New York: Macmillan.

Matthew, Donald. 1992. The Norman Kingdom of Sicily. Cambridge: Cambridge University Press.

Matthew, K. S. 1997. *Indo-Portuguese Trade and the Fuggers of Germany*. New Delhi: Manohar.

Matthews, George T., ed. 1959. *News and Rumor in Renaissance Europe* (The Fugger Newsletters). New York: Capricorn Books.

Mattingly, Garrett. 1962. *The Armada.* Boston: Houghton Mifflin.

May, William E., and John L. Howard. 1981. "Compass." *Encyclopaedia Britannica.* 15th ed.

Mayr-Harting, Henry. 1993. "The West: The Age of Conversion (700-1050)." In John McManners, ed., *The Oxford History of Christiani*ty, 101-29. Oxford: Oxford University Press.

Mazzaoui, Maureen Fennell. 1972. "The Cotton Industry of Northern Italy in the Late Middle Ages: 1150-1450." *The Journal of Economic History* 32:262-86.

McAdam, Doug. 1988. *Freedom Summer.* New York: Oxford University Press.

McGrath, Alister E. 1999. *Science and Religion*. Oxford: Blackwell.

McNeill, William H. 1982. *The Pursuit of Power: Technology, Armed Force, and Society Since A.D. 1000.* Chicago: University of Chicago Press.

_____.1974. *Venice: The Hinge of Europe, 1081-1797.* Chicago: University of Chicago Press.

_____.1963. *The Rise of the West.* Chicago: University of Chicago Press.

Mecham, J. Lloyd. [1934] 1966. *Church and State in Latin America*. Chapel Hill: University of North Carolina Press.

Meltzer, Milton. 1993. *Slavery: A World History*. New York: Da Capo Press.

Meyer, Hans. 1944. *The Philosophy of St. Thomas Aquinas.* St. Louis: B. Herder.

Miller, Edward. 1965. "The Fortunes of the English Textile Industry During the Thirteenth Century." *The Economic History Review* 18:64-82.

_____.1963. "The Economic Policies of Governments: France and England," in *The Cambridge Economic History of Europe*, vol. 3, 290-339. Cambridge: Cambridge University Press.

Love, John. 1986. "Max Weber and the Theory of Ancient Capitalism." *History and Theory* 25:152-72.

Lovejoy, Paul E. [1983] 2000. *Transformations in Slavery: A History of Slavery in Africa*. Cambridge: Cambridge University Press.

Luzzato, Gino. 1961. *An Economic History of Italy: From the Fall of the Roman Empire to the Beginning of the Sixteenth Century.* London: Routledge & Kegan Paul.

Macfarlane, Alan. 1978. *The Origins of English Individualism.* Oxford: Blackwell.

Macfarlane, Alan, and Gerry Martin. 2002. *Glass: A World History*. Chicago: University of Chicago Press.

Machiavelli, Niccolo. [1525] 1988. *Florentine Histories.* Princeton: Princeton University Press.

MacMullen, Ramsay. 1988. *Corruption and the Decline of Rome.* New Haven: Yale University Press.

Macmurray, John. 1938. *The Clue to History.* London: Student Christian Movement Press.

Malinowski, Bronislaw. [1922] 1961. *Argonauts of the Western Pacific.* New York: E. P. Dutton.

Manucy, Albert C. 1949. *Artillery Through the Ages*. Washington, DC: U.S. Government Printing Office.

Marcus, G. J. 1961. *A Naval History of England I: The Formative Centuries.* Boston: Little, Brown.

Mariscal, Elisa, and Kenneth L. Sokoloff. 2000. "Schooling, Suffrage, and the Persistence of Inequality in the Americas, 1800-1945." In Stephen Haber, ed., *Political Institutions and Economic Growth in Latin America, 159-217.* Stanford, CA: Hoover Institution Press.

Martin, David. 2002. *Pentecostalism: The World Their Parish.* Oxford: Blackwell.

_____. 1990. *Tongues of Fire: The Explosion of Protestantism in Latin America.* Oxford: Blackwell.

Martin, John. 1997. "Inventing Sincerity, Refashioning Prudence: The Discovery of the Individual in Renaissance Europe." *The American Historical Review* 102:1309-42.

Martin, John Frederick. 1991. *Profits in the Wilderness: Entrepreneurship and the*

Limberger, Michael. 2001. " 'No Town in the World Provides More Advantages': Economies of Agglomeration and the Golden Age of Antwerp." In *Urban Achievement in Early Modern Europe,* Patrick O'Brien, Derek Keene, Marjolein 't Hart, and Herman van der Wee, eds., 39-80. Cambridge: Cambridge University Press.

Lindberg, David C. 1992. *The Beginnings of Western Science.* Chicago: University of Chicago Press.

_____.1986. "Science and the Early Church." In David C. Lindberg and Ronald L. Numbers, eds., *God and Nature: Historical Essays on the Encounter Between Christianity and Science, 19-48*. Berkeley: University of California Press.

_____.1978. *Science in the Middle Ages*. Chicago: University of Chicago Press.

Lindberg, David C., and Ronald L. Numbers, eds. 1986. *God and Nature: Historical Essays on the Encounter Between Christianity and Science.* Berkeley: University of California Press.

Lipson, E. 1937. *Economic History of England.* London: A. and C. Black.

Little, Lester K. 1978. *Religious Poverty and the Profit Economy in Medieval Europe.* Ithaca: Cornell University Press.

Lloyd, T. H. 1982. *Alien Merchants in England in the High Middle Ages*. New York: St. Martin's Press.

Lopez, Robert S. 1979. "The Practical Transmission of Medieval Culture." In David Lyle Jeffrey, ed., *By Things Seen: Reference and Recognition in Medieval Thought, 125-42.* Ottawa: University of Ottawa Press.

_____. 1976. *The Commercial Revolution of the Middle Ages, 950-1350.* Cambridge: Cambridge University Press.

_____. 1967. *The Birth of Europe*. New York: M. Evans and Company.

_____.1964. "Market Expansion: The Case of Genoa." *The Journal of Economic History* 24:445-64.

_____.1956. "Back to Gold, 1252." *The Economic History Review* (new series) 9:219-4o.

_____. 1952. "The Trade of Medieval Europe: The South." In *The Cambridge Economic History of Europe, vol. 2, Trade and Industry in the Middle Ages,* 257-354. Cambridge: Cambridge University Press.

_____.1937. "Aux origines du capitalisme genois." *Annales* 9:429-54.

1470-1535." In A. Molho and J. Tedeschi, eds., *Renaissance: Studies in Honor of Hans Baron, 703-57*. DeKalb, IL: Northern Illinois State University Press.

Klein, Julius. 1920. *The Mesta*. Cambridge: Harvard University Press.

Kreutz, Barbara M. 1991. *Before the Normans: Southern Italy in the Ninth and Tenth Centuries.* Philadelphia: University of Pennsylvania Press.

Kuhn, Thomas S. 1962. *The Structure of Scientific Revolutions.* Chicago: University of Chicago Press.

Kwass, Michael. 1998. "A Kingdom of Taxpayers: State Formation, Privilege, and Political Culture in Eighteenth Century France." *The Journal of Modern History* 70:295-339.

Lambert, Malcolm. 1992. *Medieval Heresy*. Oxford: Basil Blackwell.

Landes, David S. 1998. *The Wealth and Poverty of Nation*s. New York: W. W. Norton.

——— 1994. "What Room for Accident in History? Explaining Big Changes by Small Events." *The Economic History Review* (new series) 47:637-56.

Lane, Frederic Chapin. [1934] 1992. *Venetian Ships and Shipbuilders of the Renaissance.* Baltimore: Johns Hopkins University Press.

———. 1973. *Venice: A Maritime Republic*. Baltimore: Johns Hopkins University Press.

———.1963. "Venetian Merchant Galleys, 1300-1334, Private and Communal Operation." *Speculum* 38:179-204.

Lang, Graeme. 1997. "State Systems and the Origins of Modern Science: A Comparison of Europe and China." *East-West Dialogu*e 2:16-31.

Lapidus, Ira M. 1967. *Muslim Cities in the Later Middle Ages.* Cambridge: Harvard University Press.

League of Nations. 1945. *Industrialization and Foreign Trade.* Geneva: League of Nations.

Leighton, Albert C. 1972. *Transport and Communication in Early Medieval Europe*, A.D. 500-1100. Newton Abbot (UK): David & Charles.

Lenski, Gerhard, Patrick Nolan, and Jean Lenski. 1995. *Human Societies: An Introduction to Macrosociology.* 7th ed. New York: McGraw-Hill.

Lewis, Bernard. 2002. *What Went Wrong*? Oxford: Oxford University Press.

———.1990. Race and Slavery in the Middle East. Oxford: Oxford University Press.

Grand Rapids, MI: W. B. Eerdmans.

_____.1979. *By Things Seen: Reference and Recognition in Medieval Thought.* Ottawa: University of Ottawa Press.

Jenkins, Philip. 2002. *The Next Christendom: The Coming of Global Christianity.* Oxford: Oxford University Press.

Johnson, Paul. 2003. *Art: A New History.* New York: HarperCollins.

Jones, A. H. M. 1964. *The Later Roman Empire, 284-602.* 3 vols. Oxford: Oxford University Press.

_____.1959. "Over-Taxation and the Decline of the Roman Empire." *Antiquity* 33:39-43

_____.1956. "Slavery in the Ancient World." *The Economic History Review* (2nd set) 9:185-99.

Jones, E. L. 1987. *The European Miracle: Environments, Economies, and Geopolitics in the History of Europe and Asia.* 2nd ed. Cambridge: Cambridge University Press.

Kaelber, Lutz. 1998. *Schools of Asceticism: Ideology and Organization in Medieval Religious Communities.* University Park: Pennsylvania State University Press.

Kaeuper, Richard W. 1979. "The Societas Riccardorum and Economic Change." In David Lyle Jeffrey, ed., By *Things Seen: Reference and Recognition in Medieval Thought, 161-72.* Ottawa: University of Ottawa Press.

_____.1973. *Bankers to the Crown: The Riccardi of Lucca and Edward I.* Princeton: Princeton University Press.

Kamen, Henry. 2002. *Spain's Road to Empire: The Making of a World Power, 1492-1763.* London: Allen Kane.

_____.1978. "The Decline of Spain: A Historial Myth." *Past and Presen*t, vol. 81:24-50.

Kehr, Marguerite Witmer. 1916. "The Doctrine of the Self in St. Augustine and in Descartes." The Philosophical Review 25:587-615.

Killerby, Catherine Kovesi. 2002. *Sumptuary Law in Italy, 1200-1500.* Oxford: Oxford University Press.

King, Peter. 1999. *Western Monasticism: A History of the Monastic Movement in the Latin Church.* Kalamazoo, MI: Cistercian Publications.

Kinser, Samuel. 1971. "Ideas of Temporal Change and Cultural Process in France,

78.

Hodgson, Marshall G. S.1974. T*he Venture of Islam. 3 vols*. Chicago: University of Chicago Press.

Holmes, G. A. 2960. "Florentine Merchants in England, 1346-1436." *The Economic History Review,* new series, 13:193-208.

Howard, Rhoda E., and Jack Donnelly. 2986. "Human Dignity, Human Rights, and Political Regimes." *The American Political Science Review* 80:801-17.

Howarth, David. 1974. *Sovereign of the Seas: The Story of Britain and the Sea.* New York: Atheneum.

Huff, Toby. 1993. *The Rise of Early Modern Science: Islam, China, and the West.* Cambridge: Cambridge University Press.

Huffman, Joseph P. 1998. *Family, Commerce, and Religion in London and Cologne: Anglo-German Emigrants, c. 1000-c. 1300.* Cambridge: Cambridge University Press.

Hunt, Edwin S. 1994. *The Medieval Super-Companies: A Study of the Peruzzi Company of Florence.* Cambridge: Cambridge University Press.

Hunt, Edwin S., and James M. Murray. 1999. *A History of Business in Medieval Europe, 1200-1530.* Cambridge: Cambridge University Press.

Hutchinson, Lincoln. 1902. "Oriental Trade and the Rise of the Lombard Communes." *The Quarterly Journal of Economics* 16:413-32.

Hyland, Ann. 1994. *The Medieval Warhorse: From Byzantium to the Crusades.* London: Grange Books.

Innes, Matthew. 2000. *State and Society in the Early Middle Ages: The Middle Rhine Valley, 400-1000.* Cambridge: Cambridge University Press.

Ireland, Rowan. 1993. "The Crentes of Campo Alegre and the Religious Construction of Brazilian Politics." In Virginia Garrard-Burnett and David Stoll, *Rethinking Protestantism in Latin America, 45-65.* Philadelphia: Temple University Press.

Israel, Jonathan L. 1998. *The Dutch Republic: Its Rise, Greatness, and Fall, 1477-1806.* Corrected paperback ed. Oxford: Clarendon Press.

Jaki, Stanley L. 2000. *The Savior of Science. Grand Rapids, MI: W. B. Eerdmans.*

_____.1986. *Science and Creation.* Edinburgh: Scottish Academic Press.

Jeffrey, David Lyle. 1996. *People of the Book: Christian Identity and Literary Culture.*

Hammond, Mason. 1946. "Economic Stagnation in the Early Roman Empire." *The Journal of Economic History* 6 (supplement):63-9o.

Hanson, Victor Davis. 2001. *Carnage and Culture: Landmark Battles in the Rise of Western Power.* New York: Doubleday.

Hartwell, Robert. 1971. "Historical Analogism, Public Policy, and Social Science in Eleventh- and Twelfth-Century China." *The American Historical Review* 76:69o-727.

_____.1966. "Markets, Technology, and the Structure of Enterprise in the Development of the Eleventh-Century Chinese Iron and Steel Industry." *The Journal of Economic History* 26:29-58.

Hayek, F. A. 1988. *The Fatal Conceit: The Errors of Socialism*. Chicago: University of Chicago Press.

Hayes, Carlton, J. H. 1927. P*olitical and Social History of Modern Europe.* 2 vols. New York: Macmillan.

Henry, Margaret Y. 1927. "Cicero's Treatment of the Free Will Problem." T*ransactions and Proceedings of the American Philological Associatio*n 58:32-42.

Herlihy, David. 2957. "Church Property on the European Continent, 701-1200." *Speculum* 18:89-113.

Herre, Franz. 2985. *The Age of the Fuggers.* Augsburg: Augsburg Historical Books.

Hibbert, Christopher. [1974] 2003. *The House of Medici: Its Rise and Fall.* New York: HarperCollins.

Hickey, Anne Ewing. 1987. *Women of the Roman Aristocracy as Christian Monastics.* Ann Arbor, MI: UMI Research Press.

Hilton, R. H. 1952. "Capitalism-What's in a Name?" *Past and Present*, issue I, 32-43.

Hilton, Walter. 1985. *Toward a Perfect Love*. Translated by David L. Jeffrey. Portland, OR Multnomah Press.

Hime, Henry W. L. 1915. *Origin of Artillery.* London: Longmans, Green.

Historical Statistics of the United States, Colonial Times to 1970. 2 vols. Washington, DC: U.S. Department of Commerce.

Hitchins, H. L., and William E. May. 1951. *From Lodestone to Gyro-Compass*. London: Hutchinson's Scientific and Technical Publications.

Hodges, Richard. 2998. "The Not-So-Dark Ages." *Archaeology* 51 (Sept./Oct.): 61-

Gordon, Murray. 1989. *Slavery in the Arab World.* New York: New Amsterdam Books.

Goubert, Pierre. 1997. *The Ancien Regime: French Society, 1600-1750.* London: Phoenix Giant.

Grant, Edward. 1996. *The Foundations of Modern Science in the Middle Ages: Their Religious, Institutional, and Intellectual Contexts.* Cambridge: Cambridge University Press.

——.1994. *Planets, Stars, and Orbs: The Medieval Cosmos, 1200-1687.* Cambridge: Cambridge University Press.

Grant, Michael. 1978. *A History of Rome. London*: Faber & Faber.

Gray, H. L. 1924. "The Production and Exportation of English Woollens in the Fourteenth Century." *The English Historical Review* 39:13-35.

Greif, Avner. 1994. "On the Political Foundations of the Late Medieval Commercial Revolution: Genoa During the Twelfth and Thirteenth Centuries." *The Journal of Economic History* 54:271-87.

Grossman, Gregory. 1963. "Notes for a Theory of the Command Economy." *Soviet Studies* 15:101-23.

Grundmann, Herbert. [1961] 1995. *Religious Movements in the Middle Ages.* 2nd ed. Notre Dame, IN: University of Notre Dame Press.

Guilmartin, John F., Jr. 1974. *Gunpowder and Galleys: Changing Technology and Mediterranean Warfare at Sea in the Sixteenth Century.* Cambridge: Cambridge University Press.

Gurevich, Aaron. 1995. *The Origins of European Individualism.* Oxford: Blackwell.

Habakkuk, H. J. 1967. *American and British Technology in the Nineteenth Century.* Cambridge: Cambridge University Press.

Hage, Jerald, Maurice Gamier, and Bruce Fuller. 1988. "The Active State, Investment in Human Capital, and Economic Growth." *American Sociological Review* 53:824-37.

Hale, J. R. 1977. *Florence and the Medici.* London: Thames & Hudson.

Hall, John A. 2986. *Powers and Liberties: The Causes and Consequences of the Rise of the West.* Berkeley: University of California Press.

Hamilton, Richard F. 1996. *The Social Misconstruction of Reality.* New Haven: Yale University Press.

Ages. New York: Harcourt, Brace, & World.

Gerschenkron, Alexander. 1970. Europe in the Russian Mirror: Four Lectures in Economic History. Cambridge: Cambridge University Press.

Gibbon, Edward. [1776-88] 1994. *Decline and Fall of the Roman Empire*. New York: Modern Library.

Gies, Frances, and Joseph Gies. 1994. *Cathedral, Forge, and Waterwheel: Technology and Invention in the Middle Ages.* New York: HarperCollins.

Gies, Joseph, and Frances Gies. 1969. *Leonard of Pisa and the New Mathematics of the Middle Ages.* New York: Crowell.

Gilchrist, John. 1969. T*he Church and Economic Activity in the Middle Ages.* New York: St. Martin's Press.

Gill, Anthony. 2005. "The Political Origins of Religious Liberty: A Theoretical Outline." *Interdisciplinary Journal of Research on Religion* I (in press).

_____. 2004. "Weber in Latin America: Is Protestant Growth Enabling the Consolidation of Democratic Capitalism?" *Democratization*, vol. 2, no. 4,1-25.

_____. 1999. "The Struggle to Be Soul Provider: Catholic Responses to Protestant Growth in Latin America." In *Latin American Religion in Motion, Christian Smith and Joshua Prokopy,* eds., 14-42. New York: Routledge.

_____. 1998. *Rendering unto Caesar: The Catholic Church and the State in Latin America.* Chicago: University of Chicago Press.

Gimpel, Jean. 1976. *The Medieval Machine: The Industrial Revolution of the Middle Ages.* New York: Penguin Books.

_____.1961. The Cathedral Builders. New York: Grove Press.

Gingerich, Owen. 5975. " 'Crisis' Versus Aesthetic in the Copernican Revolution." *Vistas in Astronomy* 17:85-93.

Glotz, Gustave. [1925] 1965. Ancient Greece at Work. New York: Barnes & Noble.

Goldthwaite, Richard A. 1987. "The Medici Bank and the World of Florentine Capitalism." *Past and Present* 11:3-31.

Gooren, Henri. 2002. "Catholic and Non-Catholic Theologies of Liberation: Poverty, Self-Improvement, and Ethics Among Small-Scale Entrepreneurs in Guatemala City." *Journal for the Scientific Study of Religion* 41:29-45.

Gordon, Mary L. 1924. "The Nationality of Slaves Under the Early Roman Empire." *Journal of Roman Studies* 14:93-111.

America, 1776-2000.

Finlay, Robert. 1992. "Portuguese and Chinese Maritime Imperialism: Camoes's Lusiads and Luo Maodeng's Voyage of the San Bao Eunuch." *Comparative Studies in Society and History* 34:225-41.

Finley, M. I. 1981. *Economy and Society in Ancient Greece.* New York: Viking Press.

______.1980. *Ancient Slavery and Modern Ideology.* New York: Viking Press.

______. 1973. *The Ancient Economy.* Berkeley: University of California Press.

______.1970. "Aristotle and Economic Analysis." *Past and Present,* issue 47,3-25.

______.1965. "Technical Innovation and Economic Progress in the Ancient World." *The Economic History Review* 18:29-45.

______.1959. "Technology in the Ancient World." *The Economic History Review* 12:120-25.

Firebaugh, Glenn, and Frank D. Beck. 1994. "Does Economic Growth Benefit the Masses? Growth, Dependence, and Welfare in the Third World." *American Sociological Review* 59:631-53.

Fletcher, Richard. 1997. *The Barbarian Conversion: From Paganism to Christianity.* New York: Henry Holt.

Fogel, Robert William. 1989. *Without Consent or Contract: The Rise and Fall of American Slavery.* New York: W. W. Norton.

Fogel, Robert William, and Stanley L. Engerman. 1974. *Time on the Cross: The Economics of American Negro Slavery*. 2 vols. Boston: Little, Brown.

Forbes, Robert J. 1955. *Studies in Ancient Technology.* Leiden: Brill.

Frank, Andre Grinder. 1972. *Lumpenbourgeoisie, Lumpendevelopment: Dependence, Class, and Politics in Latin America.* New York: New York University Press.

______.1967. *Capitalism and Underdevelopment in Latin America: Historical Studies of Chile and Brazil.* New York: Monthly Review Press.

Frank, Tenney. 1940. *An Economic Survey of Ancient Rome.* Vol. 6. Baltimore: Johns Hopkins University Press.

Fryde, E. B. 1963. "Chapter VII: Public Credit, with Special Reference to North-Western Europe." In *The Cambridge Economic History of Europe, vol. 3, Economic Organization and Policies in the Middle Ages*, 430-553. Cambridge: Cambridge University Press.

Gardner, Helen, and Sumner McK. Crosby. 1959. *Helen Gardner's Art Through the*

Press.

Earle, Peter. 2001. "The Economy of London, 1660-1730." In Patrick O'Brien, Derek Keene, Marjolein 't Hart, and Herman van der Wee, eds., *Urban Achievement in Early Modern Europe, 81-96.* Cambridge: Cambridge University Press.

East, W. Gordon. 1965. *The Geography Behind History.* New York: W. W. Norton.

Easterlin, Richard A. 1961. "Regional Income Trends, 1840-1850." In Seymour Harris, ed., *American Economic History*, 525-47. New York: McGraw-Hill.

Edler de Roover, Florence. 1945. "Early Examples of Marine Insurance." *The Journal of Economic History* 5:172-200.

Ehrenberg, Richard. [1928] 1985. *Capital and Finance in the Age of the Renaissance: A Study of the Fuggers and Their Connections.* Fairfield, NJ: Augustus M. Kelley.

Eisenstein, Elizabeth L. 1979. *The Printing Press as an Agent of Change.* Cambridge: Cambridge University Press.

Elliot, J. H. 1966. *Imperial Spain 1469-1716.* New York: Mentor Books.

Engerman, Stanley L., and Kenneth L. Sokoloff. 1997. "Factor Endowments, Institutions, and Differential Paths of Growth Among the New World Economies." In Stephen Haber, ed., *How Latin America Fell Behind, 260-304.* Stanford: Stanford University Press.

Epstein, Steven A. 1996. *Genoa and the Genoese, 958-1528.* Chapel Hill: University of North Carolina Press.

Ertman, Thomas. 1997. *Birth of the Leviathan: Building States and Regimes in Medieval and Early Modern Europe.* Cambridge: Cambridge University Press.

Esposito, John I., ed. 1980. *Islam and Development: Religion and Sociopolitical Change.* Syracuse: Syracuse University Press.

Fanfani, Amintore. [1934] 2003. *Catholicism, Protestantism, and Capitalism.* Norfolk, VA: HIS Press.

Farah, Caesar E. 1994. *Islam: Beliefs and Observances.* 5th ed. Hauppauge, NY: Barron's.

Fei, Hsiao-tung and Chih-i Chang. 1945. *Earthbound China.* Chicago: University of Chicago Press.

Finke, Roger, and Rodney Stark. 1992. The Churching of America, 1776-1990. New Brunswick: Rutgers University Press. 2005: 2nd ed., *The Churching of*

Council on Public Affairs.

Denny, Frederick M. 1993. "Islam and the Muslim Community." In H. Byron Earhart, ed., *Religious Traditions of the World, 605-718.* San Francisco: HarperSanFrancisco.

de Roover, Raymond. 1966. *The Rise and Decline of the Medici Bank*, 1397-1494. New York: W. W. Norton.

——.1963. "Chapter II. The Organization of Trade." In M. M. Postan, E. E. Rich, and Edward Miller, eds., *The Cambridge Economic History of Europe, vol. 3, Economic Organization and Policies in the Middle Ages, 42-118.* Cambridge: Cambridge University Press.

——.1958. "The Concept of the Just Price: Theory and Economic Policy." *The Journal of Economic History* 18:418-34.

—— [1942] 1953. "The Commercial Revolution of the Thirteenth Century." In Frederic C. Lane and Jelle C. Riemersma, eds., *Enterprise and Secular Change: Readings in Economic History, 80-85.* Homewood, IL: Richard D. Irwin.

——. 1948. Money, *Banking and Credit in Bruges.* Cambridge, MA: The Medieval Academy of America.

——.1946a. "The Medici Bank Organization and Management." *The Journal of Economic History* 6:24-52.

——.1946b. "The Medici Bank Financial and Commercial Operations." *The Journal of Economic History* 6:153-72.

Dickens, A. G. 1991. *The English Reformation.* University Park: Pennsylvania State University Press.

Dobbs, Darrell. 1985. "Aristotle's Anticommunism." *American Journal of Political Science* 29:29-46.

Dockes, Pierre. 1982. *Medieval Slavery and Liberation.* Chicago: University of Chicago Press.

Dorn, Harold. 1991. *The Geography of Science.* Baltimore: Johns Hopkins University Press.

Duby, Georges. 1974. *The Early Growth of the European Economy: Warriors and Peasants from the Seventh to the Twelfth Century.* Ithaca: Cornell University Press.

Dworkin, Ronald. 1977. *Taking Rights Seriously.* Cambridge: Harvard University

Cummings, John Thomas, Hossein Askari, and Ahmad Mustafa, 1980. "Islam and Modern Economic Change." In John L. Esposito (1980), Islam and Development: Religion and Sociopolitical Change, 25-47. Syracuse: Syracuse University Press.

Daniel, Ralph Thomas. 1981. "Music, Western." *Encyclopaedia Britannica,* vol. 12, 704-15. Chicago: University of Chicago Press.

Danielson, Dennis Richard. 2000. *The Book of the Cosmos: Imagining the Universe from Heraclitus to Hawking.* Cambridge, MA: Perseus Publishing.

Dantzig, Tobias. 1954. *Number: The Language of Science.* New York: Macmillan.

Darwin, Francis, and A. C. Seward, eds. 1903. *More Letters of Charles Darwin.* 2 vols. New York: Appleton and Co.

Davis, David Brion. 1966. *The Problem of Slavery in Western Culture.* Ithaca: Cornell University Press.

Davis, R H. C. 1970. *A History of Medieval Europe from Constantine to Saint Louis.* London: Longman.

Dawson, Christopher. 1957. *Religion and the Rise of Western Culture.* New York: Doubleday Image Books.

_____.1929. *Progress and Religion.* New York: Sheed & Ward.

Deane, Herbert A. 1973. "Classical and Christian Political Thought." *Political Theory* 1:415-25.

Deiros, Pablo A. 1991."Protestant Fundamentalism in Latin America." In Martin E. Marty and R. Scott Appleby, eds. *Fundamentalisms Observe*d, 142-96. Chicago: University of Chicago Press.

De la Croix, Horst, and Richard G. Tansey. 1975. *Gardner's Art Through the Ages.* 6th ed. New York: Harcourt Brace Jovanovich.

Delacroix, Jacques. 1977. "The Export of Raw Materials and Economic Growth: A Cross-National Study." *American Sociological Review* 42:795-808.

Delacroix, Jacques, and Francois Nielsen. 2001. "The Beloved Myth: Protestantism and the Rise of Industrial Capitalism in Nineteenth-Century Europe." *Social Forces* 80:509-53.

De Vries, Jan. 1976. *The Economy of Europe in the Age of Crisis, 1600-1750.* Cambridge: Cambridge University Press.

Dempsey, Bernard W. 1943. *Interest and Usury.* Washington, DC: American

Childe, V. Gordon. 1952. "Chapter I: Trade and Industry in Barbarian Europe till Roman Times." In *The Cambridge Economic History of Europe, vol. 2, Trade and Industry in the Middle Ages, 1-32.* Cambridge: Cambridge University Press.

Chirot, Daniel. 1985. "The Rise of the West." *American Sociological Review* 50:181-95.

Chorley, Patrick. 1987. "The Cloth Exports of Flanders and Northern France During the Thirteenth Century: A Luxury Trade?" *The Economic History Review* 40:349-79-

Cipolla, Carlo M. 1994. *Before the Industrial Revolution: European Society and Economy*, 1000-1700. 3rd ed. New York: W. W. Norton.

——1965. *Guns, Sails and Empires: Technological Innovation and the Early Phases of European Expansion, 1400-1700.* New York: Minerva Press. Citarella, Armand 0. 1968. "Patterns in Medieval Trade: The Commerce of Amalfi

Before the Crusades." *The Journal of Economic History* 28:531-55.

Clagett, Marshall. 1965. *The Science of Mechanics in the Middle Ages.* Madison: University of Wisconsin Press.

Clough, Bradley S. 1997. "Buddhism." In Jacob Neusner, ed., *God*, 56-84. Cleveland: Pilgrim Press.

Cobbett, William. [1818] 1964. *A Year's Residence in the United States of America.* Carbondale, IL: Southern Illinois University Press.

Cohen, I. Bernard. 1985. Revolution in Science. Cambridge, MA: Belknap Press.

Colish, Marica L. 1997. *Medieval Foundations of the Western Intellectual Tradition, 400-1400.* New Haven: Yale University Press.

Collins, Randall. 1998. *The Sociology of Philosophies: A Global Theory of Intellectual Change.* Cambridge: Harvard University Press.

——.1997. "An Asian Route to Capitalism: Religious Economy and the Origins of Self-Transforming Growth in Japan." *American Sociological Review* 62:843-65.

——.1986. *Weberian Sociological Theory.* Cambridge: Cambridge University Press.

Conrad, Alfred H., and John R Meyer. 1958. *The Economics of Slavery and Other Studies in Econometric History.* Chicago: Aldine.

Crosby, Alfred W. 1997. *The Measure ofReality: Quantification and Western Society,* 1250-1600. Cambridge: Cambridge University Press.

Bulmer-Thomas, Victor. 1995. *The Economic History of Latin America Since Independence*. 2nd ed. Cambridge: Cambridge University Press.

Burckhardt, Jacob. [1860] 1990. *The Civilization of the Renaissance in Italy.* New York: Penguin Books.

Burkholder, Mark A., and Lyman L. Johnson. 2001. *Colonial Latin America*. 4th ed. New York: Oxford University Press.

Calvin, John. [c. 1555] 1980. John Calvin's Sermons on the Ten Commandments. Grand Rapids, MI: Baker Bookhouse.

Carcopino, Jerome. 1940. *Daily Life in Ancient Rome*. New Haven: Yale University Press.

Cardoso, Fernando Henrique, and Enzo Faletto. 1978. *Dependency and Development in Latin America.* Berkeley: University of California Press.

Carus-Wilson, Eleanora. 1952. "Chapter VI: The Woollen Industry." In *The Cambridge Economic History of Europe, vol. 2, Trade and Industry in the Middle Ages*, 355-428. Cambridge: Cambridge University Press.

_____.1950. "Trends in the Export of English Woollens in the Fourteenth Century." *The Economic History Review* 3:562-79.

_____. 1941. "An Industrial Revolution of the Thirteenth Century." *The Economic History Review* 11:39-6o.

Carus-Wilson, Eleanora, and Olive Coleman. 1963. *England's Export Trade, 1275-1547*. Oxford: Clarendon Press.

Chadwick, Owen. 1972. *The Reformation.* Rev. ed. London: Penguin.

Chandler, Tertius, and Gerald Fox. 1974. *3000 Years of Urban Growth*. New York: Academic Press.

Charanis, Peter. 1953. "Economic Factors in the Decline of the Byzantine Empire." T*he Journal of Economic History* 13:412-24.

Cheetham, Nicolas. 1983. *Keeper of the Keys: A History of the Popes from St. Peter to John Paul*, IL New York: Charles Scribner's Sons.

Chesnut, R. Andrew. 2004. "Pragmatic Consumers and Practical Products: The Success of Pneumacentric Religion Among Women in Latin America's New Religious Economy." *Review of Religious Research* 45:2o-31.

_____ 2003. *Competitive Spirits: Latin America's New Religious Economy.* Oxford: Oxford University Press.

Slavery." In Seymour Drescher and Stanley L. Engerman, eds., *A Historical Guide to World Slavery, 229-31*. New York: Oxford University Press.

Bloch, Marc. 1975. *Slavery and Serfdom in the Middle Ages*. Berkeley: University of California Press.

——. [1940] 1961. *Feudal Society*. 2 vols. Chicago: University of Chicago Press.

Bolton, Brenda. 1983. *The Medieval Reformation*. London: Edward Arnold.

Bonnassie, Pierre. 1991. *From Slavery to Feudalism in South-Western Europe*. Cambridge: Cambridge University Press.

Bossenga, Gail. 1988. "Protecting Merchants: Guilds and Commercial Capitalism in Eighteenth-Century France." *French Historical Studies* 15:693-703.

Botterill, Steven, ed. 1996. *Dante: Devulgari eloquentia*. Cambridge: Cambridge University Press.

Braudel, Fernand. 2979. *Civilization and Capitalism, 15th-18th Century. 3 vols. Vol. 1, The Wheels of Commerce; vol. 2, The Perspective of the World; vol. 3, The Structures of Everyday Life*. New York: Harper & Row.

——.1977. *Afterthoughts on Material Civilization and Capitalism*. Baltimore: Johns Hopkins University Press.

——.1976. *The Mediterranean and the Mediterranean World in the Age of Philip II*. 2 vols. New York: Harper & Row.

Breen, T. H. 1986. "An Empire of Goods: The Anglicization of Colonial America, 1690-1776." *Journal of British Studies* 25:467-99.

Brentano, Lujo. 1916. *Die Anfange des modernen Kapitalismus*. Munich: Verlag der K B. Akademie der Wissenschaften.

Brett, Stephen F. 1994. *Slavery and the Catholic Tradition*. New York: Peter Lang.

Bridbury, A. R 1982. *Medieval English Clothmaking: An Economic Survey*. London: Heinemann Educational Books.

——.1969. "The Dark Ages." *The Economic History Review* 22:526-37.

Brooke, John Hedley. 1991. *Science and Religion: Some Historical Perspectives*. Cambridge: Cambridge University Press.

Brucker, Gene Adam. 1983. *Florence: The Golden Age, 1138-1737*. New York: Abbeville Press.

Brusco, Elizabeth. 1995. *The Reformation of Machismo: Evangelical Conversion and Gender in Colombia*. Austin: University of Texas Press.

American Philosophical Society.
Barbour, Violet. [1950] 1966. *Capitalism in Amsterdam in the 17th Century.* Ann Arbor: University of Michigan Press.
_____.1930. "Dutch and English Merchant Shipping in the Seventeenth Century." T*he Economic History Review* 2:261-9o.
Barclay, Brig. Cycil Nelson, and Vice Adm. Brian Betham Schofield. 1981. "Gunnery." *Encyclopaedia Britannica*, 488-98. Chicago: University of Chicago Press.
Barnes, Harry Elmer. 1948. *Historical Sociology: Its Origins and Development.* New York: Prentice Hall.
Barrett, David B., George T. Kurian, and Todd M. Johnson. 2001. *World Christian Encyclopedia*, 2nd ed. New York: Oxford University Press.
Bauckham, Richard. 1990. *Jude and the Relatives of Jesus in the Early Church.* Edinburgh: T & T Clark.
Baumol, William J. 2990. "Entrepreneurship: Productive, Unproductive, and Destructive." *Journal of Political Economy* 98:893-921.
Bautier, Robert-Henri. 1971. *The Economic Development of Medieval Europe.* New York: Harcourt Brace Jovanovich.
Beard, Miriam. 1938. A History of the Business Man. New York: Macmillan.
Becker, Carl. 1932. *The Heavenly City of the Eighteenth-Century Philosophers.* New Haven: Yale University Press.
Becker, George. 2000. "Educational 'Preference' of German Protestants and Catholics: The Politics Behind Educational Specialization." *Review of Religious Research* 41:311-27.
_____1997. "Replication and Reanalysis of Offenbacher's School Enrollment Study: Implications for the Weber and Merton Theses." *Journal for the Scientific Study of Religion* 36:483-96.
Beeching, Jack. 1982. *The Galleys at Lepanto*. New York: Charles Scribner's Sons.
Benedict, Ruth. 1946. *The Chrysanthemum and the Sword: Patterns of Japanese Culture.* Boston: Houghton Mifflin.
Benin, Stephen D. 1993. *The Footprints of God: Divine Accommodation in Jewish and Christian Thought.* Albany: State University of New York Press.
Bensch, Stephen P. 1998. "Historiography: Medieval European and Mediterranean

參考書目

Aikman, David. 2003. *Jesus in Beijing: How Christianity Is Transforming China and Changing the Global Balance of Power.* Washington, DC: Regnery.

Amin, Samir. 1976. *Unequal Development: An Essay on the Social Formation of Peripheral Capitalism.* New York: New York University Press.

Anderson, Virginia Dejohn. 1985. "Migrants and Motives: Religion and Settlement of New England." *New England Quarterly* 58:339-83.

Andreau, Jean. 1999. *Banking and Business in the Roman World.* Cambridge: Cambridge University Press.

Andrews, Frances. 1999. *The Early Humiliati.* Cambridge: Cambridge University Press.

Arberry, A. J. 1955. *The Koran Interpreted.* New York: Macmillan.

Arnott, Peter. 1970. The Romans and Their World. New York: St. Martin's Press.

Ayoub, Mahmoud M. 1996. "The Islamic Tradition." In Willard G. Oxtoby, ed., *World Religions*, 352-491. Oxford: Oxford University Press.

Baillie, John. 1951. The Belief in Progress. New York: Charles Scribner's Sons.

Bainbridge, William E. 1882. *Along the Lines at the Front: A General Survey of Baptist Home and Foreign Missions.* Philadelphia: American Baptists Publication Society.

Bairoch, Paul. 1993. *Economics and World History: Myths and Paradoxes.* Chicago: University of Chicago Press.

_____.1988. *Cities and Economic Development: From the Dawn of History to the Present.* Chicago: University of Chicago Press.

Baker, Herschel. 1952. *The Wars of Truth.* Cambridge, MA: Harvard University Press.

Balazs, Etienne. 1964. *Chinese Civilization and Bureaucracy.* New Haven: Yale University Press.

Baldwin, John W. 1959. *The Medieval Theories of the Just Price.* Philadelphia: The

51 原注：Anderson 1985.
52 原注：Martin 1991.
53 原注：*Historical Statistics of the United States*, vol. 2: table: Z 406-417.
54 原注：Habakkuk 1967:11-12.
55 原注：Habakkuk 1967:12-13.
56 原注：Ibid., 199.
57 原注：Cobbett(1818)1964:195-196.
58 原注：Stark 2003c.
59 原注：Mariscal and Sokoloff 200:161.
60 原注：Gill 1998. 最晚時至 1880 年代義大利警方都還會搜查旅客的包包，以免他們把「新教」的聖經帶進羅馬（Bainbridge 1882）。
61 原注：Mariscal and Sokoloff 2000.
62 原注：*Nations of the Globe*, 載於 Wadsworth/Thomson Learning, 2002.
63 原注：Delacroix 1977; Firebaugh and Beck 1994; Hage, Garnier, and Fuller 1988.
64 原注：Ratliff 2003:8.
65 原注：Ratliff 2003:9.
66 原注：Chesnut 2003, 2004; Martin 1990, 2002; Stoll 1990.
67 原注：Ireland 1993:45, 64.
68 原注：Deiros 1991:175.
69 原注：Smith 2002.
70 原注：Brusco 1995; Gooren 2002; Putnam 1993.
71 原注：相關延伸內容詳見 Martin 1990; ch. 2; 或見 O'Connor 1979 and Turner 1979.
72 原注：Gill 2004.

結語：全球化和現代性

1 原注：Barrett, Kurian, and Johnson 2001; Jenkins 2002.
2 原注：Aikman 2003.
3 原注：Aikman 2003:5.

18 原注：Gill 1998:68.
19 原注：Robinson 1923.
20 原注：Gill 1998:86.
21 原注：Martin 1990:57-58.
22 原注：Stark and Finke 2000.
23 原注：Gill 2004.
24 原注：Gill 1999.
25 原注：Chesnut 2003: ch. 4.
26 原注：O'Callaghan 1855:322-323.
27 原注：Finke and Stark 1992.
28 原注：Cobbett(1818)1964:229.
29 原注：Tocqueville(1835-1839)1956:314.
30 原注：Schaff(1855)1961:91.
31 原注：Cobbett(1818)1964:229-232.
32 原注：Powell 1967:80.
33 原注：Tocqueville(1835-1839)1956:319.
34 原注：Kamen 2002:142.
35 原注：Burkholder and Johnson 2001.
36 原注：Kamen 2002:130.
37 原注：Engerman and Sokoloff 1997:264.
38 原注：Jacobs, in Kamen 2002:130.
39 原注：Engerman and Sokoloff 1997:264.
40 原注：Breen 1986.
41 原注：Webster 1981:888.
42 原注：*Historical Statistics of the United States*, vol. 2: table: Z 294.
43 原注：Ibid., Z 510-515.
44 原注：Ibid., Z 294.
45 原注：Ibid., Z 213-226.
46 原注：Mecham(1934) 1966:esp.96.
47 原注：Bulmer-Thomas 1995:2.
48 原注：Ibid., 20.
49 原注：Mariscal and Sokoloff 2000:206.
50 原注：Stark 2003a: ch. 4.

60 原注：Ibid.
61 原注：都轉引於 Taylor 1967:479.
62 原注：很有影響的範例和概述可參見 Thrupp 1963.
63 原注：North and Thomas 1973:126.
64 原注：Ibid., 126-127.
65 原注：Bossenga 1988:695.
66 原注：Ibid.
67 原注：North and Thomas 1973:127.
68 原注：Taylor 1967:473.
69 原注：Ibid., 476.
70 原注：Ibid., 485.
71 原注：Ibid.
72 原注：Taylor 1964:493.
73 原注：Goubert 1997:56.

第七章　新大陸的封建主義與資本主義

1 原注：Amin 1976; Cardoso and Faletto 1978. 或見 Frank 1967, 1972.
2 原注：Stark 1983, 1985; Stark and Finke 2000.
3 原注：Stark and Finke 2000; Stark 2001.
4 原注：Stark and Finke 2000.
5 原注：Stark 2003a: ch. 1.
6 原注：Chadwick 1972:26.
7 原注：Panzer 1996:8.
8 原注：引於 Panzer 1996:19-21.
9 原注：完整內容詳見 Stark 2003a: ch. 4.
10 原注：Stark 2003a.
11 原注：Rodríguez-León, 引於 Gill 1998:22.
12 原注：Fletcher 1997:38.
13 原注：Chesnut 2003:19.
14 原注：Ibid., 22.
15 原注：Mecham(1934)1966:38.
16 原注：Ibid., 39.
17 原注：Smith(1776)1981:2:789.

27 原注：Supple 1964:147.
28 原注：Rapp 1975:518.
29 原注：Ibid., 510.
30 原注：Rapp 1975:510.
31 原注：Israel 1998:148.
32 原注：Wegg 1924:202-203.
33 原注：Ibid.
34 原注：Israel 1998:156-157.
35 原注：Wegg 1924:202-203.
36 原注：Ibid.
37 原注：Mattingly 1962:88.
38 原注：Barbour 1930:263.
39 原注：Mattingly 1962:88.
40 原注：Marcus 1961:89.
41 原注：Mattingly 1962:109.
42 原注：Marcus 1961:89.
43 原注：Ibid., 121.
44 原注：Elliot 1966:289.
45 原注：North and Thomas 1973:131.
46 原注：Myers 1975.
47 原注：Ertman 1997:91.
48 原注：Wesson 1978:138.
49 原注：North and Thomas 1973; Wesson 1978.
50 原注：De Vries 1976:203.
51 原注：Root 1994:39.
52 原注：Ibid.
53 原注：De Vries 1976:200.
54 原注：轉引於 Root 1994:62.
55 原注：Miskimin 1984:108.
56 原注：Taylor 1964:496.
57 原注：North and Thomas 1973:123.
58 原注：Ibid., 122.
59 原注：Taylor 1967:477.

53 原注：Bridbury 1982:103.
54 原注：Galloway, Keene, and Murphy 1996:449.
55 原注：Nef 1934:102.
56 原注：Reynolds 1983:77-79.
57 原注：Shedd 1981:477.

第六章 「天主教」的反資本主義：西班牙和法國的專制統治

1 原注：Kamen 1978:26.
2 原注：Cipolla 1994:238.
3 原注：轉引於 Kamen 1978:24-28.
4 原注：Kamen 1978, 2002.
5 原注：Russell 1958.
6 原注：Elliot 1966; Morth and Thomas 1973.
7 原注：Elliot 1966:49.
8 原注：Ibid., 33.
9 原注：North and Thomas 1973.
10 原注：Elliot 1966:120.
11 原注：Cipolla 1994:239.
12 原注：Kamen 2002:169.
13 原注：Ibid., 160, 171.
14 原注：Parker 1970:188.
15 原注：Elliot 1966:197-198.
16 原注：Kamen 2002 :287.
17 原注：Elliot 1966:180.
18 原注：Cipolla 1965:36.
19 原注：Pike 1962.
20 原注：Kamen 2002:89.
21 原注：Parker 1970:75.
22 原注：Ibid., 85.
23 原注：Ibid., 86.
24 原注：Read 1933.
25 原注：Kamen 2002:61.
26 原注：Rapp 1975:506.

20 原注：Wedgewood, 1961:142.
21 原注：Hunt and Murray 1999:233.
22 原注：Chandler and Fox 1974.
23 原注：Ehrenberg(1928)1985:236.
24 原注：Ibid.
25 原注：Murray 1970:32.
26 原注：Limberger 2001.
27 原注：Ehrenberg(1928)1985:238.
28 原注：Ibid.
29 原注：Murray 1970:34.
30 原注：Ibid.
31 原注：Ibid.,6.
32 原注：Israel 1998:308.
33 原注：Ibid., 312.
34 原注：Barbour 1930:267.
35 原注：Tawney 1926:211.
36 原注：Murray 1970:7.
37 原注：Pollman 1999;
38 原注：Israel 1998:381.
39 原注：Rovertson 1933:173.
40 原注：O'Brien 2001:15.
41 原注：Lloyd 1982.
42 原注：Carus-Wilson and Coleman 1963:13.
43 原注：Gray 1924.
44 原注：Carus-Wilson 1952:374.
45 原注：Ibid.,415.
46 原注：Carus-Wilson 1941:40.
47 原注：Carus-Wilson 1952:409.
48 原注：Bridbury 1982; Gray 1924; Miller 1965.
49 原注：Carus-Wilson 1952:422.
50 原注：Ibid.
51 原注：Usher 1966:270.
52 原注：Ibid., 269.

46 原注：Grundmann(1961)1995:70.
47 原注：據作者所知到目前為止，這些馬克斯主義的作品大多都是意大利文。經典的作品像是 Luigi Zanoni(1911)，摘自 Andrews 1999, Ch. 1.
48 原注：Grundmann(1961)1995:71.
49 原注：Moore 1994:227.
50 原注：Killerby 2002:41.
51 原注：Ibid., 28-29, 36.
52 原注：Hibbert(1974)2003; 21.
53 原注：Ziegler 1971:17.
54 原注：Nicholas 1999.
55 原注：Hunt and Murray 1999; Miller 1963.
56 原注：Gray 1924:17-18.

第五章　資本主義的一路向北

1 原注：Hunt and Murray 1999:39.
2 原注：Carus-Wilson 1952:389-390.
3 原注：Carus-Wilson 1952:386.
4 原注：Nicholas 1987; TeBreake 1993.
5 原注：Murray 1970:29.
6 原注：Carus-Wilson 1952:400.
7 原注：Ibid., 392.
8 原注：de Roover 1948:9.
9 原注：de Roover 1963:84.
10 原注：Van Houtte 1966:30.
11 原注：Russell 1972; de Roover 1948.
12 原注：de Roover 1948:12.
13 原注：Ibid.,14-16.
14 原注：Nicholas 1987:183.
15 原注：Russell 1972:11.
16 原注：Nicholas 1987:291.
17 原注：Murray 1970:3.
18 原注：Ehrenberg(1928)1985:234.
19 原注：Ibid., 233-235.

14 原注：Swetz 1987:17.
15 原注：Sapori(1937)1953:61.
16 原注：Swetz 1987:17.
17 原注：Hunt and Murray 1999:109.
18 原注：de Roover(1942)1953.
19 原注：Hunt and Murray 1999:62.
20 原注：Sapori(1937)1953:61.
21 原注：de Roover 1946a:39.
22 原注：Sapori(1937)1953:56.
23 原注：Lopez 1956:219.
24 原注：Spufford 2002:37.
25 原注：Holmes 1960:193.
26 原注：Hunt and Murray 1999:56.
27 原注：Usher(1934)1953.
28 原注：Edler de Roover 1945.
29 原注：Act 1, Scene 1.
30 原注：Spufford 2002:32.
31 原注：Edler de Roover 1945:188.
32 原注：Ibid., 181.
33 原注：de Roover 1948; Hunt 1994; Kaeuper 1973; Lloyd 1982.
34 原注：de Roover 1948:88.
35 原注：另兩個銀行是 Bardi 和 Peruzzi。
36 原注：Kaeuper 1973; 1977:164.
37 原注：Kaeuper 1973:121.
38 原注：Kaeuper 1977:170.
39 原注：Sapori 1970:23.
40 原注：Ibid., 21-28.
41 原注：Kaeuper 1977:169.
42 原注：Brentano 1916; Fanfani(1934)2002; Robertson 1933; Samuelsson(1961)1993; Tawney 1926.
43 原注：Andrews 1999; Bolton 1983; Grundmann(1961)1995; Moore 1994.
44 原注：Bolton 1983:63.
45 原注：Moore 1994:227.

62　原注：Machiavelli(1525)1988:105.
63　原注：Hibbert(1974)2003.
64　原注：Hale 1977;Hibbert(1974)2003.
65　原注：Nicholas 1997:46.
66　原注：Ibid., 118.
67　原注：Waley 1988.
68　原注：Chandler and Fox 1974:11.
69　原注：Citarella 1968:533.
70　原注：Hutchinson 1902:416.
71　原注：Citarella 1968:534.
72　原注：Kreutz 1991:87.
73　原注：Matthew 1992:371.
74　原注：van Werveke 1963:19-24.
75　原注：Witt 1971.
76　原注：Nicholas 1997.
77　原注：Moeller 1972:41.
78　原注：Rörig 19967:27.
79　原注：Moeller 1972:46.

第四章　義大利資本主義的完備

1　原注：Lopez 1952:289.
2　原注：Lopez 1976.
3　原注：Lopez 1952:334.
4　原注：Weber 1961, 1958, 1946.
5　原注：Weber 1946:197.
6　原注：Spufford 2002:30.
7　原注：Ibid., 29.
8　原注：Gies and Gies 1969.
9　原注：Sapori(1937)1953:57-58.
10　原注：Ibid., 63.
11　原注：Hunt and Murray 1999:108-109.
12　原注：Ibid., 108.
13　原注：de Roover 1966:45.

29 原注：In Shepard 1933:25-26.
30 原注：Lewis 2002:99.
31 原注：Lewis 2002:96.
32 原注：馬太福音 22:21。或見馬可福音 12:17 和路加福音 20:25。
33 原注：《神之城》：book 4, ch. 4.
34 原注：Deane 1973:423.
35 原注：Southern 1970b:37.
36 原注：選摘於 O'Donovan and O'Donovan 1999:492.
37 原注：*On Kingship*: book 1, ch 6.
38 原注：Waterbolk 1968:1099.
39 原注：Jones 1987:105-106.
40 原注：Ibid., 106.
41 原注：Chirot 1985:183.
42 原注：Lopez 1976:99.
43 原注：Lane 1973:4.
44 原注：Lopez 1967:129.
45 原注：Wickham 1989:90.
46 原注：Waley 1988:35.
47 原注：Lane 1973:95-101; Nicholas 1997:248-255.
48 原注：Lane 1973:91.
49 原注：Bairoch 1988.
50 原注：Epstein 1996:14.
51 原注：Lopez 1976:101.
52 原注：Greif 1994:280.
53 原注：Ibid., 282.
54 原注：Waley 1988.
55 原注：Greif 1994:284.
56 原注：Lopez 1964:446-447.
57 原注：Russell 1972; Chandler and Fox 1974.
58 原注：Epstein 1996.
59 原注：Burckhardt(1860) 1990:65.
60 原注：Burcker 1983:248; Nicholas 1997.
61 原注：Nicholas 1997:308-310.

123 原注：Esposito 11980; Mills and Presley 1999; Saeed 1996; Udovitch 1970.

第三章 暴政與自由的「重生」

1 原注 1：Hartwell 1966, 1967, 1971; McNeill 1982.
2 原注：Reade 1925:108.
3 原注：Beeching 1982; Hanson 2001.
4 原注：Hanson 2001:262.
5 原注：Grossman 1963.
6 原注：有些至今無悔的馬克斯主義者，直到現在還在呼一個口號說：不要「自由市場」的社會，要「市場自由」的社會！
7 原注：Lopez 1976:65-66.
8 原注：Lewis 2002:69.
9 原注：In Finley 1970:23.
10 原注：Finley 1970:23.
11 原注：Andreau 1999.
12 原注：In MacMullen 1988:61.
13 原注：*Life of Marcellus* 17:3-4.
14 原注：Childe 1952:53.
15 原注：Hayek 1988:33.
16 原注：很好的相關討論詳見 Waldron 2002.
17 原注：Pennock 1944:859.
18 原注：Dworkin 1977; Howard and Donnelly 1986.
19 原注：Waldron 2002.
20 原注：加拉太書 3：28。
21 原注：以弗所書 6：9。
22 原注：《神學要義》（Divine Institutes）選摘於 O'Donovan and O'Donovan 1999:52-54.
23 原注：選摘於 O'Donovan and O'Donovan 1999:256.
24 原注：Ibid., 368.
25 原注：Ibid., 408.
26 原注：In Little 1978:176.
27 原注：《神學大全》2:66:1-2.
28 原注：Moorman 1968:307-319; Southern 1970a:54-55.

92 原注：Little 1978:65.
93 原注：Ibid.
94 原注：Fryde 1963:441-443.
95 原注：De Roover 1948:9.
96 原注：Duby 1974:216.
97 原注：Ibid., 91.
98 原注：Ibid.
99 原注：Gimpel 1976:47.
100 原注：Mumford 1967:1:272.
101 原注：Dawson 1957; Hickey 1987; King 1999;Mayr-Harting 1993; Stark 2003b.
102 原注：Collins 1986:54.
103 原注：Ch. 40, " The Daily Manual Labor."
104 原注：Hilton 1985:3.
105 原注：Friedrich Prinz, 從 Kaelber 1998:66 翻譯。
106 原注：In Nelson 1969:2；另 Little 1978:56-57.
107 原注：Gilchrist 1969:107.
108 原注：Nelson 1969:9.
109 原注：Olsen 1969:53.
110 原注：在他的著作 *Commentary on the Senesnces of Peter Lombard*, 轉引於 de Roover 1958:422.
111 原注：《神學大全》
112 原注：Little 1978:181.
113 原注：Gilchrist 1969; Little 1978; Raftus 1958.
114 原注：Gilchrist 1969:67.
115 原注：Hunt and Murray 1999:73.
116 原注：Dempsey 1943:155, 160.
117 原注：De Roover 1946b:154.
118 原注：Little 1978:181.
119 原注：Southern 1970b:40.
120 原注：詳見 Stark 2003a.
121 原注：Lopez 1952:289;1976.
122 原注：Rodinson 1978:139.

72 原注：雖然有些作者確實以為「大家都知道」什麼是資本主義。Cf. Rosenberg and Birdzell 1986: vi.

73 原注：正統的馬克思主義者的定義非常素樸：資本主義存在於「當實際生產者為受薪勞工，並不擁有生產工具、原料與最後完成品，且被雇主所擁有時」（詳見 Sombart 1902，Hilton 1952）。若嚴肅地看，這個定義會使開設如小工藝品（像是古代的陶瓷廠、鐵匠）商店的人被排除在資本家之外。這是因為馬克思主義者堅定地相信資本主義最早出現（也肇因於）於工業革命時代。這對那些接受馬克思社會變遷理論的人來說是必要前提，也就是所有歷史的變化有賴生產模式的轉變。因此，馬克思主義者譴責所有「在十八世紀結束之前就討論資本主義的人」（Braudel 1979: 2:238），把資本主義等同於「現代工業生產系統」（Gerschenkron 1970:4）。然而對於我們研究資本主義與特定農場與市場關聯的人而言，這種馬克思式的定義是無效的。

74 原注：Braudel 1979:2:232-248.

75 原注：馬克思藉由「資本主義所需的歷史情境就是自由勞動」的史料，啟動他對「前資本主義經濟形式」的研究，而對所謂的「薪資奴隸」提出批評。

76 原注：提摩太前書 6:30。

77 原注：Little 1978:38.

78 原注：Baldwin 1959:15.

79 原注：Mumford 1966:266.

80 原注：Collins 1986:47.

81 原注：Ibid., 55.

82 原注：Ibid., 52.

83 原注：Hayes 1917; Herlihy 1957; Ozment 1975.

84 原注：Dickens 1991.

85 原注：Little 1978:62.

86 原注：Johnson 2003:144.

87 原注：Gimpel 1976:47.

88 原注：Gilchrist 1969; Russell 1958, 1972.

89 原注：Little 1978:93.

90 原注：Dawson 1957:63.

91 原注：Duby 1974:218.

41 原注：Needham 1980.
42 原注：Hime 1915; Manucy 1949; Partington(1960)1999.
43 原注：Barclay and Schofield 1981:488.
44 原注：特別是 Cipolla 1965; Howarth 1974; McNeill 1982.
45 原注：McNeill 1974:50.
46 原注：Cipolla 1964; Gies and Gies 1994.
47 原注：Beeching 1982; Hanson 2001.
48 原注：Lane(1934)1992:35-53.
49 譯注：到了明代晚期，中國人在航海中才開始使用旱羅盤。清康熙五十八年（公元 1719 年），皇朝使臣徐葆光出使琉球，其後撰寫了《中山傳信錄》一書，書中所繪旱羅盤為其出使航海時所用者。
50 原注：Hitchins and May 1951; May and Howard 1981; Needham 1962.
51 原注：McNeill 1974:50-51.
52 原注：Nicholas 1997:3.
53 原注：Bridbury 1969:532.
54 原注：Lopez 1952,1976.
55 原注：Lopez 1976:8.
56 原注：Leighton 1972:59.
57 原注：Ibid.,74-75.
58 原注：Ibid.,71.
59 原注：Leighton 1972:121.
60 原注：Postan 1952:147.
61 原注：Usher 1966:184.
62 原注：Daniel 1981:705.
63 原注：Gardner and Crosby 1959:236.
64 原注：De la Croix and Tansey 1975:353.
65 原注：Johnson 2003:190.
66 原注：Lopez 1967:198.
67 原注：Colish 1997:266.
68 原注：Cohen 1985;Gingerich 1975; Jaki 2000;Rosen 1971.
69 原注：In Clagett 1961:536.
70 原注：White 1967.
71 原注：Gimpel 1976:148.

10 原注：Chandler and Fox 1974.
11 原注：Southern 1953:12-13.
12 原注：Lopez 1976:43.
13 原注：這本書據說還不完整，這個數字應該還是低估了。Gies and Gies 1994:113.
14 原注：Gimpel 1976:13.
15 原注：Ibid, 16.
16 原注：Gies and Gies 1994:117.
17 原注：Landes 1998:46.
18 原注：Gimpel 1976:14.
19 原注：Ibid., 25-27.
20 原注：Ibid., 32.
21 原注：Smil 2000; White 1962.
22 原注：Lopez 1976:44.
23 原注：Bairoch 1988:125; Gimpel 1976:43.
24 原注：White 1962.
25 原注：Tobin 1996:128.
26 原注：Hunt and Murray 1999:17.
27 原注：Gies and Gies 1994; Gimpel 1976; White 1962.
28 原注：Gimpel 1976:44-45.
29 譯注：這是比利時西部的一個地區，傳統意義的「法蘭德斯」亦包括法國北部和荷蘭南部的一部分。
30 原注：Ibid.,46.
31 原注：Carcopino 1940:36.
32 原注：Ibid.
33 原注：Landes 1998:46.
34 原注：Macfarlane and Martin 2002.
35 原注：Mumford 1939:14.
36 原注：Jones 1987; Gimpel 1976.
37 原注：Lewis 2002: 118.
38 原注：Gimpel 1976:169.
39 原注：Montgomery 1968; White 1962.
40 原注：Hyland 1994.

90 原注：Bloch 1975:11.

91 原注：Ibid.,30.

92 原注：Lopez 1952:353.

93 原注：Stark 2003.

94 原注：Ibid.

95 原注：Benedict 1946.

96 原注：Finley 1973:28.

97 原注：Lewis 1990; Watt 1961, 1965.

98 原注：In Gordon 1989:19.

99 原注：許多新教神學家都有這種詮釋能力，像是迴避耶穌有喝過酒的事實。

第二章　中世紀的進步：科技、文化和宗教

1 原注：如果想瞭解「黑暗時代」的概念如何被發明出來，詳見本章 Stark（2003a）在科學如何興起那部分的分析。

2 原注：Gimpel 1976:viii, 1.

3 原注：*Works* 13.

4 原注：《韋氏辭典》（1934）的第二版把「黑暗時代」定義為「中世紀早期知識思想上的停滯時代」。學院版的《韋氏新世界辭典》（1958）則定義「黑暗時代」為「一、西羅馬帝國衰亡後到現代（1450）的中間時代。二、中世紀早期大約是十世紀尾聲……在中世紀歐洲，特別是越早的時段，其特色是充滿了無知。」

5 原注：《新哥倫比亞百科》（1975）定義「黑暗時代」這個用語「已不再被歷史學家使用」，因為這個時代「不再被視為那麼黯淡無光」。這是瞭解黑暗時代的入手處，第十五版的《大英百科》（1981）也把這個用語說成「現在已經很少被歷史學家使用，因為其所暗示的價值判斷已不再被接受」。宣稱中世紀「是思想上黑暗且野蠻的時代」已是一個「具歧視性」且不正確的用語。

6 原注：Gibbon(1776-88) 1994:2:1443

7 原注：Bridbury 1969:533.

8 原注：Vogt 1974:25. 儘管他有關心「大眾」，Friedrich Engels 也還是站在同樣的立場。參見 Finley 1980:12.

9 原注：Bairoch 1988:109-110;Nicholas 1997.

58 原注：Farah 1994; Hodgson 1974; Jaki 1986; Nasr 1993.
59 原注：Farah 1994:199.
60 原注：Nasr 1993.
61 原注：Morris(1972) 2000:4.
62 原注：Ibid.
63 原注：Finley 1973:28.
64 原注：Morris(1972) 2000:4.
65 原注：*Julius Casar*, Act I, Scene 2.
66 原注：舉例來說像是 Gurevich 1995; Morris(1972) 2000; Ullman 1966.
67 原注：*De Libero arbitrio* 3:I 從 Kehr 1916:602 引用和翻譯
68 原注：*City of God*: book 5, ch.9
69 原注：*Summa contra gentiles*, Lib. 3, Cap. 113.
70 原注：Nisbet, 1973:482.
71 原注：*City of God*: book 2, ch.26.
72 原注：Henry 1927.
73 原注：Schlaifer 1936.
74 原注：Davis 1966: 66.
75 原注：Schlaifer 1936.
76 原注：*Politics* 1:1254.
77 原注：Bensch 1998:231.
78 原注：Fogel 1989:25.
79 原注：Bloch(1940)1961, 1975, Davis 1966.
80 原注：In Bonnassie 1991:6.
81 原注：Duby 1974:32.
82 原注：這些觀點的相關統整詳見：Bonnassie 1991; Dockes 1982.
83 原注：Lopez 1979:138.
84 原注：Conrad and Meyaer 1958; Easterlin 1961; Fogel and Engerman 1974; Stark 2003a.
85 原注：Bloch 1975:13.
86 原注：Bonnassie 1991:30.
87 原注：Bloch 1975:14.
88 原注：In Bonnassie 1991:54.
89 原注：作者用的版本是 *Via Regia.*

29 原注：*Confessions*: book 12, ch. 18.
30 原注：In Benin 1993: 68.
31 原注：Calvin(c. 1555)1980:52-53.
32 原注：相關概述可參見 Stark 2003a
33 原注：Bloch(1940) 1961:83
34 原注：Darwin and Seward 1903: I:195
35 原注：*On the Heavens.*
36 原注：Cohen 1985: Collins 1998; Dorn1991; Grant 1994; Huff 1993; Jaki 1986: Kuhn 1962; Lindberg 1992, 1986; Mason 1962; Neugebauer 1975.
37 原注：In Crosby 1997:83.
38 原注：Whitehead(1925)1967:13.
39 原注：Ibid.,12.
40 原注：Ibid.,13
41 原注：Jeffrey 1979:14.
42 原注：*Oveuvres*: book8, Ch. 61.
43 原注：Russell 1922:193.
44 原注：羅素另外還說：「我完全不懷疑中國人若有一個穩定的政府和充足的經費，再給他個三十年，必然會有偉大的科學成就。他們有可能會超越我們。」
45 原注：Needham 1954:581.
46 原注：Lang 1997:18.
47 原注：In Mason 1962:36-37.
48 原注：Grant 1994, 1996; Jaki 1986; Lindberg 1992; Mason 1962, 以上如同所引用的內容。
49 原注：Lindberg 1992.
50 原注：Mason 1962.
51 原注：Lindberg 1992:54.
52 原注：In Jaki 1986:114.
53 原注：完全文本詳見 Danielson 2000:14-15.
54 原注：In *Timaeus.*
55 原注：Jaki 1986:114.
56 原注：Lindberg 1992; Mason 1962.
57 原注：Southern 1953:64.

13 原注：Ibid.

第一章 理性神學的賜福

1 原注：Essay Concerning Human Understanding: book 3, ch10.
2 原注：Rahner 1975：1687.
3 原注：Clough 1997:57.
4 原注：*City of God*: book 5, ch. 1.
5 原注：Bauckham 1990.
6 原注：參照 Eli Montoe 的翻譯版本，阿奎那，《神學大全》，1975: book 14, ch. 28.
7 原注：*On Repentance*: Ch. I.
8 原注：*Recomnitions of Clement*: book 2, ch. 69.
9 原注：In Lindberg and Numbers I986:27-28.
10 原注：Southern 1970a: 49.
11 原注：Ozment 1980.
12 原注：Saint Bernard of Clairvaux（1090-1153）
13 原注：Colish I997
14 原注：改革猶太教拒絕了福音的權威，而維持一個極模糊不清的神的形象，結果導致太過虛無飄渺，而無法支持其神學。
15 原注：Denty 1993: 612.
16 原注：In Ayoub 1996: 414.
17 原注：Macmurray 1938:113.
18 原注：Jeffrey I996: I2.
19 原注：I Corinthians I3:9, RSV.
20 原注：Pickthall translation.
21 原注：In Lindberg I986: 27.
22 原注：*City of God*:book 22,ch.24
23 原注：In Gimpel 1961: I65.
24 原注：In Gimpel 1976: I49.
25 原注：In Hartwell 1971: 691.
26 原注：Grant 1986; Meyer 1944.
27 原注：Southern 1970: 50.
28 原注：In Lindberg 1986:27-28.

注釋

導論 理性與進步

1 原注：Weber(1904-1905)。譯注：韋伯 1905 年出版此大作。

2 原注：見 Lenski, Nolan 和 Lenski 1995；Smelser 1994；亦可見 Hamilton 的研究 1996。

3 原注：韋伯沒經過什麼論證，就認為除了少數例外，歐洲新教地區的教育程度和勞動成就遠勝過天主教地區，以及新教地區在工業革命上的領先地位，都好像是不證自明一樣。他唯一少數稍微有引用過一些論證的，是他的學生馬丁・歐芬巴赫（Martin Offenbacher）對德國巴登（Baden）地區教育參與的研究，看似新教地區的學生更多進入學習機械與科學的學校，而非精通古代經典。但這些論述從歷史學的視野看來，仍缺乏證據且存在很多弱點，甚至根本是錯誤的，都已被學者公開點出（Becher 2000, 1997；Hamilton 1996）。總之，比起說是學術研究，韋伯理論的出發點，顯示出他那時代反天主教主義思想的傲慢。丹尼爾・希羅（Danniel Chirot）曾對筆者談到韋伯極深的反天主教主義思想，也可用來解釋他對法國學術界的輕視。

4 原注：Trevor-Roper（1969），2001: 20-21.

5 原注：當初皮朗並不是在反駁韋伯，可能他根本還沒看過韋伯，應該是針對 Sombart（1902）或其他直接把資本主義等同於工業革命的馬克思主義者。

6 原注：Braudel 1977:66-67.

7 原注：Gilchrist 1969: 1.

8 原注：當然大英帝國真的遙遙領先其他國家，還引領了工業革命。

9 原注：詳見 Delacroix 和 Nielsen 2001；亦可見 Samuelsson [1961] 1993.

10 原注：詳見 Charanis 1953；Chirot 1985；Ostrogorsky 1957；Schluchter 1981；Webet [1921] 1951, [1917-1919] 1952,[1921] 1951.

11 原注：Waldron 2002.

12 原注：Stark 2003a.

理性的勝利

自由、科學、資本主義，以及進步的理性神學

The Victory of Reason: How Christianity Led to Freedom, Capitalism, and Western Success

作　　者　羅德尼・斯塔克 Rodney Stark
譯　　者　蔡至哲

總 編 輯　富　察
副總編輯　成怡夏
責任編輯　成怡夏
行銷企劃　蔡慧華
封面設計　陳薈茗
內頁排版　宸遠彩藝

社　　長　郭重興
發行人暨
出版總監　曾大福
出　　版　八旗文化／遠足文化事業股份有限公司
發　　行　遠足文化事業股份有限公司
　　　　　231 新北市新店區民權路 108 之 2 號 9 樓
電　　話　02-22181417
傳　　真　02-86611891
客服專線　0800-221029

法律顧問　華洋法律事務所 蘇文生律師
印　　刷　成陽印刷股份有限公司

初　　版　2021 年 7 月
定　　價　500 元
I S B N　978-986-0763-03-4

This translation published by arrangement with Random House, an imprint and division of Penguin Random House LLC

國家圖書館出版品預行編目 (CIP) 資料

理性的勝利 : 自由、科學、資本主義，以及進步的理性神學 / 羅德尼 . 斯塔克 (Rodney Stark) 著 ; 蔡至哲譯 . -- 初版 . -- 新北市 : 八旗文化 , 遠足文化事業股份有限公司 , 2021.07

面 ; 公分

譯自 : The victory of reason : how Christianity led to freedom, capitalism, and Western success

ISBN 978-986-0763-03-4(平裝)

1. 神學 2. 基督教史

242 110007713